汽车类专业工学结合规划教材

汽车电器设备构造与维修

主　审　刘言强

主　编　陈小虎　吴文民

副主编　郭　磊　钱　诚　张　俊

苏州大学出版社

内容简介

本书系统地介绍了汽车电器的构造、原理、检修技术。以具体项目任务为教学主线，以实验实训场所为平台，将理论教学与技能操作训练有机结合，采用“项目教学”法完成课程的理论与实践一体化教学，通过教、学、练紧密结合，突出了学生实际操作能力、设计能力和创新能力的综合培养。主要内容包括：汽车电路图的识读与测试、汽车蓄电池的使用与维护、交流发电机的检测与维修、启动系统的检测与维修、点火系统的检测与维修、照明与信号系统的检测与维修、仪表信息系统的检测与维修、安全与舒适系统的检测与维修等。

本书图文并茂、深入浅出、通俗易懂，可作为高职高专院校汽车类专业的教材，也可供汽车类专业培训和汽车维修技术人员使用。

图书在版编目(CIP)数据

汽车电器设备构造与维修 / 陈小虎，吴文民主编
. —苏州：苏州大学出版社，2018.12
汽车类专业工学结合规划教材
ISBN 978-7-5672-2690-6

Ⅰ.①汽… Ⅱ.①陈… ②吴… Ⅲ.①汽车—电气设备—构造—职业教育—教材②汽车—电气设备—车辆修理—职业教育—教材 Ⅳ.①U472.41

中国版本图书馆CIP数据核字(2018)第293893号

书　　名：汽车电器设备构造与维修

主　　编：陈小虎　吴文民
责任编辑：征　慧
装帧设计：吴　钰

出版发行：苏州大学出版社(Soochow University Press)
社　　址：苏州市十梓街1号　邮编：215006
电子邮箱：sdcbs@suda.edu.cn
印　　装：苏州工业园区美柯乐制版印务有限责任公司
邮购热线：0512-67480030
网店地址：https://szdxcbs.tmall.com/(天猫旗舰店)

开　　本：787mm×1092mm　1/16　**印张**：12.75　**字数**：303千
版　　次：2018年12月第1版
印　　次：2018年12月第1次印刷
书　　号：ISBN 978-7-5672-2690-6
定　　价：35.00元

凡购本社图书发现印装错误，请与本社联系调换。服务热线：0512-65225020

前言

本书是遵照教育部高职高专教材建设的要求，从人才培养目标的实际出发，紧紧围绕培养高等技术应用型人才的要求，以应用为目的，以能力为本位，以学生为中心，以就业为导向。全书是在总结实际教学经验的基础上采用任务驱动、项目导向的模式构建新课程体系，任务分析、任务实施、相关拓展为体例进行编写，理论教学与技能训练有机融合，系统性与模块化有机融合，突出了理论与实践一体化的特点，具有较强的实用性。方便不同学校、不同专业和不同实训条件剪裁选用，目标明确，便于师生教和学。

其特色如下：

1. 本书图文并茂，通俗易懂，简明实用，由浅入深，深浅适度，符合高职学生的心理特点。

2. 在内容的选择上，注重理论与实践的紧密结合，注重岗位对人才知识、能力的要求，较多地反映了新知识、新技术、新工艺、新方法的内容。理论知识以够用为度，技能训练面向岗位需求，反映教学改革的新成果。

本书适合作为各类职业院校汽车相关专业学生的教材和教师的阅读参考用书，同时也可作为相关行业岗位培训或自学用书。主要内容有：汽车电路图的识读与测试、汽车蓄电池的使用与维护、交流发电机的检测与维修、启动系统的检测与维修、点火系统的检测与维修、照明与信号系统的检测与维修、仪表信息系统的检测与维修、安全与舒适系统的检测与维修等。

本书提供丰富的数字化资源，可登录苏州大学出版社教育资源平台（http://www.sudajy.com）下载，也可直接到苏州大学出版社门户网站下载中心（http://www.sudapress.com/Pages/ResourceCenter.aspx）下载。

本书由刘言强主审，陈小虎、吴文民担任主编，郭磊、张俊担任副主编；参加编写的企业人员有昆山华腾汽车贸易服务有限公司总经理陈惠芬、昆山锦隆一汽大众汽车贸易有限公司总经理陈如刚。在写作过程中得到了学院领导和相关部门的大力帮助和支持，在此表示感谢。

本书的编写参阅了许多国内外公开出版与发表的汽车电器构造、原理、检修技术的著作、文献，在此谨向原作者表示衷心的感谢。

限于编者的经历和水平，内容难以覆盖全国各地的实际情况，也难免有不妥和错误之处，恳请读者提出宝贵意见，以便再版修订时改正。

项目一 汽车电路图的识读与测试 …… 001

任务一 汽车电器设备的组成与特点分析 …… 001
任务二 汽车电路基础元件的测试 …… 006
任务三 汽车电路图的识读 …… 016
任务四 汽车电路检测基础的了解 …… 022

项目二 汽车蓄电池的使用与维护 …… 028

任务一 蓄电池结构的认知 …… 028
任务二 蓄电池的工作原理与特性的了解 …… 032
任务三 蓄电池的使用与维护 …… 035

项目三 交流发电机的检测与维修 …… 041

任务一 交流发电机结构的认知 …… 041
任务二 交流发电机的工作原理与特性的掌握 …… 047
任务三 电压调节器的认知 …… 050
任务四 交流发电机的检修与维护 …… 052
任务五 充电电路分析 …… 057

项目四 启动系统的检测与维修 …… 061

任务一 启动机结构的认知 …… 061
任务二 启动机工作原理的了解 …… 067
任务三 启动机的检测与维修 …… 070
任务四 启动机电路分析 …… 078

项目五 点火系统的检测与维修 …… 081

任务一 传统点火系统结构的认知 …… 081

任务二 微机控制点火系统结构的认知 …… 088

任务三 点火系统的检修 …… 094

项目六 照明与信号系统的检测与维修 …… 102

任务一 照明灯具的认知 …… 102

任务二 前照灯的检查与调整 …… 106

任务三 照明系统电路分析 …… 111

任务四 转向信号装置及闪光器的识读 …… 115

任务五 制动与倒车信号装置的识读 …… 120

任务六 汽车喇叭的调整 …… 124

项目七 仪表信息系统的检测与维修 …… 131

任务一 汽车常规仪表的认知 …… 131

任务二 汽车报警灯装置的认知 …… 140

任务三 汽车电子显示装置的认知 …… 148

任务四 仪表信息系统的检测与维修 …… 154

项目八 安全与舒适系统的检测与维修 …… 162

任务一 电动刮水器及洗涤器的检修 …… 162

任务二 电动车窗的检修 …… 174

任务三 电动座椅的检修 …… 185

任务四 电动后视镜的检修 …… 190

ITEM

汽车电路图的识读与测试

项目描述

维修技师对汽车电器系统进行维修时，必须借助汽车制造厂所提供的汽车电路图及维修手册，才能了解该电器系统的控制关系、线路连接关系及在各工况下每个端子信号的标准数值。所以读懂汽车电路图是汽车电器系统故障检测的最基本的技能要求。

学习目标

1. 知识目标

(1) 了解汽车电器设备的组成和特点。

(2) 理解组成汽车电路的各基础元件。

(3) 掌握汽车电器设备常见的故障类型。

2. 技能目标

(1) 能够正确认识全车各电器设备。

(2) 能够对汽车电路各基础元件进行测试。

(3) 能够正确识读汽车整车电路图。

(4) 能够对简单的汽车电路故障进行检测与判断。

任务一 汽车电器设备的组成与特点分析

任务目标

- 了解汽车电器设备的发展历程。
- 掌握汽车电器设备的组成。
- 能够结合实车理解汽车电器设备的特点。

任务导入

汽车上电器设备种类繁多，各自能够实现特定的功能，同时这些电器设备也具有某些共同的特点。

一、汽车电器设备的发展历程

在汽车发展的最初阶段，除了点火系统外，汽车上几乎没有电器设备。汽车电子技术始于20世纪50年代，其发展大致可以分为以下四个阶段：

(1) 20世纪50年代前：以机械为主，辅以必要的电器设备。

(2) 20世纪60年代：电子技术得到逐步应用，电器设备开始增多。

(3) 20世纪70年代：电子点火、电控燃油喷射等多种控制系统开始应用，电器设备在汽车上全面普及。

(4) 20世纪80年代后：通信技术、安全技术、辅助控制等多方位全面发展，汽车电器设备开始向智能化方向发展。

进入21世纪以来，随着集成控制技术、计算机技术和网络技术的发展，汽车电器设备已明显向集成化、智能化和网络化三个主要方向发展。

二、汽车电器设备的组成

1. 电源系统

电源系统向整车提供低压直流电源，主要包括蓄电池和发电机。

蓄电池是汽车的辅助电源，发动机启动时向启动机供电，同时辅助发电机向其他用电设备供电。发电机是汽车的主要电源，发电机正常工作时，向全车用电设备供电，同时给蓄电池充电。

2. 启动系统

启动系统用于启动发动机。主要包括启动机、启动继电器、启动开关等。

3. 点火系统

点火系统产生高压火花，点燃汽油发动机气缸内的混合气。主要包括点火线圈、火花塞、点火开关、电源等。

4. 照明系统

照明系统为汽车提供各种用途的照明。包括前照灯、倒车灯、前雾灯、室内灯、牌照灯等。

5. 信号系统

信号系统用于保证车辆运行时的人车安全。包括喇叭、蜂鸣器、闪光器及各种行车标识灯。

6. 仪表信息系统

仪表信息系统用于显示监控汽车工作信息。包括水温传感器及水温表、机油压力传感器及机油压力表、燃油量传感器及燃油量表、发动机转速表、车速表、里程表等。

7. 安全与舒适系统

安全与舒适系统可为驾驶员的行车提供便利。包括电动刮水器、收音机、点烟器、电动座椅、电子防盗系统、汽车安全系统、电动门窗等。

三、汽车电器设备的特点

1. 两个电源

汽车上采用两个电源，一个是蓄电池，一个是发电机。

2. 低压

汽油车用电设备的额定电压多采用 12 V，柴油车则多采用 24 V，主要优点是安全性好。

3. 直流

汽车必须用直流电向蓄电池充电。

4. 并联、单线制

汽车上的电器设备采用并联连接，并且是单线制，即从电源到用电设备使用一根导线连接，而另一根导线则用汽车车体或发动机机体的金属部分代替。单线制可节省导线，使线路简化、清晰，便于安装与检修。如图 1-1(a)、(b)所示分别为单线制与双线制接线图。

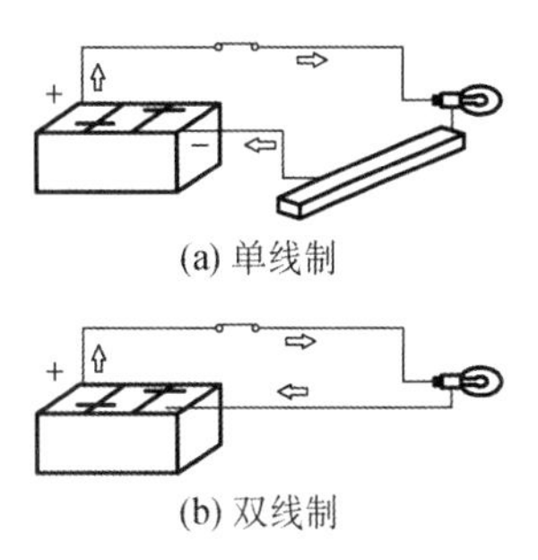

图 1-1　单线制与双线制接线图

5. 负极搭铁

所谓负极搭铁，就是采用单线制时，将蓄电池的一个电极用导线连接到发动机或底盘等金属车体上，如图 1-1(a)所示。我国标准规定汽车电器必须采用负极搭铁，目前世界各国生产的汽车也大多采用负极搭铁的方式。

任务实施

一、任务准备

1. 工作准备

洁具：准备□　清洁□

毛巾：准备□　清洁□

逃生门：位置明确□　通道畅通□

灭火器：红色□　黄色□　绿色□　处理意见：________________。

5S：整理□　整顿□　清洁□　清扫□　素养□

四件套□　翼子板护套□

2. 工具准备

常用工具一套。

3. 实训安排

(1) 实训方式：分组交叉轮流。

(2) 实训设备：实训中心实车一辆。

4. 安全事项

(1) 车辆拉好驻车制动手柄。□

(2) 车轮前后用挡块掩好。□

(3) 变速箱挡位挂入 P 挡或 N 挡。□

二、实施步骤(表 1-1)

表 1-1　任务一实施步骤

步骤	图　示	提　示
1		观察车辆,找到汽车外部的电器设备。
2		打开引擎舱盖,铺好翼子板护套。
3		找到引擎舱内蓄电池和发电机的位置。
4		找到引擎舱内的电器设备。
5		查看引擎舱内的搭铁点,并记住它们的位置。
6		在驾驶室内铺好四件套,坐到主驾驶的位置。

续　表

步骤	图　示	提　示
7		找到汽车驾驶室内的电器设备。
8	—	小组讨论，完成学生工作页的填写。

三、清洁及整理

整理：所用工量具□

清洁场地：座椅□　地板□　工作台□　零件盘□　工位场地□

学生工作页

一、车辆信息填报

（1）车型：________________。

（2）VIN：________________。

二、观察车辆并填写汽车外部的电器设备

________________。

三、打开引擎舱盖并观察，完成下列各题

（1）汽车电源。

① 蓄电池位置：发动机舱□　后备箱□

② 汽车发电机位置：发动机舱□　驾驶室□　后备箱□

（2）引擎舱内的电器设备有：________________

________________。

（3）记录引擎舱内搭铁点的位置。

① ________________。

② ________________。

③ ________________。

四、写出汽车驾驶室内的电器设备

________________。

任务二 汽车电路基础元件的测试

任务目标

- 了解汽车电路包含的基础元件。
- 熟悉基础元件的工作原理。
- 能够结合实车对基础元件进行测试。

任务导入

汽车电路的基础元件包括熔丝、继电器、线束、线束插接器及各种开关等。这些基础元件存在于每一个用电设备中,因此必须掌握测试它们的方法,这是整个电路检测的基本技能。

一、汽车导线、线束及插接器

1. 汽车导线

随着汽车电器设备的不断增多和导线数量的不断增加,为了便于维修,连接各设备的导线常以不同的颜色加以区分。其中截面面积在 4 mm^2 以上的导线采用单色线,而面积在 4 mm^2 以下的导线均采用花线。

在电路图中,每根导线都有线束标记,如导线上标有 W/R,则表示该导线为白色基色带红色条纹的导线。由于各国的母语不同,故线束标记有所不同。我国与美国、日本等国家均采用英文字母缩写形式,而德国则采用德文字母。电路图中导线颜色代号见表 1-2。

表 1-2 电路图中导线颜色代号

颜色	黑	白	红	绿	黄	棕	蓝	灰	紫	粉	橙	浅蓝	浅绿	深绿
英文	B	W	R	G	Y	Br	Bl	Gr	V	P	O	L	Lg	Dg
德文	Sw	Ws	Ro	Gn	Ge	Br	Bl	Gr	—	Li	—	Hb	—	—

2. 线束

为了达到全车线路规整、安装方便及保护导线绝缘的目的,汽车上的全车线路除高压线、蓄电池电缆外,一般都将同区域不同规格的导线用棉纱或薄聚氯乙烯带缠绕包扎成束,又称为线束。一般汽车的线束分为发动机线束、仪表线束和车身线束等。

3. 插接器

线束与线束之间、线束与用电设备之间、线束与开关之间的连接采用插接器。为了保证插接器的可靠连接,其上都有锁紧装置;为了避免安装中出现差错,插接器还制成不同的规

格、形状。如图 1-2 所示为常见插接器的结构与外形。

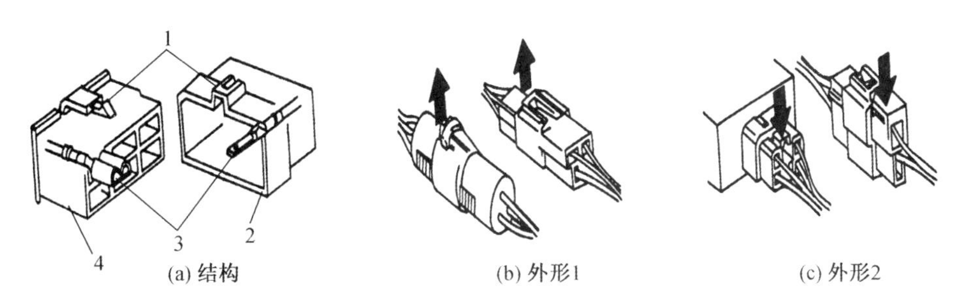

(a) 结构　(b) 外形1　(c) 外形2

1—锁止扣；2—插座体；3—插接器端子；4—插头体

图 1-2　常见插接器的结构与外形

二、汽车开关

在汽车电路中，各用电设备或独立的电路系统中一般都设有单独的控制开关，如灯光开关、变光开关、刮水器开关、洗涤器开关、转向开关、紧急报警开关、空调开关、倒车开关、制动开关、喇叭开关等。

在所有的开关中，点火开关最为重要，它控制着充电系统、点火系统、启动系统及绝大多数的辅助电器设备。如图 1-3(a)所示为某柴油机汽车点火开关的结构图表示法。图 1-3(b)表明该点火开关有 5 个挡位，同时指示了各挡位端子之间的导通情况，5 个挡位分别为关闭挡(LOCK)、专用挡(ACC)、点火挡(ON 或 IG)、预热挡(HEAT)及启动挡(START)。

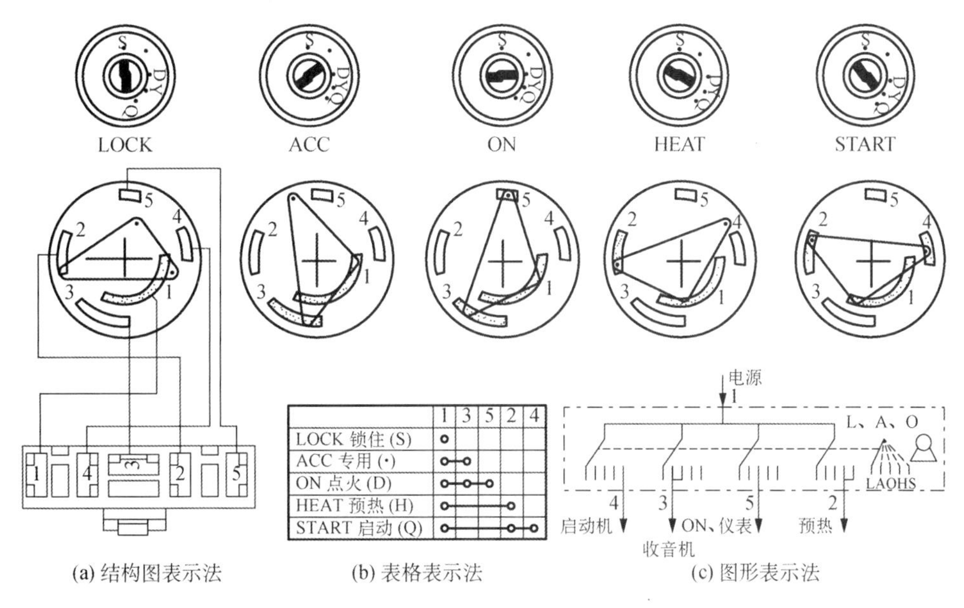

	1	3	5	2	4
LOCK 锁住 (S)	o				
ACC 专用 (·)	o	o			
ON 点火 (D)	o	o	o		
HEAT 预热 (H)	o			o	
START 启动 (Q)	o			o	o

(a) 结构图表示法　(b) 表格表示法　(c) 图形表示法

图 1-3　点火开关的三种表示方法

图 1-3(c)中，四个电刷用虚线连接起来，表明四个电刷组合在一起并同时转动，每个电刷对应 5 个位置，即 5 个挡位，右侧字母 L、A、O、H、S 表示开关的 5 个挡位。字母

L、A、O 表示自行定位挡位，即关闭挡、专用挡及点火挡，可自行定位。而启动挡、预热挡在操作时必须用手克服弹簧力，拧住钥匙，当启动结束后，一松手钥匙就回到点火挡，不能自行定位。

三、汽车电路保护装置

汽车电路保护装置串联在电源与用电设备之间，当用电设备或线路发生短路或过载时，切断电源电路，以免电源、用电设备和线路损坏。汽车上广泛使用的电路保护装置有熔断丝和断电器两种。

1. 熔断丝（保险丝）

熔断丝用于对局部电路进行保护，按形状可分为熔管式、缠丝式和插片式，如图 1-4 所示。

熔断丝能承受长时间的额定电流负载。在过载 25％的情况下，约在三分钟内熔断；而在过载一倍的情况下，则不到一秒就会熔断。

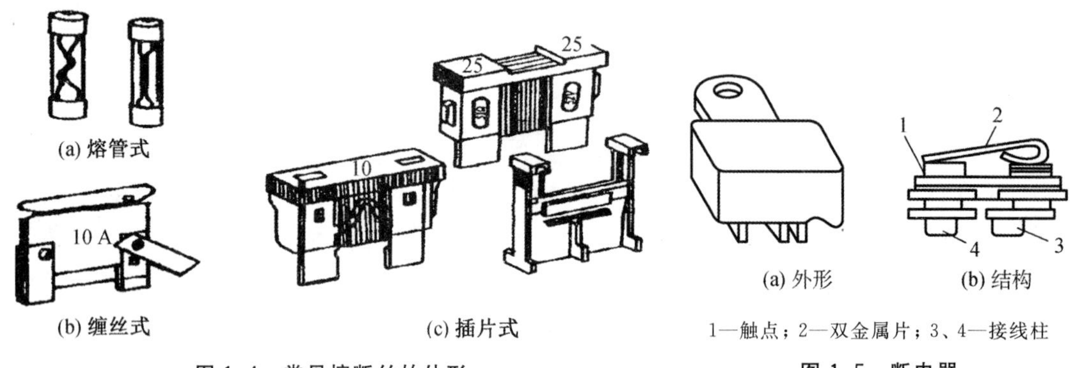

图 1-4　常见熔断丝的外形

图 1-5　断电器

熔断丝熔断后，必须找到真正故障原因，彻底排除故障；更换熔断丝时，一定要与原规格相同；熔断丝支架与熔断丝接触不良会产生电压降和发热现象，安装时要保证接触良好。

2. 断电器

断电器用于工作时容易过载的电路中。断电器是利用双金属片受热变形的原理制成的。当电路发生过载时，双金属片受热变形，触点打开，电路自动切断。当双金属片冷却后，自动复位，触点闭合，电路自动接通，双金属片受热变形，触点再次打开。如此，断电器触点周期地打开和闭合，直至电路不过载，如图 1-5 所示。

四、继电器

在汽车电路中应用了大量的继电器，它的主要作用是用小电流控制大电流，即用开关电路（小电流）来控制继电器电磁线圈电路，再通过继电器的触点控制用电设备的电路（大电流），这样可保护开关触点不被烧蚀，

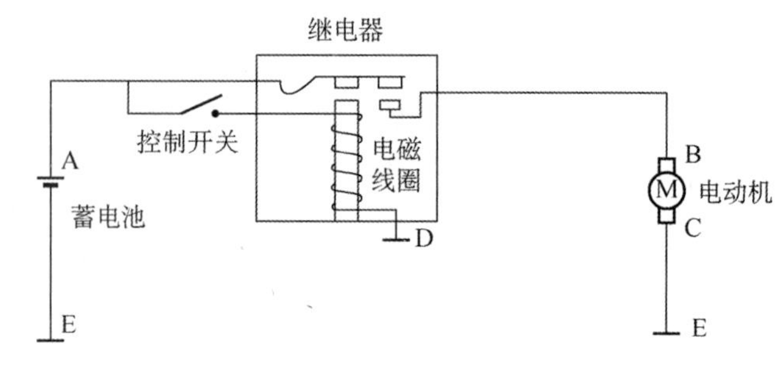

图 1-6　继电器的控制原理图

从而提高开关的使用寿命。

继电器的控制原理如图 1-6 所示，通过控制开关的电流很小，可以保证开关可靠地工作；通过继电器触点的电流足够大，可以满足负载的需要。

常见继电器的外形与内部原理分别如图 1-7(a)、(b)所示。

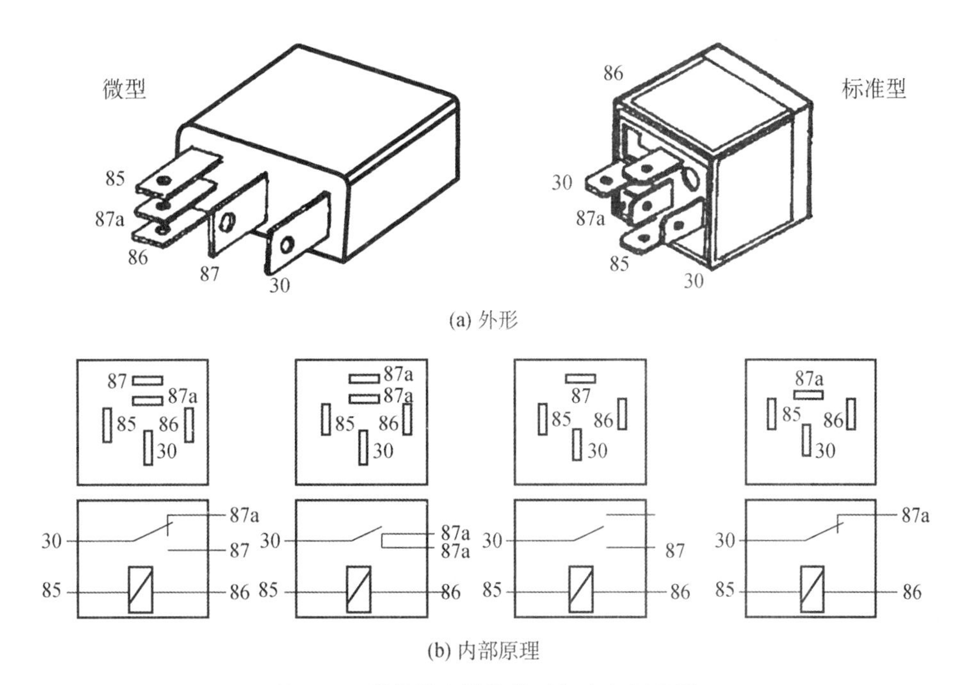

图 1-7　常见继电器的外形与内部原理图

五、中央配电盒

现在的汽车一般均设有中央配电盒，汽车电气系统以中央配电盒为核心进行控制。大部分继电器和熔断丝都安装在中央配电盒正面，当产生故障时，便于更换和检修。中央配电盒上一般标有线束和导线插接位置的代号及接点的数字号，主线束从中央配电盒背面插接后通往各用电设备。

在继电器上面标有阿拉伯数字，该数字表示该继电器在中央配电盒正面的插接位置。如数字为 5，表示该继电器应当插接在中央线路板正面的 5 号继电器位置上。继电器端子上标有诸如“3/49a”等字样，其中分子 3 表示继电器位置上的 3 号插孔，49a 表示继电器或控制器的 49a 号端子(插头)，分子与分母是一一对应的，设计继电器插座与插头时已经保证不会插错。

桑塔纳轿车中央配电盒正面布置如图 1-8 所示，各熔断器和继电器的功能定位如表 1-3、表 1-4 所示。中央配电盒反面布置如图 1-9 所示，各种插接器的插座均固定在中央线路板背面上，与相应的线束插头连接后通往各个电器部件。每个插座的位置代号均用英文字母标注在线路板上。插接线束插头时，线束插头字母代号必须与相同字母的插座连接，以便检查与维修。在电路图中，如“D2”表示的是 D 插接器的 2 号插孔。

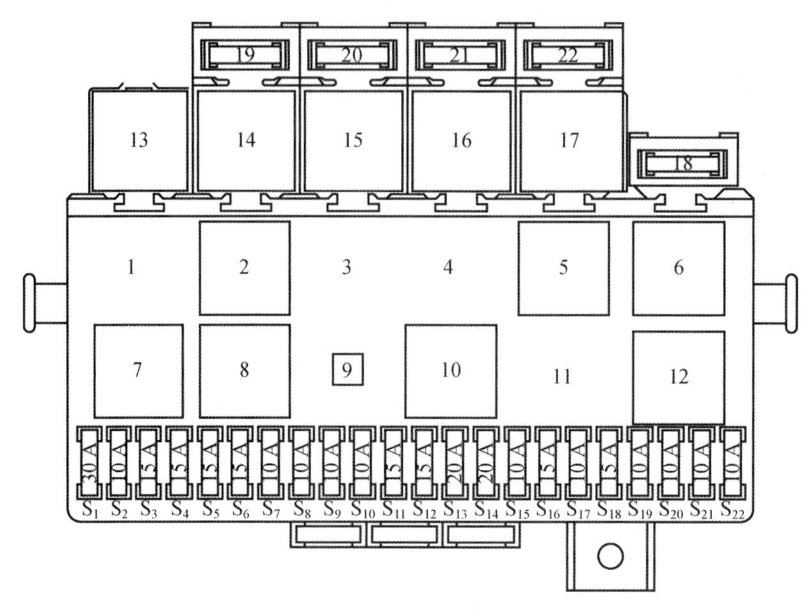

图 1-8　桑塔纳轿车中央配电盒正面布置图

表 1-3　熔断器的功能定位表

位号	功能定位	额定电流/A	位号	功能定位	额定电流/A
S1	电动散热风扇	30	S2	制动灯	10
S3	点烟器、时钟、顶灯	15	S4	危险报警灯	15
S5	燃油泵	15	S6	前雾灯	15
S7	左示宽灯、尾灯	10	S8	右示宽灯、尾灯	10
S9	右远光灯	10	S10	左远光灯	10
S11	刮水器和洗涤器	15	S12	电动门窗电机	15
S13	后窗除霜器	20	S14	空调鼓风机	20
S15	倒车灯	10	S16	双音喇叭	15
S17	怠速截止电磁阀、进气预热器	10	S18	驻车制动	15
S19	转向灯	10	S20	牌照灯、杂物箱灯	10
S21	左近光灯	10	S22	右近光灯	10
19	热保护	—	20	空调	30
21	自动天线	10	22	电动后视镜	3

表 1-4　继电器的功能定位表

序号	位号	功能定位	序号	位号	功能定位
1	—	空位	2	2	进气管预热继电器
3	—	空位	4	—	空位
5	5	空调继电器	6	6	双音喇叭继电器
7	7	雾灯继电器	8	8	减荷继电器
9	9	拆卸熔断丝专用工具	10	10	前风窗刮水、洗涤继电器
11	—	空位	12	12	报警及转向继电器
13	13	冷却风扇继电器	14	14	门窗电机自动继电器
15	15	门窗延迟继电器	16	16	内部照明继电器
17	17	冷却液不足报警灯继电器	18	18	后雾灯继电器

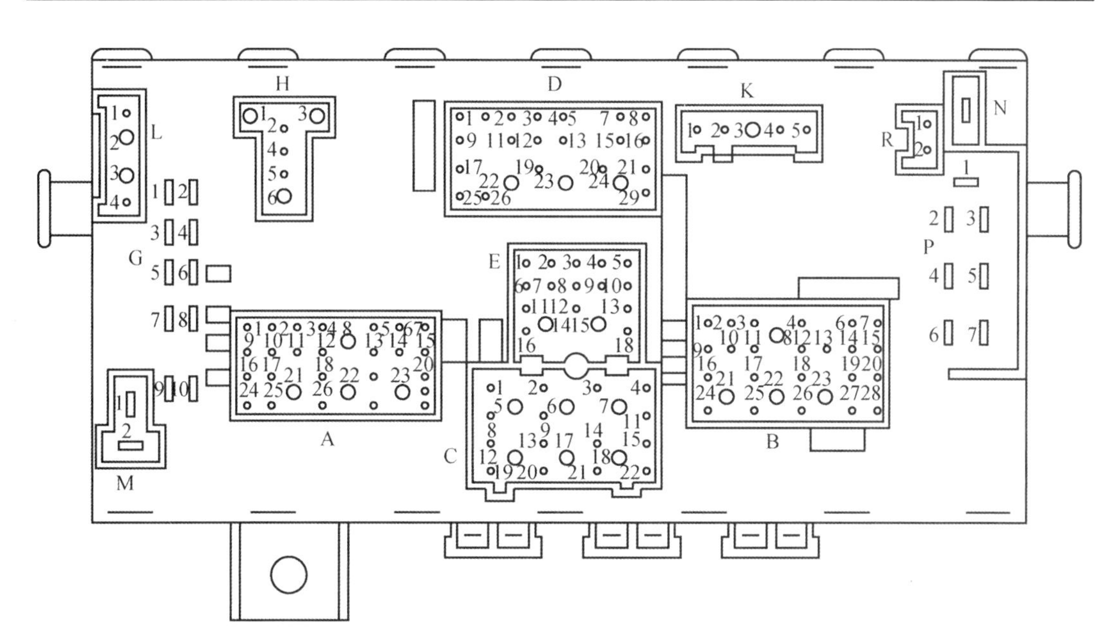

A—用于仪表板线束、插件颜色为蓝色；B—用于连接仪表板线束，插件颜色为红色；C—用于连接发动机室左边线束，插件颜色为黄色；D—用于连接发动机右边线束，插件颜色为白色；E—用于连接车辆后部线束，插件颜色为黑色；G—用于连接单个插头（主要用于冷却液液面传感器电源）；H—用于连接空调装置的线束，插件颜色为棕色；K—空位；L—用于连接双音电喇叭等线束，插件颜色为灰色；M—空位；N—用于单个插头（主要用于进气管预热器的加热电阻的电源）；P—用于单个插头（主要用于连接 30 相线）；R—空位

图 1-9　桑塔纳轿车中央配电盒反面布置图

一、任务准备

1. 工作准备

洁具：准备□　清洁□

毛巾：准备□ 清洁□

逃生门：位置明确□ 通道畅通□

灭火器：红色□ 黄色□ 绿色□ 处理意见：______________。

5S：整理□ 整顿□ 清洁□ 清扫□ 素养□

四件套□ 翼子板护套□

2. 工具准备

常用工具一套。

3. 实训安排

(1) 实训方式：分组交叉轮流。

(2) 实训设备：实训中心实车一辆。

4. 安全事项

(1) 车辆拉好驻车制动手柄。□

(2) 车轮前后用挡块掩好。□

(3) 变速箱挡位挂入 P 挡或 N 挡。□

二、实施步骤(表 1-5)

表 1-5 任务二实施步骤

步骤	图 示	提 示
1		打开引擎舱盖，铺好翼子板护套。
2		在引擎舱内查找连接线束，并选择一段进行测试。
3		查找中央配线盒的位置。

续　表

步骤	图　示	提　示
4		查看中央配线盒布置的熔断丝和继电器。
5	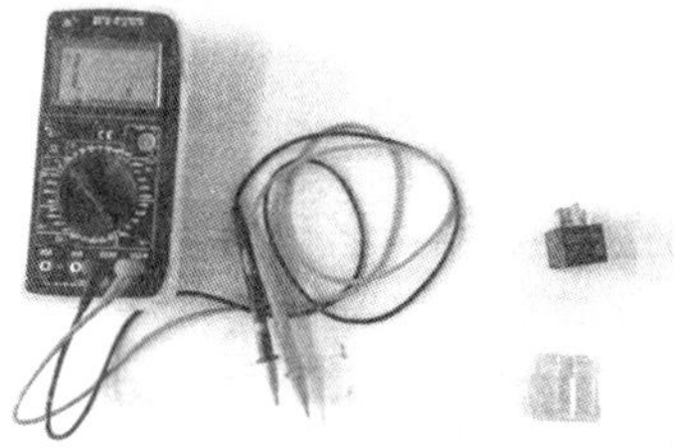	选择其中一个熔断丝和继电器进行测试。
6	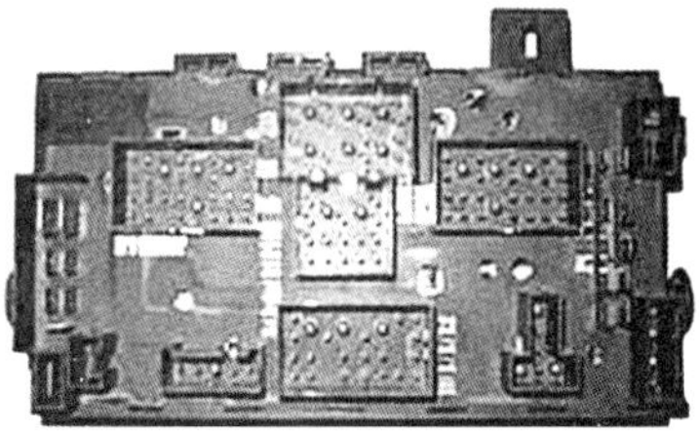	察看中央配线盒反面布置的各插件位置。
7		拆卸点火开关，并按要求对其进行测试。
8	—	小组讨论，完成学生工作页的填写。

三、清洁及整理

整理：所用工量具□

清洁场地：座椅□　地板□　工作台□　零件盘□　工位场地□

学生工作页

一、车辆信息填报

（1）车型：____。

（2）VIN：____。

二、完成线束插接器的测试并填写下表

导线	线束名称	导通情况
导线一段		
导线二段		
导线三段		
导线四段		

测试结果分析：____

____。

三、完成熔断器的测试并填写下表

熔断器位号	功能定位	导通情况
S5		
S10		
S15		
S19		

测试结果分析：____

____。

四、完成继电器的测试并填写下表

<table>
<tr><th>端子</th><th>非工作状态</th><th>工作状态</th></tr>
<tr><td>30</td><td rowspan="2"></td><td rowspan="2"></td></tr>
<tr><td>87</td></tr>
<tr><td>85</td><td rowspan="2"></td><td rowspan="2"></td></tr>
<tr><td>86</td></tr>
</table>

测试结果分析：____

____。

五、完成点火开关的测试并填写下表

端子	挡位情况	导通情况
30	点火开关内无钥匙	
50		
X		
P		
15		
30	钥匙插入点火开关内	
50		
X		
P		
15		
30	工作挡位(ON)	
50		
X		
P		
15		
30	启动挡位(START)	
50		
X		
P		
15		

测试结果分析：____

____

____

____

____。

任务三 汽车电路图的识读

任务目标

- 了解汽车电路图的分类。
- 理解汽车电路图识读的一般步骤。
- 能够对全车电路图进行识读。

任务导入

维修技师对车辆电器系统进行维修时，必须借助于原厂所提供的汽车电路图，才能了解电器系统的线路连接关系，因此读懂汽车电路图是汽车故障诊断最基本的技能要求之一。

一、汽车电路图分类

汽车电器设备电路图是将各电器部件的图形符号通过引线条连接在一起的关系图。其主要用于表示各电器系统的工作原理及电器部件之间的连接关系，同时还可表示各种电器部件、线束等在车上的具体位置。汽车电器设备电路图可以分为四种类型，即电器连接简图、布线图、电器原理图以及线束图。

电器连接简图是按全车各独立电气系统划分，图中既有电器设备图形符号，又有电器设备外形特征图形，使整个电路图识读起来更为直观简便。

布线图是指专门用来标记电器设备的安装位置、外形、线路走向等的指示图。它按照全车电器设备安装的实际方位绘制，部件与部件之间的连线按实际关系绘出，并将线束中同路的导线尽量画在一起。汽车电路的布线图在画法上比较注重各电器设备在汽车上的实际位置，如图的左边一般代表汽车的前部，图的右边则代表汽车的尾部。同时，图中的电器设备大多用实物轮廓的示意形状来表示，给人以真实感。

线束图是根据电器设备在汽车上的实际安装部位绘制的全车电路图。整车电路线束图常用于汽车厂总装线和修理厂的连接、检修与配线。

电路原理图可清楚地反映出电器系统各部件的连接关系和电路原理，且具有以下的特点：

(1) 用电器符号表达各种电器部件。

(2) 在大多数图中，电源线在图上方，搭铁线在图下方，电流方向自上而下。电路较少迂回曲折，电路图中电器串、并联关系十分清楚，电路图易于识读。

(3) 各电器不再按电器在车上的安装位置布局，而是依据工作原理，在图中合理布局，使各系统处于相对独立的位置，从而易于对各用电设备进行单独的电路分析。

(4) 各电器旁边通常标注有电器名称及代码(如控制器件、继电器、过载保护器件、用电

器、铰接点及搭铁点等)。

(5) 电路原理图中所有开关及用电器均处于不工作的状态,如点火开关是断开的、发动机不工作、车灯关闭等。

(6) 导线一般标注有颜色和规格代码,有的车型还标注有该导线所属电器系统的代码。根据以上标注,易于对照定位图找到该电器或导线在车上的位置。

二、汽车电路图识读的一般步骤

汽车电路图只表明组成汽车电路的各个电器设备的工作原理,如电流走向、流过电器装置的顺序等,图上的导线只表明各电器设备及其间的相互联系,而不代表实际的安装位置。汽车电路图中电器装置的布置顺序从左到右、从上到下分别为:供电电源(特别是蓄电池)在左,用电器在右,各局部电路尽量画在一起;"火线"在上,搭铁线在下;在图的上方,有一个说明条框,说明每一部分电路的功能。在局部电路的原理图中,信号输入端(或控制端)在左,信号输出端(或驱动端)在右。

识读电路图的一般步骤如下:

1. 化整为零

先看全车电路图,根据电路图上的电器图形符号及文字符号,首先对全车电器设备的概况做全面的了解,然后在全车电路图中把各局部电路一一框划出来。这样做的好处包括:

(1) 在同一局部电路中,各电器设备间的联系总是比较紧密的,而与其他局部电路的联系相对松散些,框划出来后,比较容易看出其特点,便于进行工作原理分析和查找故障。

(2) 许多汽车的某些局部电路是相同、基本相同或相近的,这样只要略做比较,便可知其异同,从而可以做到举一反三。

在查找局部电路的过程中,一定要遵守回路原则。各局部电路只有电源和电源总开关(若有的话)是公用的,其他任何一个用电设备都要自成回路。看电路图时,应先找出电源部分,然后从电源火线到熔断丝、开关,再往下找到用电设备,后经搭铁回到电源负极。

2. 分析各局部电路的工作原理或工作过程以及相互关系

在分析局部电路的工作过程中,应特别注意开关、继电器触点的工作状态。大多数电器设备都是通过开关、继电器触点状态的变化来改变其回路的,从而实现不同的电路功能。例如,转向信号电路就是通过转向灯开关挡位的置换来接通不同的灯,发出转向信号的。

在电路图上,开关的触点总是处于零位或静态,即开关处于断开状态或继电器线圈处于失电状态。电子开关若初始通电,其初始状态是电路达到稳定工作时的状态;电子开关若初始不通电,其初始状态就是静止时的状态。为了便于分析,可把局部电路中的某些电器设备的电器图形符号(如启动机)用较详细的电路来替换,就能把电路工作原理较清楚地表达出来。

3. 通过划分和联系认识整车电路

弄清楚局部电路工作原理后,再来分析各局部电路之间的联系,特别是与电源电路的联系,进而弄清楚整车电路的工作原理。

4. 通过解剖典型电路,达到触类旁通的效果

许多车型汽车电路很多部分都是类似或相近的。这样,通过一个具体的例子,举一反

三，对照比较，触类旁通，可以掌握汽车的一些共同的规律，再以这些共性为指导，了解其他型号汽车的电路原理，又可以发现更多的共性以及各种车型之间的差异。

汽车电器的通用性和专业化生产使同一国家汽车的整车电路形式大致相同，如掌握了日产、丰田等汽车电路特点，就基本了解了日本汽车电路的特点；掌握了桑塔纳汽车电路的特点，就大致了解了西欧汽车电路的特点。

三、典型汽车电路图识读

现以大众捷达轿车为例，介绍电路图识读的具体方法，如图 1-10 所示。

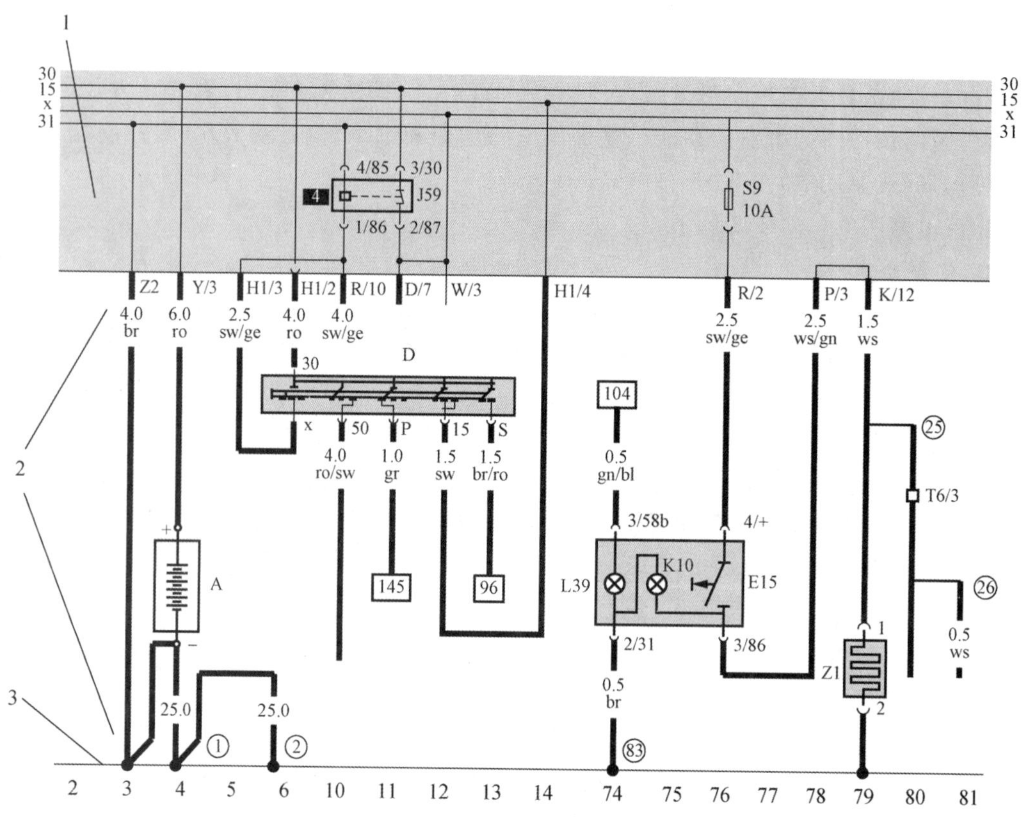

1—电路图的上部分；2—电路图的中间部分；3—电路图的下部分；A—蓄电池；D—点火开关；J59—卸荷继电器；E15—后风窗加热开关；K10—后风窗加热开关照明灯；L39—后风窗加热工作指示灯；Z1—后风窗加热器

图 1-10　大众捷达汽车部分电路图

大众汽车电路图的特点是：所有电路均纵向排列，互相不交叉；整个电路以中央继电器盒为中心。

1. 电路图的上部分

电路图的上部分主要指中央配电盒的接线部分，包括继电器、熔断器及插接器等，在任务二中，已有相关知识的介绍，这里不再赘述。

(1) 全车电路总线。在电路图中全车电路总线的表示方法及含义如图 1-11 所示。全车电路总线还有一个 50 号线（点火开关启动挡输出的相线），本图中没有涉及，因此没有画出。

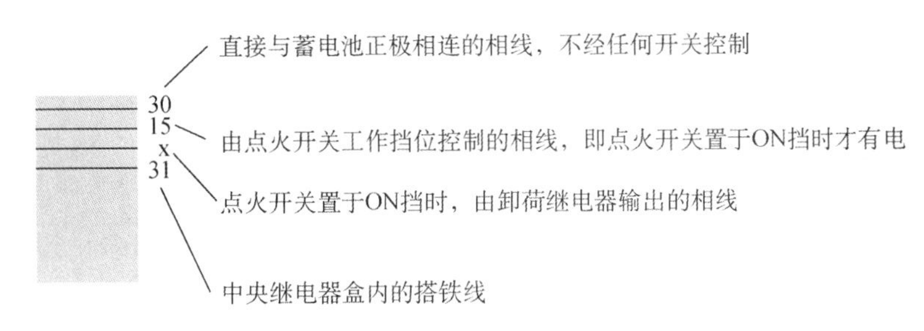

图 1-11　全车电路总线的表示方法及含义

（2）熔断器。电路图中熔断器的表示方法及含义如图 1-12 所示。

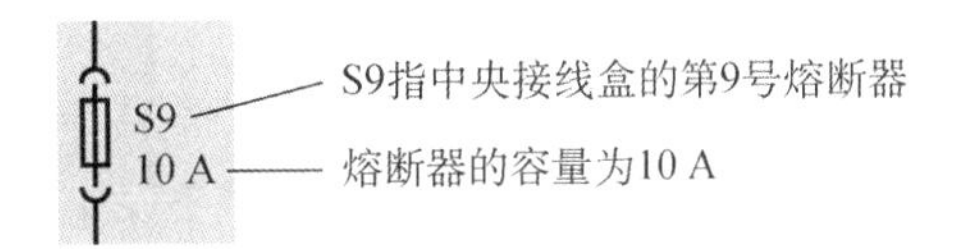

图 1-12　电路图中熔断器的表示方法及含义

（3）继电器。电路图中继电器的表示方法及含义如图 1-13 所示，端子示意图如图 1-14 所示。

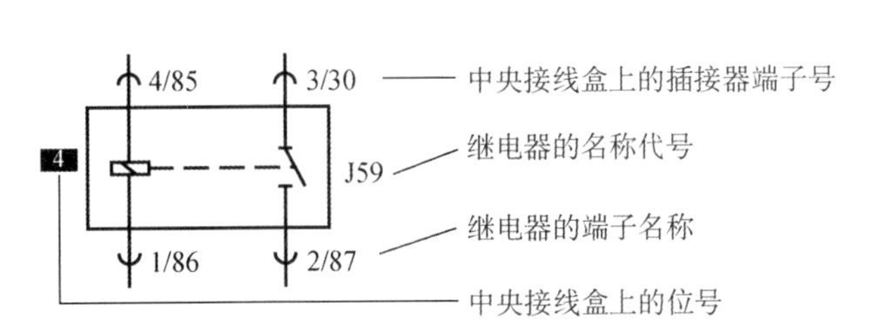

图 1-13　电路图中继电器的表示方法及含义

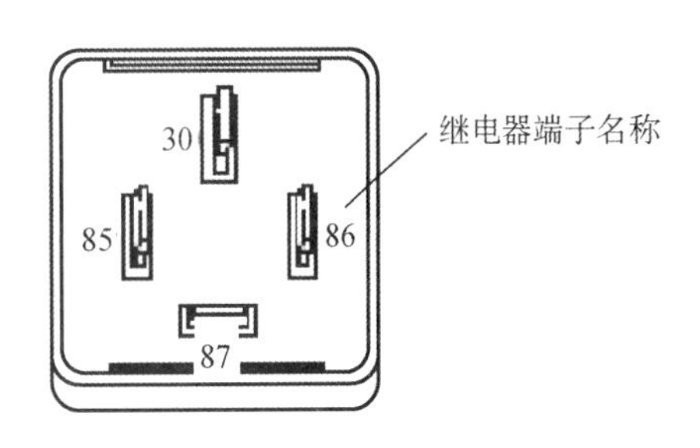

图 1-14　继电器端子示意图

（4）插接器。中央接线盒背面插接器在电路图中的表示方法及含义如图 1-15 所示。

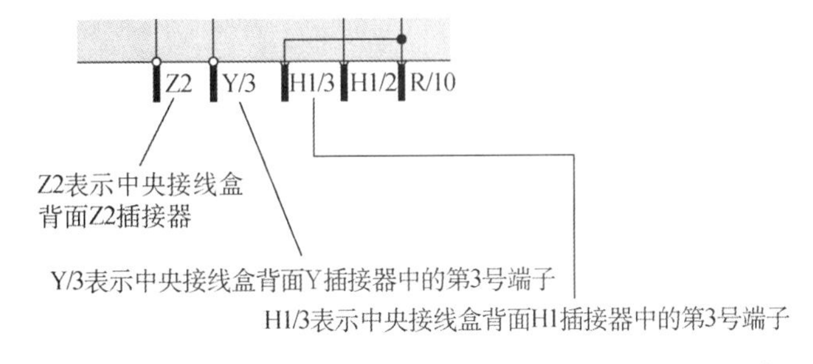

图 1-15　中央接线盒背面插接器在电路图中的表示方法及含义

2. 电路图的中间部分

电路图的中间部分包括各色导线、各种开关、控制单元及用电设备。电路图中间部分的含义如图 1-16 所示。

3. 电路图的下部分

电路图的下部分主要由电路编码及搭铁点组成。电路图下部分的含义如图 1-17 所示。

捷达汽车的接地点说明(部分)见表 1-6。

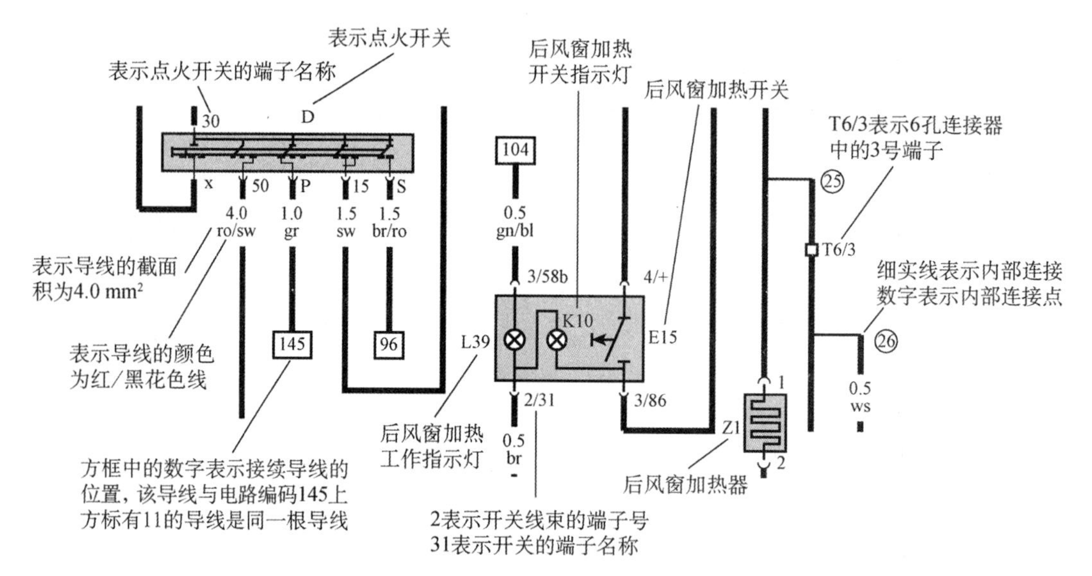

图 1-16　电路图中间部分的含义

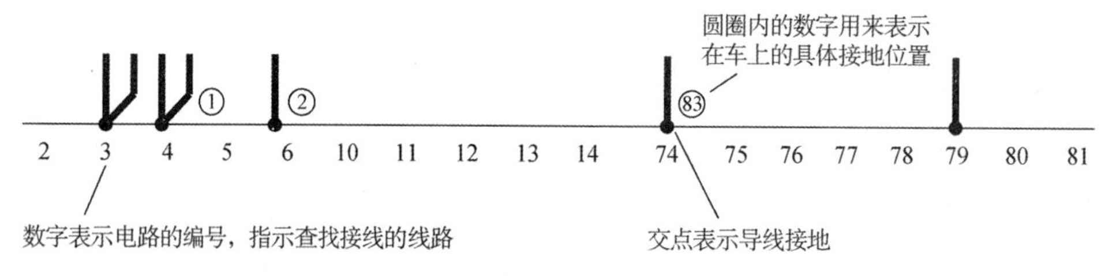

图 1-17　电路图下部分的含义

表 1-6　捷达汽车的接地点说明(部分)

接地点	位置	接地点	位置
1	蓄电池—车身	50	后备箱锁下方
2	蓄电池—车身	51	后备箱左侧
3	中央接线盒	55	后备箱上部右侧
4	车身线束内	63	车身内部线束内
43	中央接线盒周围车身处	85	气缸盖

任务实施

一、任务准备

1. 工作准备

洁具：准备□　清洁□

毛巾：准备□　清洁□

逃生门：位置明确□　通道畅通□
灭火器：红色□　黄色□　绿色□　处理意见：________________。
5S：整理□　整顿□　清洁□　清扫□　素养□
四件套□　翼子板护套□

2. 工具准备

常用工具一套。

3. 实训安排

(1) 实训方式：分组交叉轮流。
(2) 实训设备：实训中心实车一辆。

4. 安全事项

(1) 车辆拉好驻车制动手柄。□
(2) 车轮前后用挡块掩好。□
(3) 变速箱挡位挂入 P 挡或 N 挡。□

二、实施步骤

(1) 查阅桑塔纳轿车全车电路图。
(2) 拆画发动机电控点火系统的部分电路图。
(3) 拆画出鼓风机控制的部分电路图。
(4) 小组讨论，完成学生工作页的填写。
(5) 每组选派一位代表讲解所绘电路图的工作原理。

三、清洁及整理

整理：所用工量具□
清洁场地：座椅□　地板□　工作台□　零件盘□　工位场地□

学生工作页

一、车辆信息填报

(1) 车型：________________。
(2) VIN：________________。

二、查阅桑塔纳轿车全车电路图，拆画出发动机电控点火系统的部分电路图

系统工作原理：____

____

____

____。

三、查阅桑塔纳轿车全车电路图，拆画出油泵控制的部分电路图

系统工作原理：____

____

____

____。

任务四 汽车电路检测基础的了解

任务目标

- 了解汽车电器常见故障类型。
- 理解汽车电器检测注意事项。
- 能够正确使用常用的汽车电器检测工具。

任务导入

汽车电路故障的检测除了对基础元件的测试以外，最重要的还包括电路短路和断路故障的检测，在此过程中需要借助于多用表、测试灯等仪器设备。

必备知识

一、汽车电器常见故障类型

汽车电器的故障总体上可分为两种类型：电器的故障、控制电路的故障。

1. 电器故障

电器故障是指电器本身丧失其原有机能,包括电器的机械损坏、烧毁,电子元件的击穿、老化、性能减退等。

2. 控制电路故障

控制电路故障包括短路、断路、接线松脱、接触不良或绝缘不良等,如图 1-18 至图 1-21 所示。这一类故障有时容易出现一些假象,给故障检测与诊断带来困难。

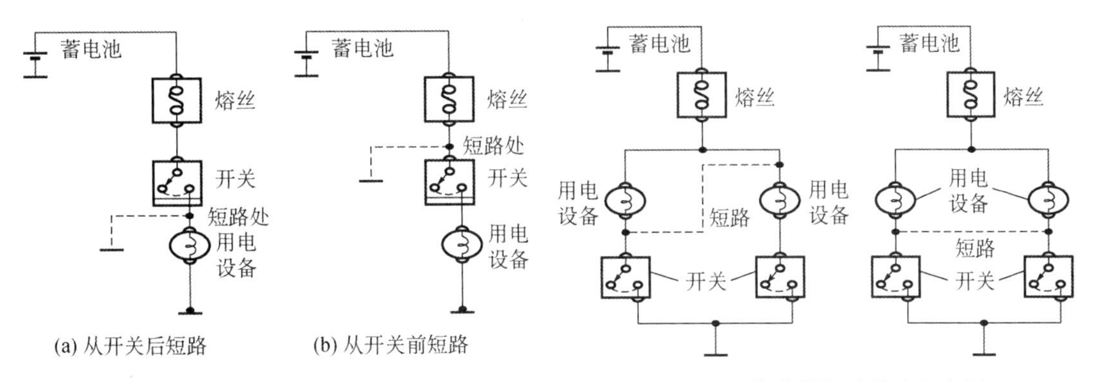

(a) 从开关后短路　(b) 从开关前短路

图 1-18　搭铁短路故障示意图　　图 1-19　与电源短路故障示意图

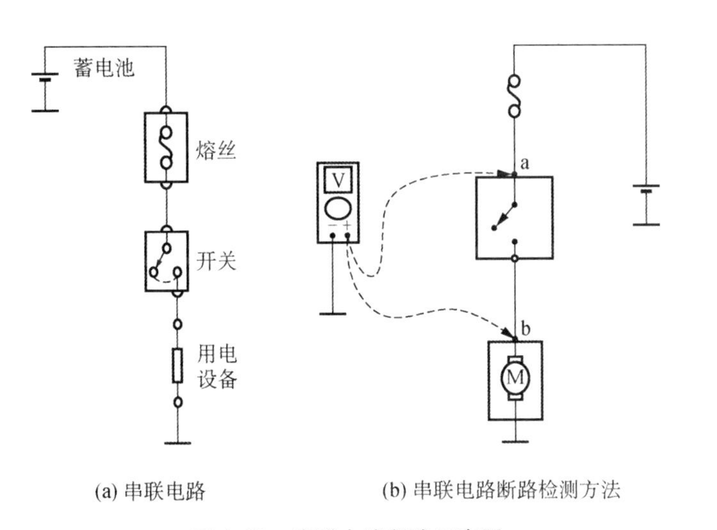

(a) 串联电路　(b) 串联电路断路检测方法

图 1-20　串联电路断路示意图

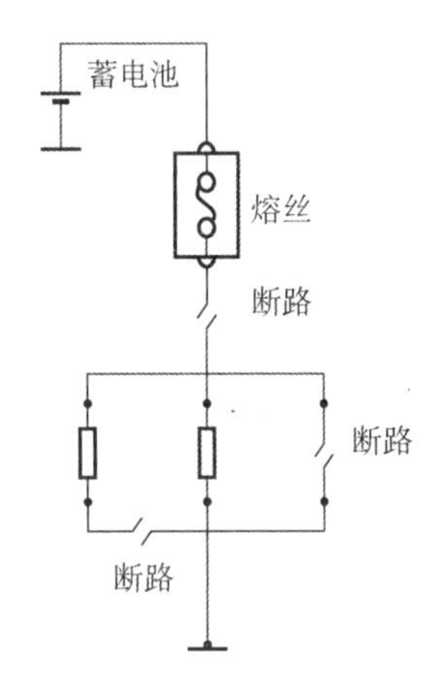

图 1-21　并联电路断路示意图

二、汽车电气检测常用工具

1. 跨接线

如图 1-22 所示为常用的跨接线实物图。

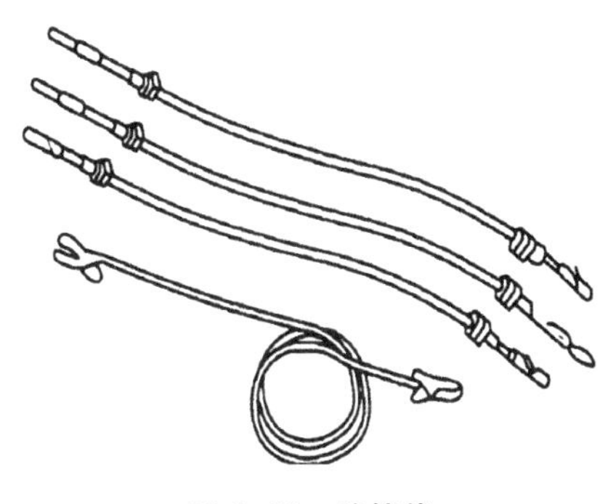

图 1-22　跨接线

2. 测试灯(测电笔)

测试灯可分为两种:不带电源式(图 1-23)、自带电源式(图 1-24)。

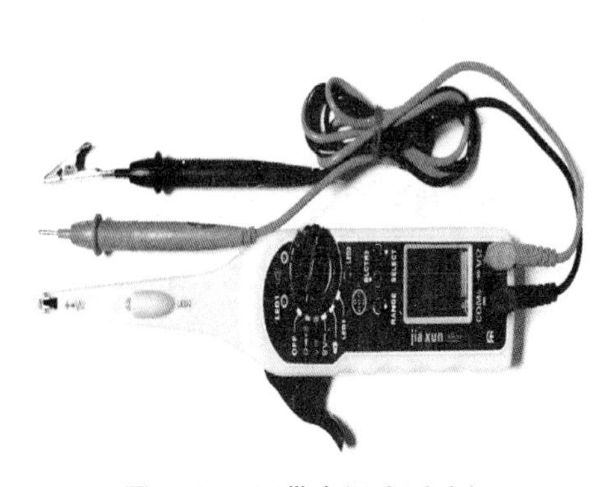

图 1-23　不带电源式测试灯

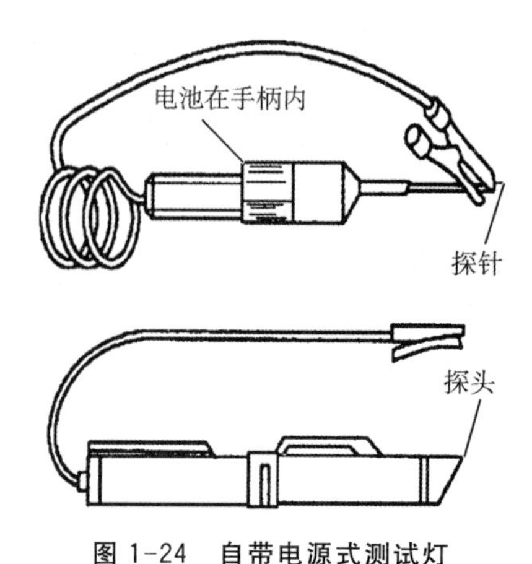

图 1-24　自带电源式测试灯

3. 数字式多用表

如图 1-25 所示为数字式多用表的实物图。

4. 汽车专用示波器

汽车专用示波器主要用来显示汽车电器控制系统中输入、输出信号的电压波形，以供维修人员根据波形分析和判断汽车电器的故障。它能显示电压的瞬时波形，是汽车电器尤其是总线系统故障诊断中的重要设备。汽车专用示波器如图 1-26 所示。

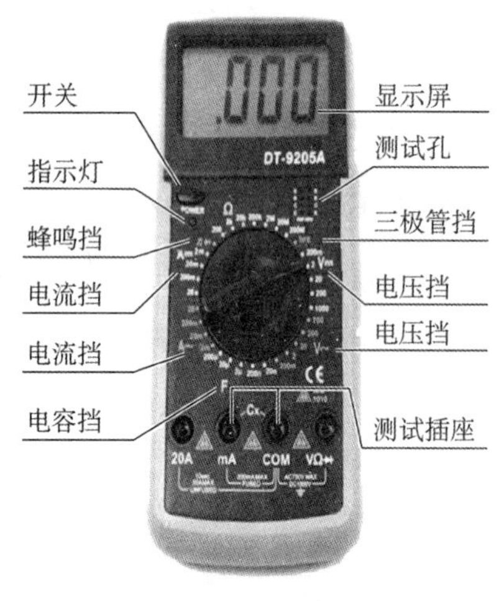

图 1-25　数字式多用表

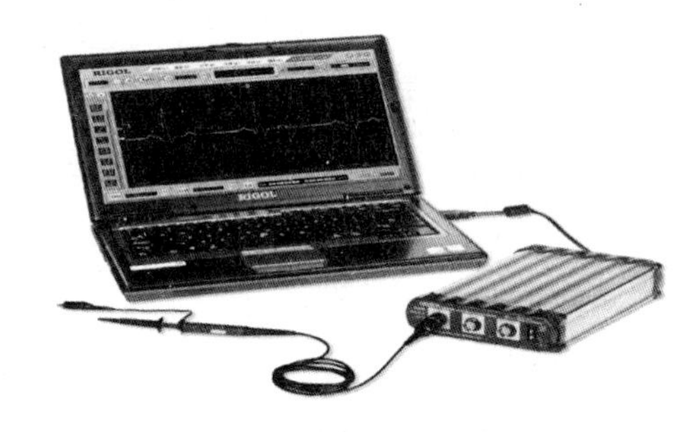

图 1-26　汽车专用示波器

三、汽车电器检测注意事项

(1) 拆卸和安装电器元件时，应切断电源。

(2) 更换熔丝时，一定要与原规格相同，切勿用导线代替。

(3) 正确拆卸导线插接器(插头与插座)。为了防止插接器在汽车行驶中脱开，所有的插接器均采用了闭锁装置。要拆开插接器时，首先要解除闭锁，然后把插接器脱开，不允许在未解除闭锁的情况下用力拉导线，这样会损坏闭锁或连接导线。

(4) 在检修传统汽车电器故障时，往往采用“试火”的办法逐一判断故障部位。在装有电子设备的汽车上，不允许使用这种方法，否则会给某些电路和电子元件造成意想不到的损害。

(5) 在发动机工作时，不要拆下蓄电池接线。

(6) 不允许使用欧姆表及多用表的 R×100 以下低阻欧姆挡检测小功率晶体管，以免因过载损坏晶体管。

四、汽车电器检测方法

为了迅速准确地检测汽车电器的故障，常用的检测方法主要有直观诊断法、断路法、短路法、试灯法、低压搭铁法、模拟法和专用检测仪器法等。

一、任务准备

1. 工作准备

洁具：准备□　清洁□

毛巾：准备□　清洁□

逃生门：位置明确□　通道畅通□

灭火器：红色□　黄色□　绿色□　处理意见：______________________________。

5S：整理□　整顿□　清洁□　清扫□　素养□

四件套□　翼子板护套□

2. 工具准备

常用工具一套。

3. 实训安排

(1) 实训方式：分组交叉轮流。

(2) 实训设备：实训中心实车一辆。

4. 安全事项

(1) 车辆拉好驻车制动手柄。□

(2) 车轮前后用挡块掩好。□

(3) 变速箱挡位挂入 P 挡或 N 挡。□

二、实施步骤(表 1-7)

表 1-7　任务四实施步骤

步骤	图　示	提　示
1		打开发动机引擎舱盖，使用多用表测量蓄电池静态电压。

续 表

步骤	图 示	提 示
2		启动发动机，使用多用表测量蓄电池动态电压。
3	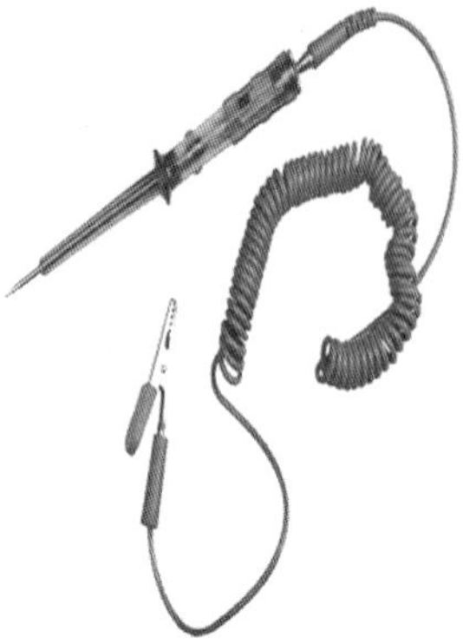	用测试灯完成蓄电池电压的检测。
4	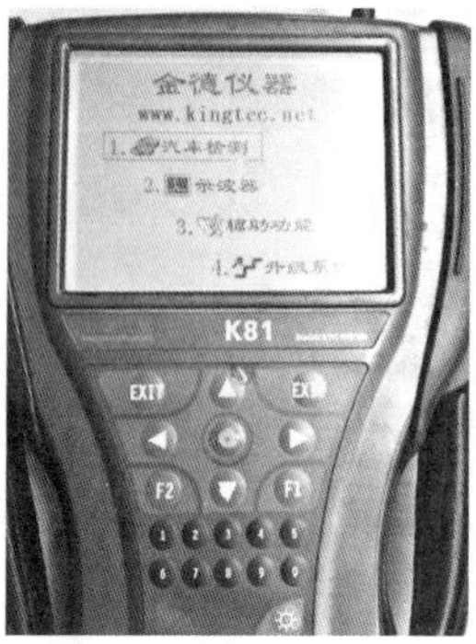	使用汽车专用示波器，测量蓄电池动态电压的波形。
5	—	小组讨论，完成学生工作页的填写。

三、清洁及整理

整理：所用工量具□

清洁场地：座椅□ 地板□ 工作台□ 零件盘□ 工位场地□

学生工作页

一、车辆信息填报

（1）车型：____________________。

(2) VIN：____。

二、使用多用表测量车辆的蓄电池电压

静态电压：________V，动态电压：________V。

电压：正常□　偏低□　偏高□

三、使用试灯并观察试灯的工作情况

正常□　不正常□

四、测量并绘制蓄电池的动态电压

使用汽车专用示波器，测量蓄电池动态电压的波形并完成绘制。

学后测评

一、填空题

1. 汽车电器由________________、________________、________________、照明、________________、________________、________________、________________等组成。

2. 汽车电器具有____________、____________、____________、____________四大特点。

3. 汽车电器常见的故障有____________、____________。

4. 汽车电器辅助用电设备包括____________、____________、____________等。

5. 汽车电子技术发展的三个方向是____________、____________、____________。

二、判断题

1. 汽车上蓄电池输出的是直流电，发动机输出的是交流电。（　　）
2. 拆卸和安装汽车电器元件时，要切断电源。（　　）
3. 蓄电池在汽车上与发电机并联供电。（　　）
4. 在检修汽车任何电路故障时，都可以使用“试火”的办法检查。（　　）
5. 汽车专用示波器可以用来判断点火系统的故障。（　　）

汽车蓄电池的使用与维护

项目描述

汽车蓄电池是一种将化学能转化为电能的装置，是可逆的低压直流电源。掌握蓄电池的结构、工作原理，是学习蓄电池技术状况检查和故障判断的基础。

学习目标

1. 知识目标

(1) 掌握汽车蓄电池的作用、构造、型号。

(2) 掌握蓄电池的工作原理。

(3) 掌握蓄电池的工作特性。

2. 技能目标

(1) 能对蓄电池的技术状况进行检查和维护。

(2) 了解汽车蓄电池的充电方法。

(3) 会对蓄电池的简单故障进行判断。

任务一 蓄电池结构的认知

任务目标

· 掌握汽车蓄电池的作用、构造、型号。

任务导入

客户反映汽车无法启动，检查灯光亮度变低。经初步判断，可能蓄电池有故障，请对蓄电池进行检查。

必备知识

一、蓄电池的作用

蓄电池是汽车上的两个电源之一，蓄电池的作用如下：

(1) 在启动发动机时(5～10 s),蓄电池向启动机提供大电流(一般为 200～600 A,最大可达 800～1 000 A),以使启动机产生强大的旋转扭矩,顺利启动发动机,同时向点火系统、燃油喷射系统及发动机其他用电设备供电。

(2) 在发电机不发电时,由蓄电池向用电设备供电。

(3) 当取下汽车钥匙时,由蓄电池向时钟、发动机及车身的电子控制元件(ECU)储存器、电子音响系统及防盗报警系统等供电。

(4) 当发电机超载时,蓄电池协助发电机供电。

(5) 当发电机正常发电时,蓄电池可将发电机的电能转化为化学能储存起来(即充电)。

(6) 蓄电池相当于一个大容量电容器,在发电机转速和负载变化较大时,能够保持汽车电源电压的相对稳定。同时,还可以吸收电路中产生的瞬间过电压,保护汽车电子元件不被损坏。

二、蓄电池的分类

常用的蓄电池主要分为三类:普通蓄电池、干荷蓄电池和免维护蓄电池。

1. 普通蓄电池

普通蓄电池的极板是由铅和铅的氧化物构成的,电解液是硫酸的水溶液。它的主要优点是电压稳定、价格便宜;缺点是比能低(即每公斤蓄电池存储的电能)、使用寿命短和日常维护频繁。

2. 干荷蓄电池

它的全称是干式荷电铅酸蓄电池,其负极板有较高的储电能力,在完全干燥的状态下,能在两年内保存所得到的电荷量,使用时,只需加入电解液,等待 20～30 分即可使用。

3. 免维护蓄电池

免维护蓄电池由于自身结构上的优势,电解液的消耗量非常小,在使用寿命内基本不需要补充蒸馏水。它还具有耐震、耐高温、体积小、自放电小等特点。使用寿命一般为普通蓄电池的两倍。市场上的免维护蓄电池也有两种:第一种在购买时一次性加电解液以后使用中不需要维护(添加补充液);另一种是电池本身出厂时就已经加好电解液并封死,用户根本就不能加补充液。

大多数免维护蓄电池在盖上设有一个孔形液体(温度补偿型)比重计,它会根据电解液比重的变化而改变颜色,可以指示蓄电池的存放电状态和电解液液位的高度。当比重计的指示眼呈蓝色时,表明充电已足,蓄电池正常;当指示眼为白色,表明蓄电池需要充电;当指示眼显示红色,表明蓄电池内部有故障,需要修理或更换。

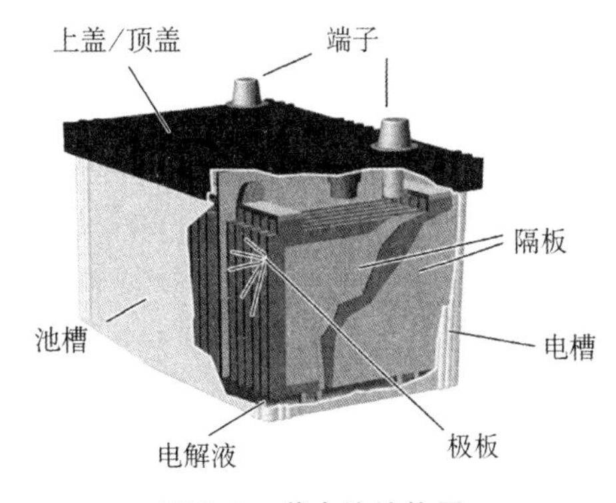

图 2-1 蓄电池结构图

三、蓄电池的结构与型号

1. 蓄电池的结构

普通铅酸蓄电池主要由正负极板、隔板、电解液、外壳、联条等部分组成。内部结构如图 2-1 所示。

(1) 极板。

极板分为正极板和负极板两种，均由栅架和填充在其上的活性物质构成。蓄电池充、放电过程中，电能和化学能的互相转换就是依靠极板上活性物质和电解液中硫酸化学反应来实现的。正极板上的活性物质是二氧化铅(PbO_2)，呈深棕色；负极板上的活性物质是海绵状纯铅(Pb)，呈青灰色。

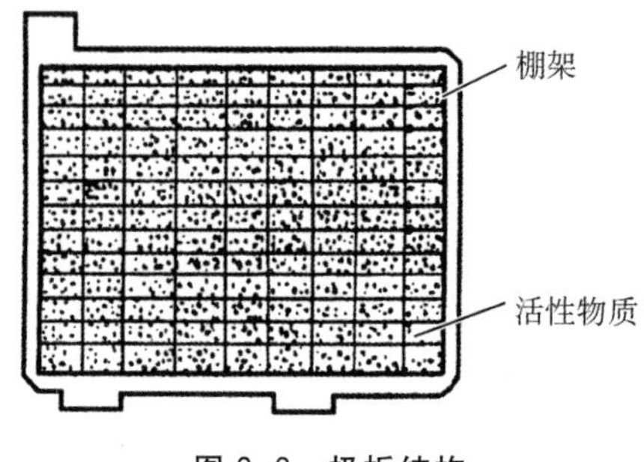

图 2-2　极板结构

为了增加蓄电池的容量，将多片正极板和多片负极板并联在一起，用横板焊接，组成正、负极板组，见图 2-2。横板上联有极桩，各片间留有间隙，组装时正负极板相互嵌合，中间插入隔板；在每个单个电池中，负极板的数量总是比正极板多一片，这样每一片正极板都处于两片负极板之间，使其两侧放电均匀，防止正极板弯曲变形。

(2) 隔板。

为了减小蓄电池的内阻和尺寸，蓄电池内部正、负极板应尽可能地靠近，但为了避免彼此接触而短路，正负极板之间要用隔板隔开。隔板材料应具有多孔性和渗透性的特点，且化学性能稳定，具有良好的耐酸性和抗氧化性。常用的隔板有木质隔板、微孔橡胶隔板、微孔塑料隔板、玻璃纤维隔板和纸板等。

(3) 电解液。

电解液由专用硫酸和蒸馏水按一定比例配制而成，密度为 1.24～1.30 g/cm^3(电解液的温度为 25 ℃)。

(4) 外壳。

蓄电池的壳体是用来盛放电解液和极板组的。对它的要求是：耐酸、耐热、耐震、绝缘性好并具有一定的机械强度。现在的汽车的蓄电池一般均用透明工程塑料制成外壳，其壁厚仅为 3.5 mm，电解液的高度和极板组的大体状况从外面均能清晰地观察出来，便于对蓄电池进行检查和维护。

(5) 联条。

串联各单格电池，材料为铅。

2. 蓄电池的规格型号

铅酸蓄电池型号由三部分组成，其内容及排列如下：

串联单格电池数	–	电池类型和特征	–	额定容量

以型号为 6-QAW-54a 的蓄电池为例，说明如下：

(1) 6 表示由 6 个单格电池组成，每个单格电池电压为 2 V，即额定电压为 12 V。

(2) Q 表示蓄电池的用途。例如，Q 为汽车启动用蓄电池、M 为摩托车用蓄电池、JC 为船舶用蓄电池、HK 为航空用蓄电池、D 表示电动车用蓄电池、F 表示阀控型蓄电池。

(3) A 和 W 表示蓄电池的类型。A 表示干荷型蓄电池，W 表示免维护型蓄电池，若不标明表示普通型蓄电池。

(4) 54 表示蓄电池的额定容量为 54 A·h(充足电的蓄电池，在常温下以 20 h 放电率的电流放电 20 h，蓄电池对外输出的电荷量)。

(5) 角标 a 表示对原产品的第一次改进，名称后加角标 b 表示第二次改进，依次类推。

一、任务准备

1. 工作准备

设备：蓄电池一只、实车一辆。

工具：常用工具一套。

2. 安全事项

(1) 用车轮挡块掩住车轮。

(2) 挂入 P 挡。

(3) 拉紧手刹。

(4) 安装四件套。

(5) 安装翼子板护套。

二、实施步骤

1. 观察蓄电池(图 2-3)

(1) 观察蓄电池的类型。

(2) 观察蓄电池的组成部件。

(3) 观察蓄电池的规格和型号。

图 2-3　蓄电池

2. 观察蓄电池在实车上的安装情况

(1) 观察蓄电池在车上的位置。

(2) 观察蓄电池在车辆正负极安装情况是否良好。

三、清洁及整理

(1) 恢复车辆的状态。

(2) 清洁场地。

学生工作页

一、车辆信息填报

(1) 车型：________________________________。

(2) VIN：________________________________。

二、观察蓄电池

(1) 蓄电池的类型：普通蓄电池□　干荷电铅蓄电池□　免维护蓄电池□
(2) 蓄电池规格和型号：________________________________。
(3) 车辆的蓄电池在车的位置是：发动机舱□　后备箱□
(4) 蓄电池的正负接线柱连接情况：牢固□　松脱□

任务二　蓄电池的工作原理与特性的了解

任务目标

· 掌握蓄电池的工作原理与工作特性。
· 了解蓄电池的充电方法。

任务导入

每次驾车出行前，若启动发动机时觉得启动无力，多数情况下是蓄电池电量不足，这时需要到汽车修理厂对蓄电池进行充电。

必备知识

一、蓄电池的工作原理和工作特性

1. 蓄电池的工作原理

铅酸蓄电池内的阳极(PbO_2)与阴极(Pb)浸到电解液($PbSO_4$)中，两极间会产生 2.1 V 的电压，根据铅酸蓄电池的工作原理，经过充放电，阴、阳极及电解液会发生如下变化：

放电过程：　$PbO_2 + Pb + 2H_2SO_4 \longrightarrow 2PbSO_4 + 2H_2O$

充电过程：　$2PbSO_4 + 2H_2O \longrightarrow PbO_2 + Pb + 2H_2SO_4$

电动势的建立如图 2-4 所示，放电时发生的化学反应如图 2-5 所示。

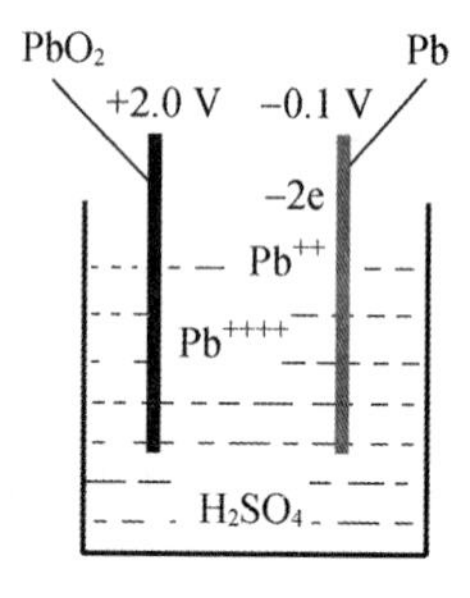

图 2-4　电动势的建立

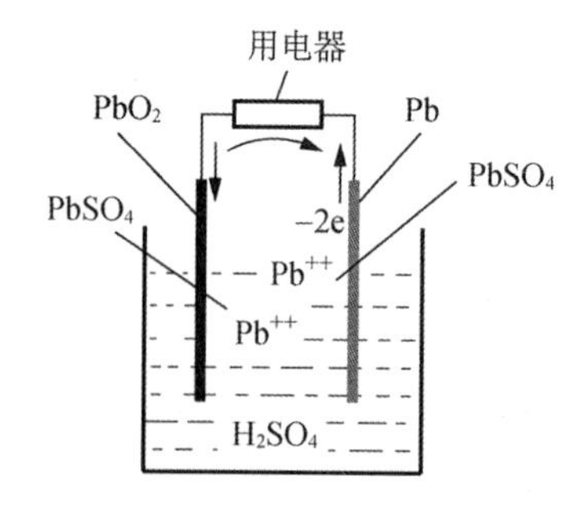

图 2-5　放电时发生化学反应

(1) 放电中的化学变化。

蓄电池连接外部电路放电时，稀硫酸会与阴、阳极板上的活性物质产生反应，生成新化

合物硫酸铅。放电时，硫酸成分从电解液中释放，放电越久，硫酸浓度越低。所消耗的成分与放电量成比例，只要测得电解液中硫酸浓度，即可得知放电荷量或残余电荷量。

(2) 充电中的化学变化。

充电中，阴极板所产生的硫酸铅会被分解还原成硫酸及二氧化铅，因此电解液的浓度逐渐增加，电解液密度上升，并逐渐恢复到放电前的浓度，这种变化显示出蓄电池中的活性物质已还原到可以再度供电的状态。当两极的硫酸铅被还原成原来的物质时，等于充电结束，阴极板会产生氢，阳极板产生氧，充电到最后阶段时，电流几乎都用于水的电解，因而电解液会减少。

2. 蓄电池的工作特性

(1) 内阻。

蓄电池的内阻由极板电阻、电解液电阻、隔板电阻及联条电阻四部分组成。正常情况下，蓄电池的内阻很小，所以能够为启动机提供几百安培的启动电流。

(2) 放电特性。

蓄电池的放电特性是指在恒流放电过程中，蓄电池的端电压和电解液密度随时间变化的规律。

蓄电池放电终止的特征：

① 电解液密度下降至最小允许值。

② 单体蓄电池的端电压下降至放电终止电压。

(3) 充电特性。

蓄电池的充电特性是指在恒流充电过程中，蓄电池的端电压和电解液密度随时间变化的规律。

蓄电池充电终止的特征：

① 蓄电池电解液内产生大量气泡，呈“沸腾”状态。

② 端电压和电解液密度均上升至最大值，且 2～3 h 内不再增加。

二、蓄电池的容量及影响因素

1. 蓄电池的容量

蓄电池在规定条件下放出的电荷量称为容量，单位为安·时(A·h)。

$$C = I_f t_f$$

蓄电池容量分为 20 h 放电率额定容量、启动容量以及储备容量，这里主要介绍 20 h 放电率额定容量，简称额定容量。

完全充足电的蓄电池，在电解液平均温度为 25 ℃的情况下，以 20 h 放电率的电流连续放电至单格电压降至 1.75 V 时所输出的电荷量。蓄电池所输出的电荷量为额定容量，用 C20 表示。

2. 影响容量的因素

蓄电池容量与很多因素有关，有结构因素和使用因素。结构因素主要有：极板的面积、活性物质的多孔率等。使用因素主要有：放电电流、电解液温度、电解液密度等。

任务实施

一、任务准备

1. 工作准备

设备：蓄电池、充电机、实车。

工具：常用工具一套。

2. 安全事项

(1) 用车轮挡块掩住车轮。

(2) 挂入 P 挡。

(3) 拉紧手刹。

(4) 安装四件套。

(5) 安装翼子板护套。

二、实施步骤

(1) 车辆停驶平稳，挂入 P 挡，拉紧手刹，用车轮挡块掩住车轮，铺好四件套和翼子板护套。

(2) 汽车蓄电池、充电机使用准备。

① 阅读汽车蓄电池充电机(图 2-6)的使用说明；

② 连接汽车蓄电池与充电机的接线柱，如图 2-7 所示；

图 2-6　汽车蓄电池充电机

图 2-7　蓄电池连接示意图

图 2-8　充电示意图

③ 检查各接线柱的连接情况。

④ 确定蓄电池充电机充电电压。

(3) 观察蓄电池的充电。

启动充电机，记录充电开始时间，如图 2-8 所示；观察蓄电池充电是否正常。

(4) 充电结束，关闭充电机，取下充电连接线。

三、清洁及整理

(1) 恢复车辆与充电机状态。

(2) 清洁场地。

学生工作页

一、车辆信息填报

(1) 车型：____。

(2) VIN：____。

二、充电过程填写

(1) 汽车蓄电池与充电机接线柱的连接线首先连接____________，再连接____________。

(2) 各接线柱的连接情况：正常□　有松动□　连接错误□

(3) 调定汽车蓄电池充电机，你所调定的电压为____________V。

(4) 观察蓄电池的充电情况：正常□　有异常□　不能充电□

(5) 充电方法是：____。

(6) 充电开始时间：________；充电结束时间：________；用时：________；蓄电池电压为：________V。

任务三　蓄电池的使用与维护

任务目标

- 能对蓄电池的技术状况进行检查和维护。
- 会对蓄电池的简单故障进行判断。

任务导入

蓄电池是汽车电源之一，其技术状况决定了汽车发动机能否顺利启动及正常出行。因此，正确使用和维护蓄电池是汽车检测的基本技能。

必备知识

蓄电池的使用寿命与车主的使用习惯有很大关系，欲延长蓄电池的使用寿命，应了解蓄电池的技术状况。

一、蓄电池的使用和维护

1. 蓄电池的使用

(1) 正确充电。

装车使用电池定期补充充电，放电程度：冬季不超过25%，夏季不超过50%；带电液存放的蓄电池应定期补充充电。

（2）正确使用操作。

① 每次启动时间不超过 5 s，启动间隔时间 15 s，最多连续启动 3 次。

② 避免长时间停车未发动，使用车载用电设备。

2. 蓄电池的维护

为使蓄电池处于完好状态，延长其使用寿命，对使用中的蓄电池需进行下列维护工作：

（1）保持蓄电池外表面的清洁干燥，及时清除极桩和电缆卡子上的氧化物，并确定蓄电池上的电缆连接牢固。

（2）保持加液孔盖上通气孔的畅通，定期疏通。

（3）定期检查并调整电解液液面高度，液面不足时应补加蒸馏水。

（4）汽车每行驶 1 000 km 或夏季行驶 5～6 天，冬季行驶 10～15 天，应用密度计或高率放电计检查一次蓄电池的放电程度，当冬季放电超过 25%，夏季放电超过 50%时，应对蓄电池进行补充充电。

二、蓄电池的常见故障与排除

1. 内部故障

（1）极板硫化。

蓄电池长期充电不足或放电后长时间未充电，极板上会逐渐形成白色大颗粒的 $PbSO_4$，这种现象称为极板硫化，简称硫化。这种粗而坚硬的 $PbSO_4$ 颗粒导电性差、体积大，容易堵塞极板表面活性物质孔隙，阻碍电解液的渗透和扩散，使蓄电池内阻增大，启动时不能给启动机足够大的电流，导致发动机无法启动。

极板硫化后蓄电池在充、放电时会有异常现象，如放电时蓄电池容量下降得很快，用高率放电计检查时，单体蓄电池端电压急剧降低；充电时单体蓄电池端电压上升快，电解液温度迅速升高，但密度提高缓慢，过早出现“沸腾”现象。

产生极板硫化的主要原因是：

① 蓄电池长期充电不足，或放电后长时间未充电。

② 蓄电池液面过低，使极板上部与空气接触而发生氧化（主要是负极板）。

③ 电解液密度过高，电解液不纯、环境温度温差大等因素。

对于已经硫化的蓄电池极板，轻者去硫化充电消除，重者更换蓄电池。

（2）自放电。

充足电的蓄电池放置不用会逐渐失去电荷量，这种现象称为蓄电池的自放电。造成自放电的原因有以下几个方面：

① 电解液中有杂质，在蓄电池内部产生自放电。

② 蓄电池内部短路引起的自放电。

③ 蓄电池表面不清洁，有电解液，会造成自放电，还会使极桩腐蚀。

为了减小蓄电池的自放电，除电解液配制要符合要求外，还应该经常保持蓄电池表面的清洁。

(3) 极板活性物质脱落。

极板活性物质脱落一般发生在正极板上，特征为充电时电解液中的褐色物质从底部上升，单体蓄电池端电压上升很快，电解液过早出现“沸腾”现象，而电解液密度不能达到规定的最大值；放电时，蓄电池容量下降明显。

活性物质脱落的原因有充电电流过大、充电时间过长、低温长时间放电等。另外，蓄电池剧烈震动也会引起极板活性物质脱落。

(4) 极板短路。

极板短路的现象是充电过程中，电解液温度迅速上升，单体蓄电池端电压与电解液密度上升缓慢；放电时，蓄电池容量下降明显。

极板短路的主要原因有隔板的损坏、活性物质在蓄电池底部沉积过多、极板弯曲及金属落入正负极板之间等。对于短路的蓄电池必须将其拆开，查明原因，排除故障。

2. 外部故障

外部故障主要由以下几个方面引起：

(1) 容器破裂。造成破裂的原因有：蓄电池固定螺母旋的过紧、行车剧烈震动、外物击伤和电解液结冰。

(2) 封口胶破裂。多因质量不佳或受到撞击造成。

(3) 极柱螺栓和螺母腐蚀。

(4) 蓄电池爆炸。主要由于氢、氧排不出造成，故必须保证蓄电池排气孔顺畅。

三、蓄电池使用中技术状况的检查

1. 电解液液面高度的检查

(1) 目前使用的新型蓄电池都采用塑料透明壳体，可以从蓄电池侧面观察液面高度，如图2-9所示。电解液液面应高出极板10～15 mm，液面高度可用玻璃管测试，如图2-10所示。

(2) 电解液不足时应加注蒸馏水，除非确知液面降低是电解液溅出所致，否则不允许加入硫酸溶液。

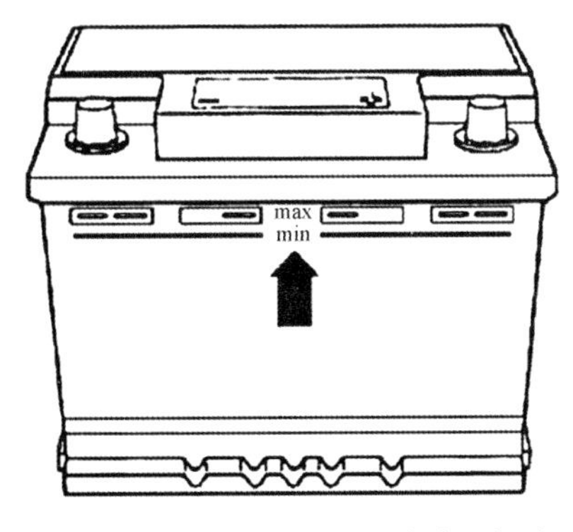

图2-9　免维护蓄电池酸液液位标志

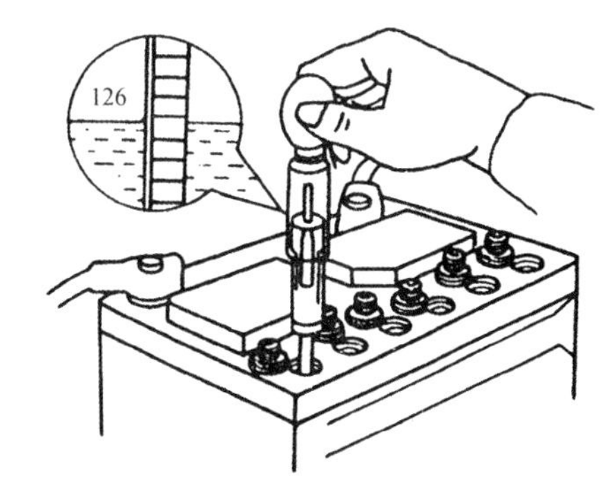

图2-10　蓄电池液面高度检查

2. 放电程度的检查

(1) 对一般蓄电池，电解液密度可用吸式密度计或电解液密度检测仪检测，也可以观察颜色。

(2) 目前大多数免维护蓄电池在盖上设有一个孔形液体(温度补偿型)密度计,它会根据电解液密度的变化而改变颜色,可以指示蓄电池的存放电状态和电解液液位的高度,如图 2-11 所示。

绿色:充电状态良好,>65%,蓄电池状态正常。

黑色:充电状态不佳,<65%,需要给蓄电池充电。

黄色至无色:电解液液面过低,需要更换蓄电池。

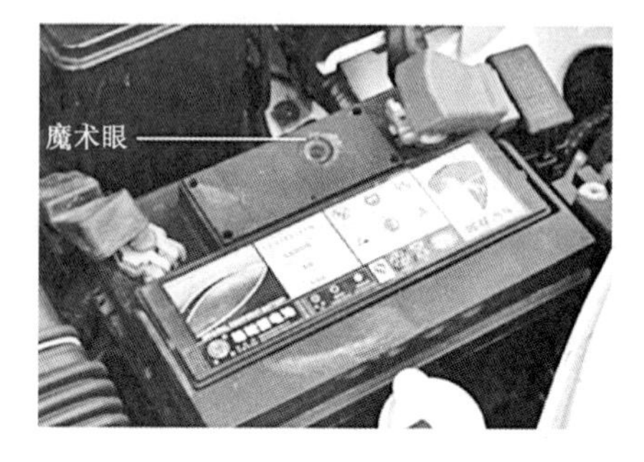

图 2-11 带"视液窗"的湿式蓄电池

3. 启动性能的测试

高率放电计是模拟接入启动机负荷,通过测量蓄电池在大电流(接近启动机启动电流)放电时的端电压,判断蓄电池的技术状况和启动能力,如图 2-12 所示。

4. 蓄电池极桩连接状态的测试

为保证蓄电池能够给启动机提供大电流,除蓄电池自身技术状况的好坏外,蓄电池极桩与电缆线的连接也非常重要。极桩与电缆线的连接可靠性可通过测量两者的电压降来确定,正常值应小于 0.5 V。

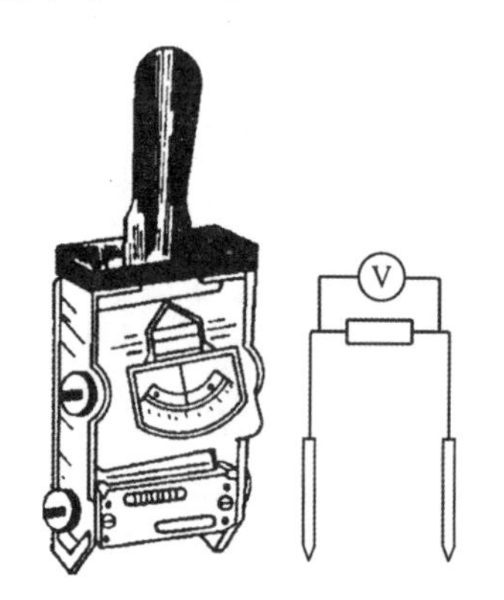

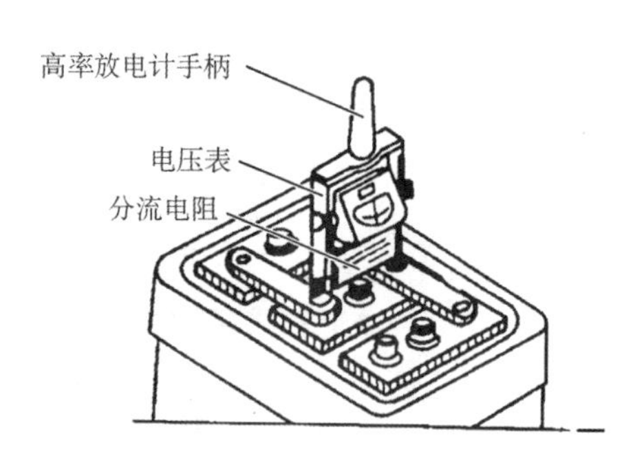

图 2-12 高率放电计

一、任务准备

1. 工作准备

设备:蓄电池、充电机、实车。

工具:常用工具一套。

2. 安全事项

(1) 用车轮挡块掩住车轮。

(2) 挂入 P 挡。

(3) 拉紧手刹。

(4) 安装五件套。

(5) 安装翼子板护套。

二、实施步骤

（1）认识测量仪器（图2-13）。

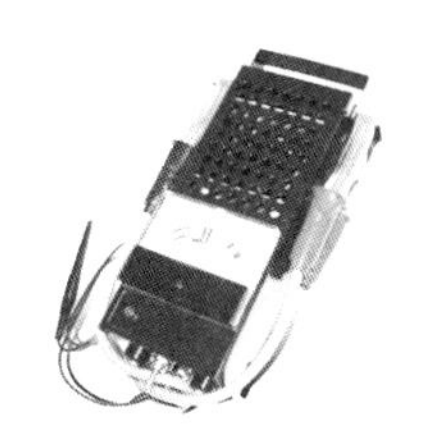

图2-13　测量仪器

（2）了解汽车蓄电池启动性能的测试方法。

（3）测量蓄电池电解液密度。

三、清洁及整理

（1）恢复车辆状态、清洁整理工具。

（2）清洁场地。

学生工作页

一、车辆信息填报

（1）车型：____。

（2）VIN：____。

二、蓄电池检测数据填报

（1）蓄电池检测部件有：____

（2）写出高率放电计的检测方法：____

____

____。

（3）观察读数为________________。正常□　不正常□

学后测评

一、填空题

1. 铅蓄电池主要由________、________、________、外壳、联条、接线柱等部件组成。

2. 铅蓄电池每个单格内负极板总比正极板多________片。

3. 当铅蓄电池接通外电路负载放电时，正极板上的PbO_2和负极板上的Pb都变成了$PbSO_4$，电解液中的硫酸变成了________。充电时，正负极板上$PbSO_4$分别恢复成________和________，电解液中的水变成了________。

4. 影响蓄电池容量的因素有________和________。

5. 铅蓄电池常见的内部故障有________、________、________。

6. 汽车启动时间一般不超过________ s，再次启动应间歇________ s以上。

二、选择题

1. 铅蓄电池充电后期会逸出可燃气体，这是因为(　　)。

A. 电解液温度超过100 ℃　　B. 极板表面有气泡冒出

C. 电解液被充电电流搅动

2. 充电时，电解液内不时有褐色物质泛起，说明(　　)。

A. 电池有硫化故障　　B. 电池有自放电产生　　C. 电池有活性物质脱落

3. 橡胶壳蓄电池电解液液面高度应(　　)。

A. 超出最高刻度

B. 低于最低刻度

C. 在最高刻度与最低刻度之间

4. 内装式电池密度计是通过观察显示窗的(　　)来判断电池电荷量及极性的。

A. 颜色　　B. 刻度　　C. 亮度

三、判断题

1. 蓄电池只能对外放电，不能对其充电。　(　　)

2. 发电机正常运转时，蓄电池供给点火系统、启动系统用电。　(　　)

3. 蓄电池在汽车上与发电机并联供电。　(　　)

4. 蓄电池的电解液为相对密度为1.84的纯硫酸。　(　　)

5. 蓄电池正、负极板上的活性物质都是二氧化铅(PbO_2)。　(　　)

6. 铅蓄电池的端电压随着放电时间的延长而降低。　(　　)

项目三 交流发电机的检测与维修

项目描述

交流发电机是除了蓄电池外的另一电源，熟悉发电机的总体结构，掌握发电机的工作原理，是学习发电机并对发电机各组成部件进行拆装和对电源系统故障进行诊断的基础。

学习目标

1. 知识目标

(1) 能正确叙述交流发电机的作用、结构及工作原理。

(2) 能正确叙述电压调节器的类型和工作原理。

(3) 能正确叙述硅整流发电机和调节器的使用和维护方法。

2. 技能目标

(1) 掌握交流发电机各零部件的检修方法。

(2) 熟悉交流发电机的维护方法。

任务一 交流发电机结构的认知

任务目标

· 掌握交流发电机的结构组成及各组成部分的安装位置。

任务导入

发电机与蓄电池构成了汽车电源系统。当发动机工作后，发电机负责全车用电设备的供电，同时发电机还要为蓄电池充电。因此，发电机的技术状况直接影响汽车全车用电设备的工作状况。

必备知识

发电机是汽车的主要电源之一，它将发电机的部分机械能转变成电能，在发动机正常运转(怠速以上)时,向所有用电设备(启动机除外)供电,同时向蓄电池充电,如图 3-1 所示。交流发电机的运行状况直接影响汽车电器部件的性能。

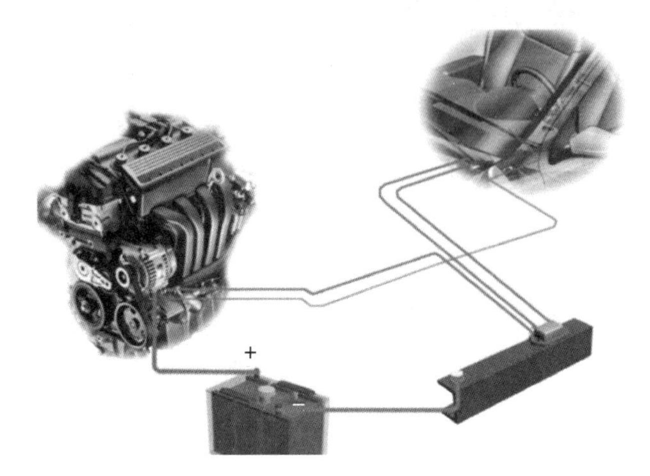

图 3-1　发电机蓄电池关系图

一、交流发电机的构造

目前国内外生产的汽车交流发电机,其结构基本相同,主要由转子、定子、整流器、前端盖、后端盖、带轮及风扇组成,如图 3-2 所示。

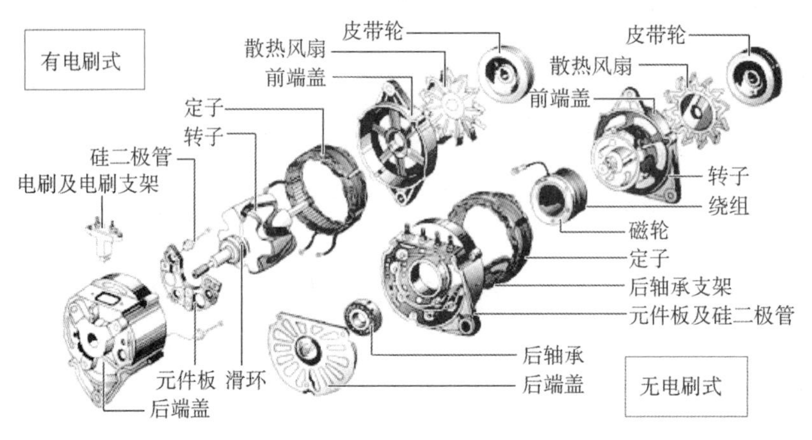

图 3-2　交流发电机组件

1. 转子

功用:建立磁场。

结构:主要由两块爪极、励磁绕组、轴和集电环等组成,如图 3-3 所示。

两块爪极压装在转子轴上,在两块爪极的内腔装有导磁用的铁芯,其上绕有励磁绕组。励磁绕组的两段引线分别焊接在彼此绝缘的两个集电环上(与轴绝缘)。两个集电环与装在后端盖上的两个电刷相接触。这两个电刷引出的接线柱即为发电机“F”(“磁场”)接线柱和“—”(“E”或“搭铁”)接线柱。

当发电机工作,两个电刷与直流电源接通时,便有电流通过励磁绕组(该电流称为发电

机的励磁电流），在励磁绕组中产生磁场，使两块爪极被磁化为N极和S极，从而形成相互交错的N、S磁极，磁极的对数一般为四至八对，国产交流发电机的磁极对数多为六对。

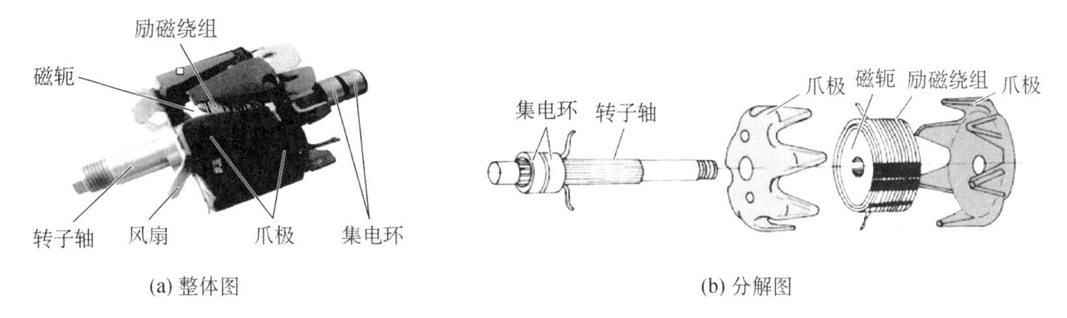

图3-3 交流发电机的转子

2. 定子(电枢)

功用：产生交流电动势。

结构：由铁芯和三相绕组组成。

定子铁芯由相互绝缘的内圆带槽的环状硅钢片叠成，定子槽内置有三相对称绕组，三相绕组的连结方式可分为星形连结和三角形连结，目前大多数车用交流发电机采用星形连结。定子及定子绕组的连结方式如图3-4所示。

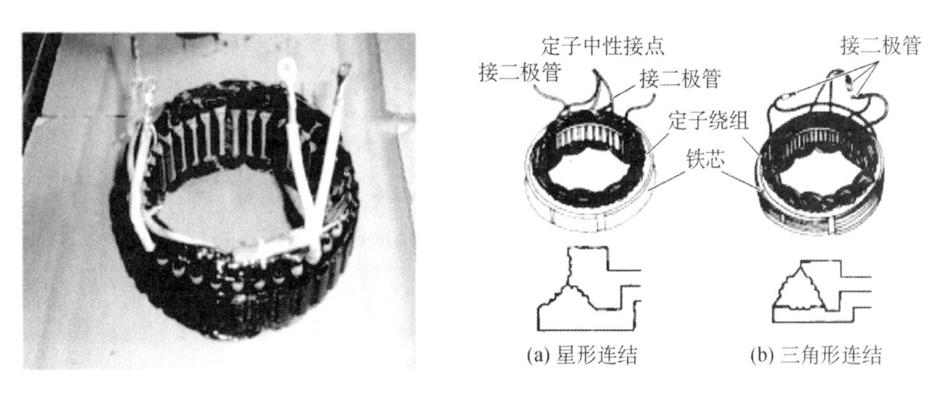

图3-4 定子及定子绕组的连结方式

在三相对称绕组中所产生的电动势是对称电动势，即电动势的大小相等、电位差互差120°。这样为保证三相绕组所产生的电动势是对称电动势，三相绕组在定子槽中的绕法必须满足：

(1) 每相绕组线圈的个数、匝数、大小必须相等，这样可保证每相绕组产生的电动势大小相等。

(2) 三相绕组的首端U、V、W在定子槽内的排列必须间隔120°。

3. 电刷总成

作用：引入励磁电流。

结构：两只电刷装在电刷架的方孔内，借助弹簧压力与集电环保持接触。

一个电刷引出线接到发电机后端盖上的磁场接线柱(标记为“F”或“磁场”)上；另一个搭铁，电刷的引线用螺钉固定在后端盖上(标记为“一”或“搭铁”)。

电刷的结构有外装式和内装式两种，如图 3-5 所示。由于发电机磁场搭铁回路的不同，电刷总成上的两个电刷接线柱可分为 B、F 接线柱或 F1、F2 接线柱两种电刷总成。前者为内搭铁发电机所用，后者为外搭铁发电机所用。

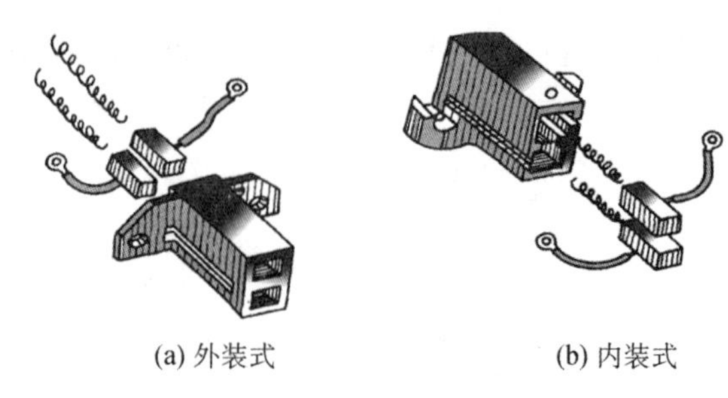

图 3-5　电刷及电刷架

4. 整流器

功用：将三相绕组中产生的三相交流电转换为直流电。

结构：硅整流二极管分为正极管和负极管。

（1）正极管。

压装在元件板上的三只二极管，引线为二极管的正极，外壳为二极管的负极，俗称“正极管子”，三只正二极管的外壳与元件板接在一起成为发电机的正极，用螺栓引至后端盖外部作为发电机的火线接线柱，标记“B”（“A”、“+”或“电枢”）。如图 3-6 所示。

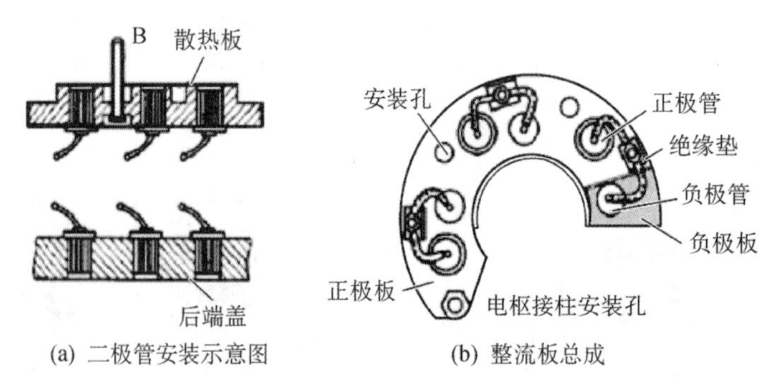

图 3-6　整流板及二极管的安装

（2）负极管。

压装在后端盖上的二极管，其引线为二极管的负极，外壳为二极管的正极，俗称“负极管子”。而三只负二极管的外壳与发电机的后端盖接在一起成为发电机的负极。一般用符号“E”或“-”来表示，如图 3-7 所示。

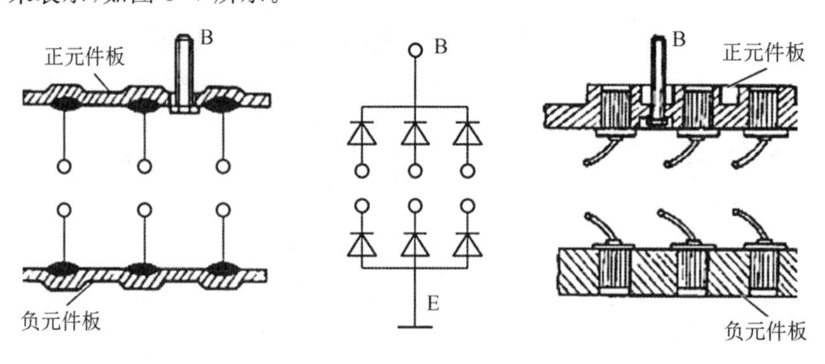

图 3-7　硅二极管安装示意图

5. 前端盖、后端盖

前端盖、后端盖是由非导磁材料铝合金制成的，漏磁少，并具有轻便、散热性能好等优

点。在后端盖上装有电刷架和电刷，两个电刷分别装在电刷架的孔内，借助弹簧压力与集电环保持接触。

6. 皮带轮及风扇

交流发电机的前端装有皮带轮，由发动机通过风扇传动带驱动发电机旋转。在皮带轮的后面装有叶片式风扇，前、后端盖上分别有出风口和进风口。当发动机带动发电机高速旋转时，可使空气经发电机内部，对发电机进行冷却。其结构如图 3-8 所示。

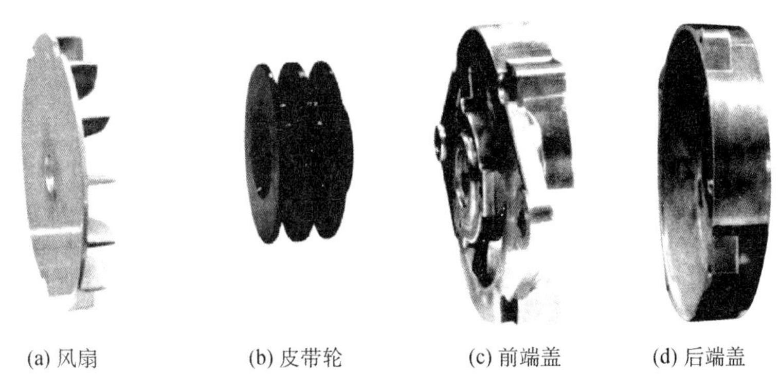
(a) 风扇　(b) 皮带轮　(c) 前端盖　(d) 后端盖

图 3-8　发电机风扇、皮带轮、前端盖及后端盖外观图

二、交流发电机的型号和规格

根据中华人民共和国汽车行业标准 QC/T73—1993《汽车电器设备产品型号编制方法》的规定，汽车交流发电机的型号由产品代号、电压等级代号、电流等级代号、设计序号、变型代号五部分组成，如图 3-9 所示。

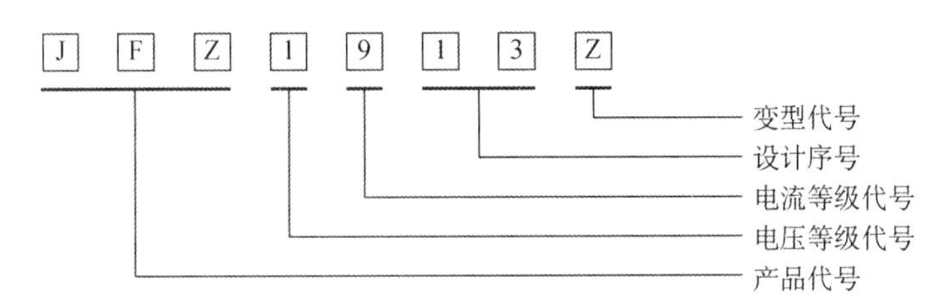

图 3-9　交流发电机的型号

(1) 产品代号。交流发电机的产品代号有 JF、JFZ、JFB、JFW，分别表示交流发电机、整体式交流发电机、带泵交流发电机和无刷式交流发电机。

(2) 电压等级代号。用一位阿拉伯数字表示，如表 3-1 所示。

表 3-1　电压等级代号

电压等级代号	1	2	3	4	5	6
电压等级/V	12	24	—	—	—	6

(3) 电流等级代号。

(4) 设计序号。按产品的先后顺序，用阿拉伯数字表示。

（5）变型代号。交流发电机以调整臂的位置作为变型代号。

任务实施

一、任务准备

1. 工作准备

设备：发电机、整车一辆。

工具：常用工具一套。

2. 安全事项

（1）用车轮挡块掩住车轮。

（2）挂入 P 挡。

（3）拉紧手刹。

（4）安装四件套。

（5）安装翼子板护套。

二、实施步骤

（1）观察发电机。

① 观察发电机的型号（图 3-10）。

② 熟悉发电机的各组成部件。

（2）观察发电机在车辆上的安装情况。

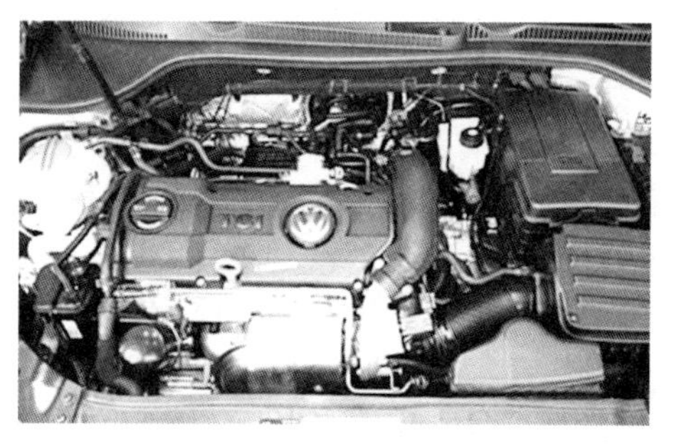

图 3-10 观察发电机

三、清洁及整理

（1）恢复车辆状态、清洁整理工具。

（2）清洁场地。

学生工作页

一、车辆信息填报

（1）车型：____________________。

（2）VIN：____________________。

二、发电机信息填报

（1）所观察发电机的型号是：____________________。

（2）对发电机各部件进行识别：

转子总成□　定子总成□　皮带轮□　风扇□

前端盖□　后端盖□　电刷总成□

（3）发电机的安装位置：____________________；

观察发电机各接柱，有：____________________。

任务二 交流发电机的工作原理与特性的掌握

任务目标

· 掌握交流发电机的工作原理与工作特性。

任务导入

客户反映发动机启动后仪表灯中充电指示灯长亮，要求进行故障处理。要处理该故障，首先应该了解发电机的工作原理。

必备知识

一、交流发电机的工作原理

1. 发电原理

交流发电机产生交流电的基本原理是电磁感应原理，具体地说，交流发电机是利用产生磁场的转子旋转，使穿过定子绕组的磁通量发生变化，在定子绕组内产生交流感应电动势。图 3-11 所示为交流发电机的工作原理图。

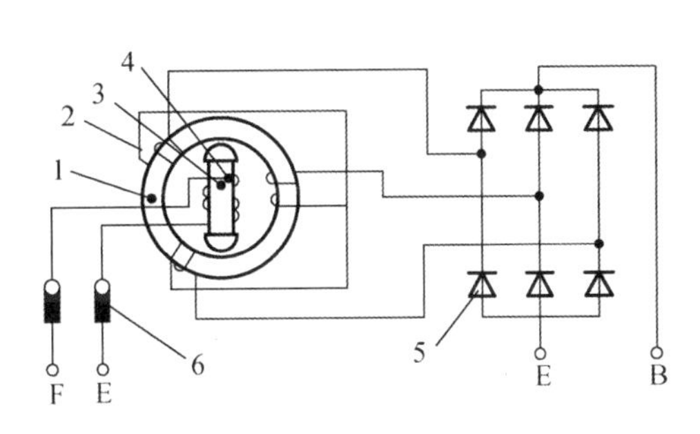

1—铁芯；2—三相绕组；3—磁轭；
4—励磁绕组；5—整流器；6—电刷

图 3-11　交流发电机的工作原理图

当励磁绕组有电流通过时，励磁绕组便产生磁场，转子轴上的两个爪极被分别磁化为 N 极和 S 极。当转子旋转时，磁极交替地在定子铁芯中穿过，形成一个旋转的磁场，磁感线和定子绕组之间产生相对运动，在三相绕组中产生交流感应电动势。

2. 整流原理

定子绕组中所感应出的交流电，要靠硅二极管组成的整流器改变为直流电。硅二极管具有单向导电性，当给二极管加上正向电压时导通，即呈现低电阻状态；当给二极管加上反向电压时截止，即呈现高电阻状态。利用硅二极管的这种单向导电的特性就可以把交流电变为直流电。硅整流器实际上是一个由六只硅整流二极管组成的三相桥式整流电路，如图 3-12 所示。

有的发电机具有中性点接线柱，如图 3-13 所示。中性点接线柱是从三相绕组的末端引出来的，标记为“N”，输出电压为 U_N。由于 U_N 是通过三个搭铁的负极管子整流后得到的直流电压，所以 $U_N=\frac{1}{2}U$。

中性点电压 U_N 一般用来控制各种用途的继电器，如磁场继电器、充电指示灯继电器等。当发动机高速运转时，可有效利用中性点电压来增加发电机的输出功率。实践证明，在交流发电机上采用中性点二极管后，输出功率可增加 10%～15%。

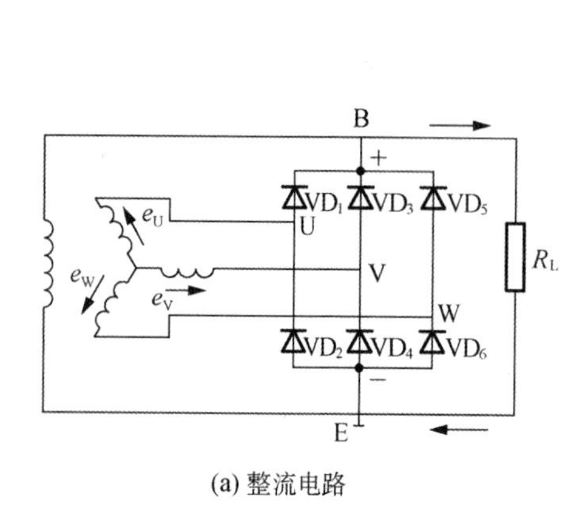

(a) 整流电路

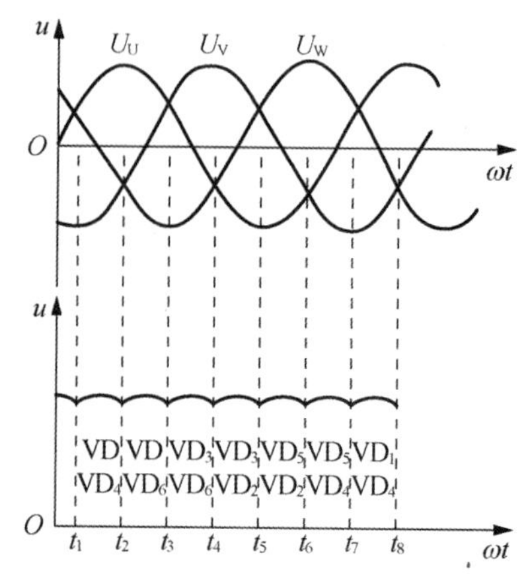

(b) 整流前三相交流电压波形　(c) 整流后负载上的电压波形

图 3-12　三相桥式整流电路及电压波形

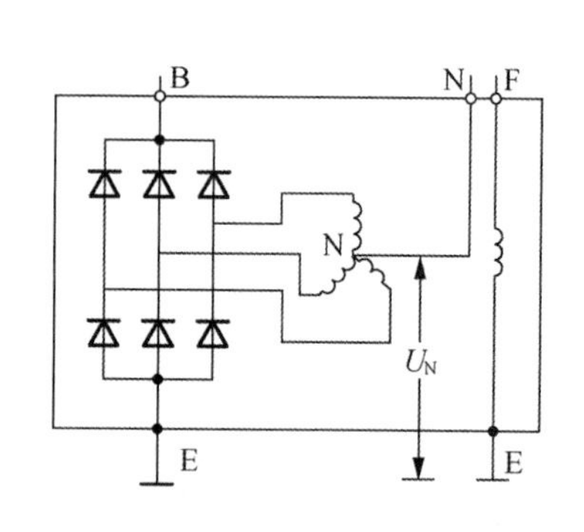

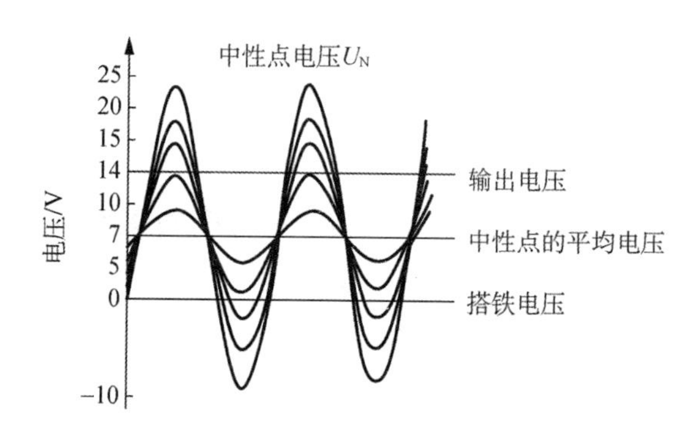

图 3-13　中性点电压波形

3. 励磁方法

除了永磁式交流发电机不需要励磁以外，其他形式的交流发电机都必须给励磁绕组通电才会有磁场产生，进而发电，否则发电机将不能发电。

将电流引入励磁绕组使之产生磁场称为励磁。交流发电机励磁方式有他励和自励两种。

(1) 他励。

他励由蓄电池供电。当发电机转速很低时，采用他励方式，在低转速下紧靠剩磁产生的电动势不能使二极管导通，发电机不能自励发电，此时必须由蓄电池供给发电机磁场绕组电流，使发电机具有较强的磁场，使发电机的电动势迅速升高。

(2) 自励。

自励由发电机自身所发电能供电。当发电机转速达到一定值后，发电机发电电压达到或超过蓄电池电压，发电机开始向蓄电池充电，同时励磁方式由他励转变为自励，励磁电流由发电机自己提供。

(3) 交流发电机励磁电路。

励磁绕组通过两只电刷(F 和 E)和外电路相连，根据电刷和外电路的连接形式不同，发电机分为内搭铁型和外搭铁型两种，其结构如图 3-14 所示。

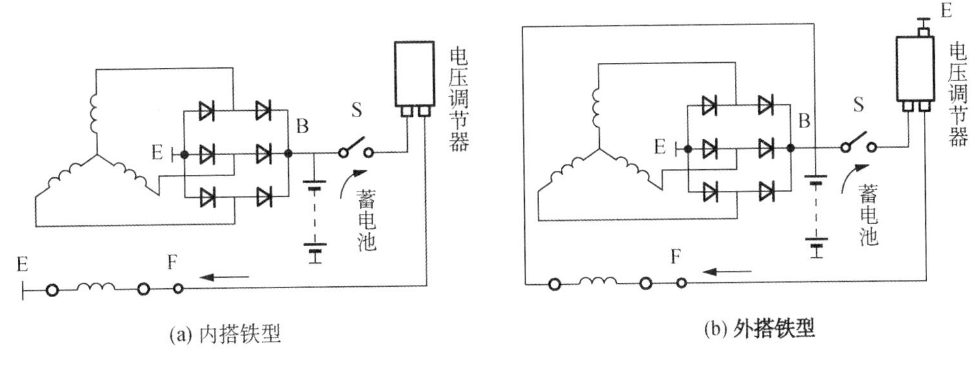

(a) 内搭铁型　　(b) 外搭铁型

图 3-14　交流发电机励磁电路

· 内搭铁型交流发电机:励磁绕组的一端经负电刷(E)引出后和后端盖直接相连(直接搭铁)的发电机称为内搭铁型交流发电机。

· 外搭铁型交流发电机:励磁绕组两端(F 和 E)均和端盖绝缘的发电机称为外搭铁型交流发电机。

二、交流发电机的工作特性

交流发电机的工作特性是指发电机输出的直流电压、电流与转速之间的关系。它包括空载特性、输出特性和外特性。

1. 空载特性

空载特性是指发电机在空载运行时,其端电压与转速之间的变化关系。通过试验,可绘出一条空载特性曲线,如图 3-15(a)所示。

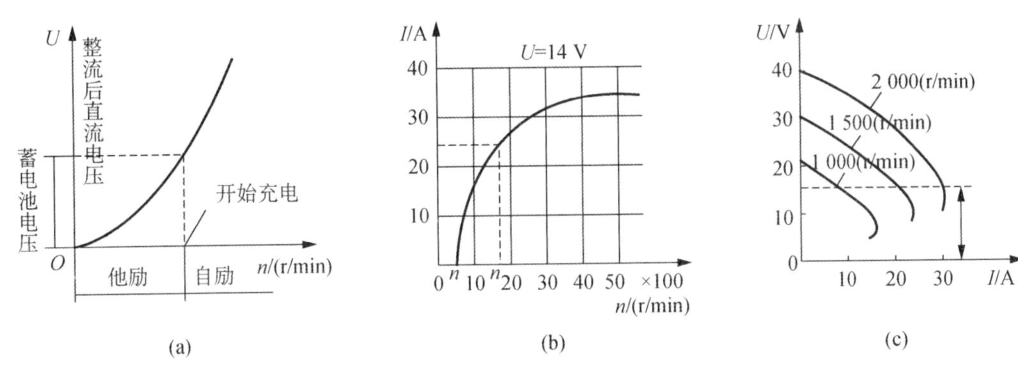

(a)　(b)　(c)

图 3-15　交流发电机工作特性

从空载特性曲线可以看出,随着转速的升高,端电压上升较快,当由他励变为自励发电时,能向蓄电池进行补充充电。空载特性是判断发电机充电性能好坏的重要依据。

2. 输出特性

交流发电机的输出特性也称负载特性或输出电流特性。输出特性是指在发电机保持输出电压一定时,发电机的输出电流与转速之间的关系。一般地,对电压为 12 V 系列的发电机,其输出电压恒定在 14 V;对电压为 24 V 系列的发电机,其输出电压恒定在 28 V。通过试验测得一条输出特性曲线,如图 3-15(b)所示。由输出特性可以看出:

(1) 发电机在空载转速 n_1 时,就能达到额定输出电压值。说明交流发电机具有较好的低速充电性,空载转速 n_1 是选择发电机与发动机传动比的主要依据。

(2) 发电机转速升至满载转速 n_2 时,可输出额定功率的电能。说明交流发电机具有发电性优良的特点。满载转速 n_2 是判断发电机技术性能的重要指标之一。

(3) 发电机转速升到某一定值后,发电机输出电流不再随着转速的升高和负荷的增多而继续增大。说明发电机具有自身控制最大输出电流的功能,不需要设置电流限制器。

空载转速与满载转速是测试交流发电机性能的重要依据。发电机出厂时,通过试验,规定了空载转速与满载转速,在使用中可通过检测这两个数据来判断发电机性能的好坏。

3. 外特性

外特性是指当发电机转速为一定时,端电压与输出电流之间的关系,如图 3-15(c)所示。

从外特性可以看出,发电机转速越高,端电压越高,输出电流越大,转速对端电压的影响较大。但当保持某一转速时,端电压随着输出电流的增大而下降,端电压受转速和负荷变化的影响较大。因此,必须配电压调节器才能保持恒定的电压值。

当发电机处于正常工作状态、高速运转时,如果失去负荷,端电压会急剧升高,这时发电机中的硅二极管和调节器的电子元件会有击穿的危险。因此,应该尽力避免外电路的短路现象的发生。

任务三 电压调节器的认知

任务目标

· 掌握电压调节器的作用、分类和原理。

任务导入

检测数据发现,发电机发出电压随车速升高而升高,故障为电压调节器问题。因此,掌握电压调节器的工作原理是对发电机进行检测的重要部分。

必备知识

一、交流发电机电压调节器的作用

由于交流发电机的转子是由发动机通过皮带驱动旋转的,这样将引起发电机输出电压发生较大变化,无法满足汽车用电设备的工作要求。为了满足用电设备恒定电压的要求,交流发电机必须配有电压调节器,使其输出电压在发动机所有的工况下都保持恒定。

二、电压调节器的分类

交流发电机电压调节器可分为触点式电压调节器、晶体管电压调节器、集成电路电压调节器、电脑控制电压调节器。

1. 触点式电压调节器

触点式电压调节器应用较早，这种调节器触点震动频率慢，存在机械惯性和电磁惯性，电压调节精度低，触点易产生火花，对无线电干扰大，可靠性差，寿命短，现已被淘汰。

2. 晶体管电压调节器

其优点是：三极管的开关频率高，且不产生火花，调节精度高，还具有重量轻、体积小、寿命长、可靠性高、电波干扰小等优点，现在广泛应用于东风、解放及多种中低档车型，其结构如图 3-16 所示。

图 3-16　晶体管电压调节器

3. 集成电路电压调节器

除具有晶体管调节器的优点外，还具有超小型，安装于发电机的内部（又称内装式调节器），减少了外接线，并且冷却效果得到了改善，现广泛应用于桑塔纳、奥迪等多种轿车车型上，其结构如图 3-17 所示。

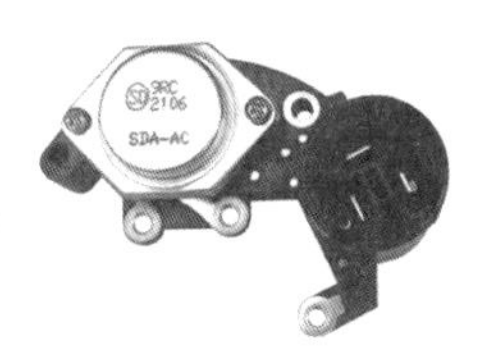

图 3-17　集成电路电压调节器

4. 电脑控制电压调节器

电脑控制电压调节器是现在轿车采用的一种新型调节器，由电负载检测仪测量系统总负载后，向发电机电脑发送信号，然后由发动机电脑控制发电机电压调节器，适时地接通和断开磁场电路，即能可靠地保证电器系统正常工作，使蓄电池充电充足，又能减轻发动机负荷，提高燃料经济性。上海别克、广州本田等轿车发电机上使用了这种调节器。

三、电压调节器的工作原理

交流发电机每相绕组的电动势为

$$E = Cn\Phi$$

式中，C 为发电机的结构参数，n 为转子转速，Φ 为转子磁极磁通量。所以发电机所产生的电动势 E 与转速 n 和磁通量 Φ 成正比。当转速升高时，要使发电机输出电压保持恒定，只有通过减小磁极磁通量 Φ 来实现。因为磁极磁通量 Φ 与励磁电流 I_j 成正比，减小磁极磁通量也就是减小励磁电流 I_j。

所以电压调节器的工作原理是：当发电机转速升高时，电压调节器通过减小发电机励磁电流来减小磁极磁通量，从而使发电机输出电压保持不变。

任务四 交流发电机的检修与维护

任务目标

· 掌握交流发电机各零部件的检修与维护。

任务导入

当发电机正常工作时，充电指示灯突然发亮，则表示充电系统有故障。当确定故障部位在发电机时，要将发电机从车上拆下，对发电机进行分解与检修。

必备知识

一、交流发电机的检修

当充电系统出现故障，经检查属于发电机的故障，就应将发电机从整车上拆下，进一步做检查和修理。

1. 转子的检修

(1) 检测励磁绕组是否短路、断路及搭铁。

检修工具：多用表。

检修方法：如图 3-18 所示。

数据分析：按照图 3-18 所示检测两集电环之间电阻，如果阻值低于标准值，说明励磁绕组短路；如果阻值为无穷大，说明励磁绕组断路。

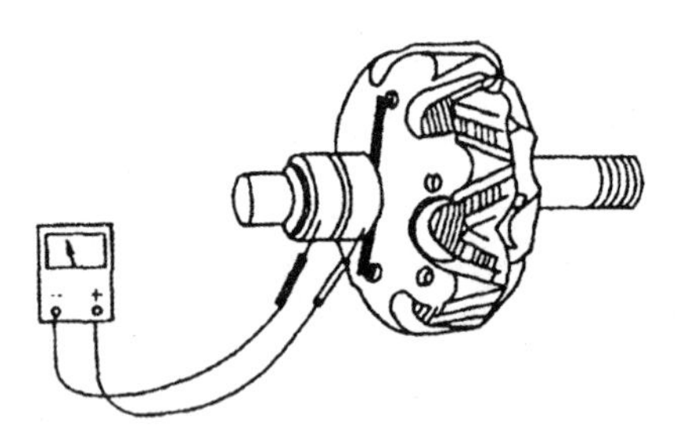

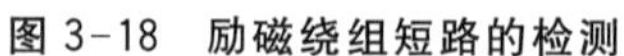

图 3-18　励磁绕组短路的检测

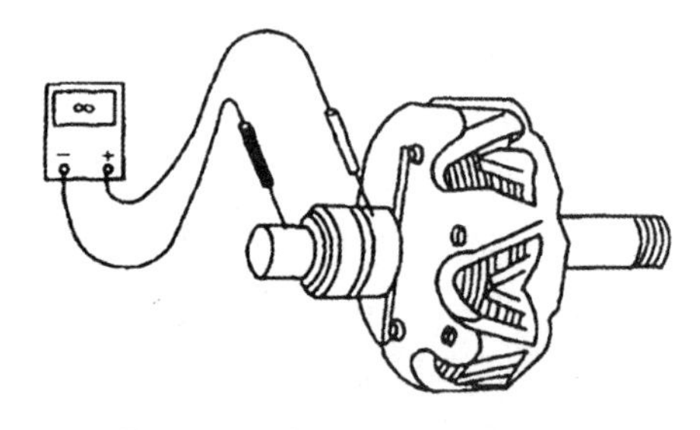

图 3-19　励磁绕组搭铁的检测

按照图 3-19 所示检测，集电环和转子轴之间阻值都应是无穷大。如果阻值很低，说明励磁绕组搭铁。

无论励磁绕组短路、断路还是搭铁，都必须更换转子。但更换转子费用接近更换发电机总成，所以一般情况下，当励磁绕组需要更换时，直接更换发电机总成。

(2) 检测转子轴径向摆差。

检修工具：百分表、磁性表座、V 型块。

检修方法：如图 3-20 所示。

转子轴和滑环的检修：转子轴的弯曲会造成转子与定子之间间隙过小而产生摩擦或碰撞，如发现发电机运转时阻力过大或有异响，应检查转子轴是否有弯曲。滑环应表面光滑，无烧蚀，厚度应大于1.5 mm。

图 3-20　转子轴径向摆差的检测

2. 定子的检修

用多用表检测定子绕组是否断路、搭铁。

检修工具：多用表。

检修方法：如图 3-21、图 3-22 所示。

数据分析：按照图 3-21 所示任取定子绕组两个首端检测，每次测量阻值都应小于0.5 Ω；如果阻值无穷大，说明励磁绕组断路。

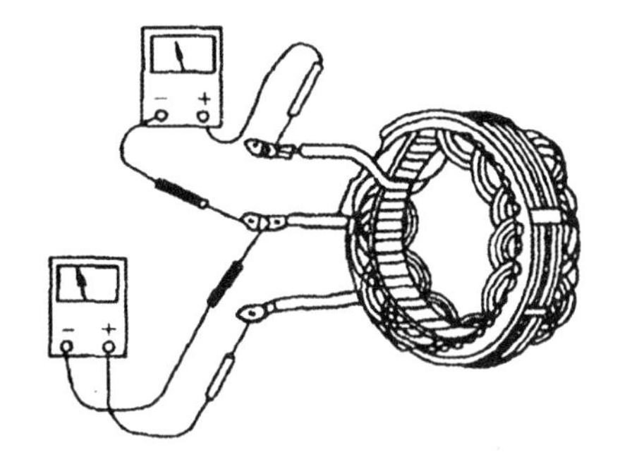
图 3-21　定子断路故障的检测

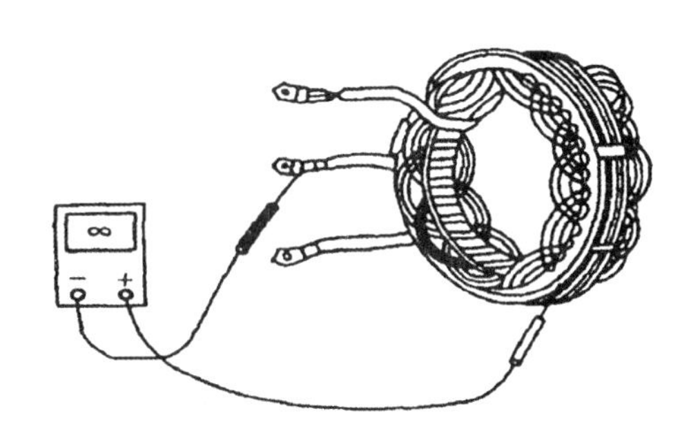

图 3-22　定子搭铁故障的检测

按照图 3-22 所示，用多用表检测定子绕组是否搭铁，测量三次，阻值均应为无穷大，如果不是无穷大，说明定子搭铁。定子绕组无论断路或搭铁，均需更换定子总成。

3. 二极管的检修

检修工具：多用表。

检修方法：将二极管与定子绕组连线断开，用多用表两个表笔分别接到二极管的引线与壳体上，测量二极管正向与反向电阻。

数据分析：二极管正向电阻应为8～10 Ω，反向电阻应在1 000 Ω以上。若正、反向电阻均为0，说明二极管短路；若正、反向电阻均为无穷大，说明二极管断路。

维修方法：更换二极管需要在压床上进行，或在台虎钳上使用专用工具，但不能使用锤子敲字，以免损坏元件。

4. 电刷的检测

电刷和电刷架应无破损或裂纹，电刷在电刷架中应活动自如，不得出现卡滞现象。电刷露出电刷架部分的长度叫电刷长度，电刷长度不应超出磨损极限，否则应更换，如图 3-23(a)所示。

电刷弹簧压力应符合标准，一般为2～3 N，将电刷压入电刷架使之露出部分约2 mm，弹簧压力过小应更换。电刷表面不得有油污，电刷与滑环接触面积应达到75%以上；否则，应进行修磨，如图 3-23(b)所示。

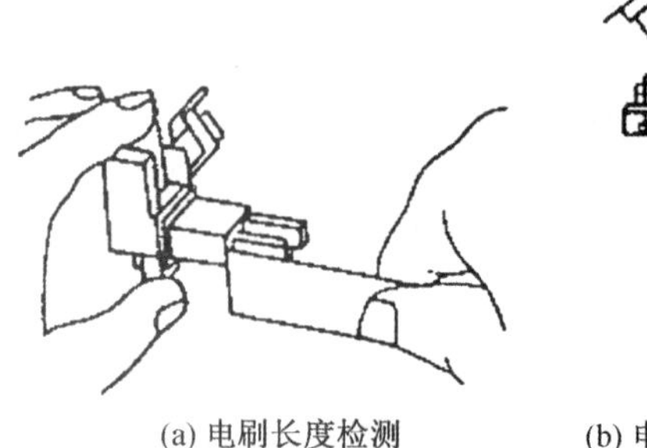

(a) 电刷长度检测

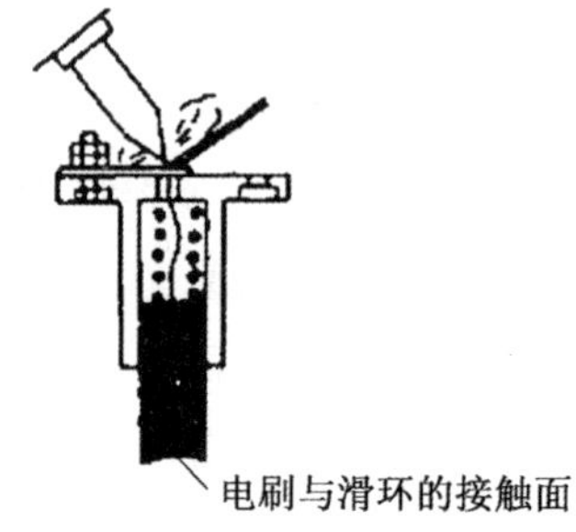

(b) 电刷与滑环的接触面检测

图 3-23 电刷检查

二、交流发电机的维护

1. 交流发电机的使用注意事项

(1) 蓄电池的极性必须负极搭铁,不得反接。

(2) 发电机工作时,不允许用试火方法检查发电机的火线接线柱是否发电,否则会烧坏整流器。

(3) 发现发电机的发电量小时,应及时维修,否则蓄电池容易亏电。

(4) 发电机正常工作时,不可任意拆动连接线,防止产生瞬间高压,损坏电子元件。

(5) 发动机自行熄火时应及时关闭点火开关,防止蓄电池给励磁绕组放电。

(6) 选用专用电压调节器。

2. 交流发电机的维护注意事项

(1) 驱动皮带外观检查。观察驱动皮带有无裂纹和破损,如有则应更换驱动皮带。

(2) 驱动皮带挠度检查。发电机皮带过松将影响发电机发电量,过紧会导致轴承过早损坏。

(3) 发电机、调节器线束连接检查,蓄电池电缆线和极桩检查。

(4) 蓄电池有无过充电、不充电的检查。

(5) 解体清洁各个部件,进行零部件检测前简单检验。

任务实施

一、任务准备

1. 工作准备

设备:发电机和一辆实车。

工具:常用工具一套、多用表一只。

2. 安全事项

(1) 用车轮挡块掩住车轮。

(2) 挂入 P 挡。

(3) 拉紧手刹。

(4) 安装四件套。

(5) 安装翼子板护套。

二、实施步骤

1. 转子的检测（表 3-2）

表 3-2　转子的检测步骤

步骤	提　示	图　示
1	多用表选 $R\times200\ \Omega$，红、黑两支表笔分别压在两个集电环上，测量电阻值为无穷大，则说明磁场绕组断路；测量电阻值偏小，则说明磁场绕组匝间存在短路。	
2	多用表选 $R\times200\ \mathrm{M}\Omega$，将多用表的红、黑两支表笔一支压放在集电环上，另一支放在转子爪极，多用表上的数字应不变，否则说明磁场绕组有搭铁故障。	

2. 定子的检测（表 3-3）

表 3-3　定子的检测步骤

步骤	提　示	图　示
1	多用表选 $R\times200\ \Omega$，红、黑两支表笔一支压放在中性点 N 上，另一支分别放在三相绕组 U、V、W 端线上滑环上，测量电阻值，若为无穷大，则说明定子绕组断路；测量电阻值若偏小，说明定子绕组短路。	
2	多用表选 $R\times200\ \mathrm{M}\Omega$，将多用表的红、黑两支表笔一支压放在中性点 N 上，另一支放在定子壳体，多用表上的数字应不变，否则说明三相绕组有搭铁故障。	

3. 整流器的检查(表 3-4)

表 3-4 整流器的检查步骤

步骤	提 示	图 示
1	两支表笔分别压在负二极管的极板和二极管接触端上,然后更换表笔再测量。若一次导通、一次导不通,则正常;若两次测量都不导通,则说明二极管断路;若两次测量都导通,说明此二极管被击穿。	

三、清洁及整理

(1) 恢复车辆状态、清洁整理工具。

(2) 清洁场地。

一、车辆信息填报

(1) 车型:______________________________。

(2) VIN:______________________________。

二、完成发电机部件检测并填写下表

项目	内容	数据与分析
转子检测	磁场绕组电阻测量	实际检测:______________________; 判断:______________________。
	转子绝缘性测量	实际检测:______________________; 判断:______________________。
定子检测	定子绕组测量	实际检测:______________________; 判断:______________________。
	定子绝缘性测量	实际检测:______________________; 判断:______________________。
整流器检测	二极管测量	正向测量值为:______________________, 反向测量值为:______________________, 判断:______________________。

测试结果分析：____

____

____。

任务五　充电电路分析

任务目标

· 掌握交流发电机充电指示灯电路。

任务导入

当发电机正常工作时，充电指示灯突然发亮，则表示充电系统有故障，对充电电路进行分析是解决此类故障的重要途径。

必备知识

目前国内外大多数汽车上，均装有充电指示灯(属于报警装置)，用来监测充电系统的工作情况。一般情况下，接通点火开关时，充电指示灯亮，当发动机发动后，交流发电机正常工作时，充电指示灯熄灭。所以，当发动机工作时，充电指示灯长亮则说明充电系统有故障。充电指示灯控制电路有以下四种。

1. 利用中性点电压通过继电器控制充电指示灯

该调节器是由电压调节器和充电指示灯继电器两部分组成的，其电路如图 3-24 所示。当接通点火开关时，蓄电池电流经点火开关→充电指示灯→常闭触点→搭铁构成回路，于是充电指示灯发亮，表示不发电。发动机启动后，交流发电机在他励状态下电压升高，当电压接近充电电压时，中性点电压使充电指示灯继电器线圈得电，将其触点吸下闭合。使充电指示灯被短路而熄灭，表示正常充电。反之，当充电系统有故障时，交流发电机没有电压，其中性点也无电压输出，充电指示灯继电器的衔铁不动作，充电指示灯常亮，从而显示充

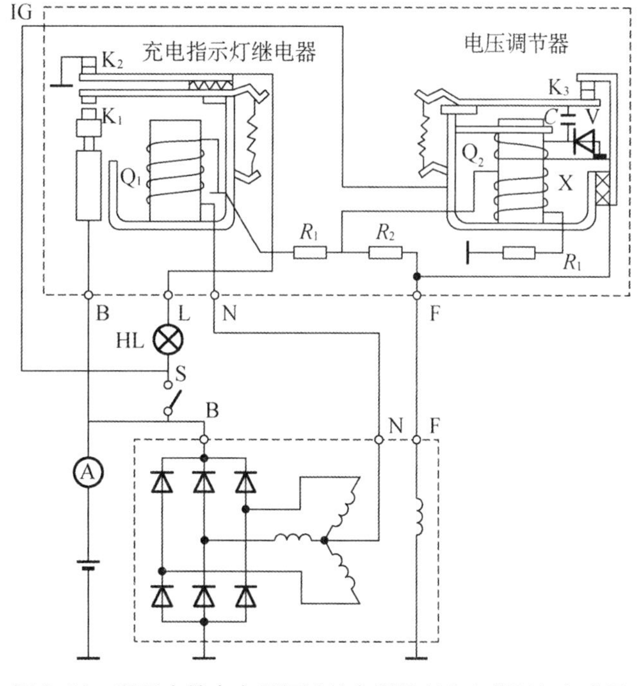

图 3-24　利用中性点电压通过继电器控制充电指示灯电路图

电系统有故障。

2. 利用中性点电压通过启动复合继电器控制充电指示灯

东风 EQ1090F、解放 CA1090 型等汽车的充电指示灯通过启动复合继电器控制，如图3-25所示。启动复合继电器由启动继电器和充电指示灯继电器组成。其中充电指示灯继电器用来控制充电指示灯和保护启动机。接通点火开关时，充电指示灯电路由蓄电池正极→电流表→点火开关→充电指示灯→启动复合继电器 L 接柱→常闭触点 K2→搭铁→蓄电池负极形成回路，充电指示灯亮，表示不充电。当交流发电机电压达到或超过蓄电池电压值时，交流发电机中性点电压也作用在启动复合继电器的充电指示灯继电器线圈上，使其产生吸力，将常开触点 K1 闭合、常闭触点 K2 断开。K1 闭合，将启动机的电路接通；K2 断开，使充电指示灯熄灭，表示交流发电机开始向蓄电池充电。

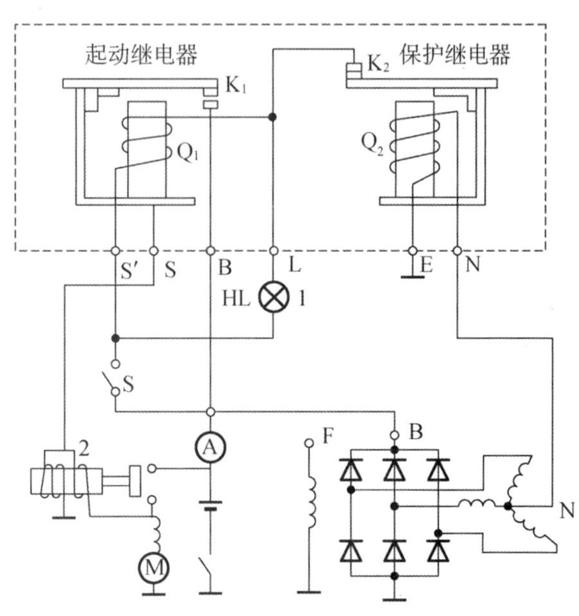

图 3-25 利用中性点电压通过启动复合继电器控制充电指示灯电路图

3. 利用发电机磁场二极管电路控制充电指示灯

桑塔纳、捷达轿车就是利用发电机磁场二极管电路控制充电指示灯的，如图 3-26 所示。当点火开关 SW 位于 ON 位时，交流发电机转子(励磁绕组)的电流路径为：蓄电池正极→点火开关→仪表上的充电指示灯 L→磁场线圈→电压调节器→搭铁，此时对发电机励磁绕组线圈进行激磁，充电指示灯亮；当发电机工作转速超过 800 r/min 时，在三相定子绕组中感应出三相交变的交流电动势，经六只二极管组成的正、负整流器整流后，由发电机的 B 端子向汽车所有用电设备供电，同时向蓄电池充电，由于励磁二极管输出电压的升高，而使充电指示灯两端电动势相等，于是充电指示灯熄灭。

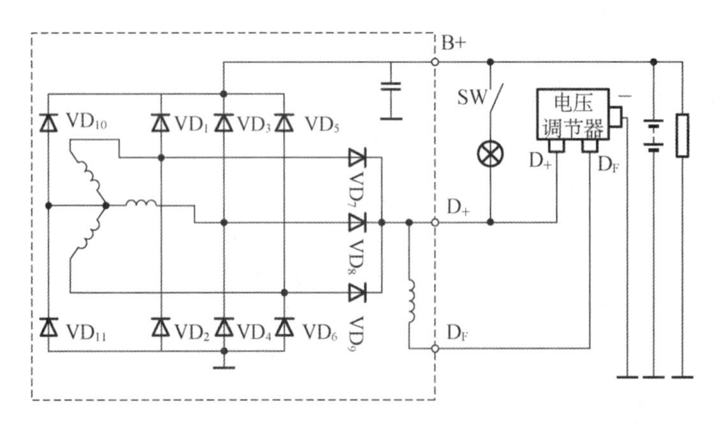

图 3-26 利用发电机磁场二极管电路控制充电指示灯电路图

发电机输出电压高低的调整：由电压调节器来实现，当发电机的输出电压高于规定值14.8 V时，电压调节器减小发电机转子绕组的励磁电流，使发电机输出电压降低；当电压低于13.5 V时，电压调节器使发电机的转子绕组电流增大，使输出电压升高。如此反复，使发电机的输出电压始终保持在13.5～14.8 V之间。

4. 利用二极管来控制充电指示灯

如图3-27所示，当点火开关SW接通时，蓄电池电流经充电指示灯、调节器，流入交流发电机磁场绕组、搭铁而形成回路，此时充电指示灯亮，并使交流发电机有较小的预励磁电流。当启动发动机随着交流发电机转速升高，输出的直流电压超过蓄电池电压时，隔离二极管导通，交流发电机自励发电并向蓄电池充电。与此同时，充电指示灯因两端的电位差减小而熄灭。当交流发电机转速降低或有故障时，充电指示灯由于两端的电位差增大就会发亮。这样，在电路中增加一个隔离二极管，可以用充电指示灯来指示交流发电机的工作情况。

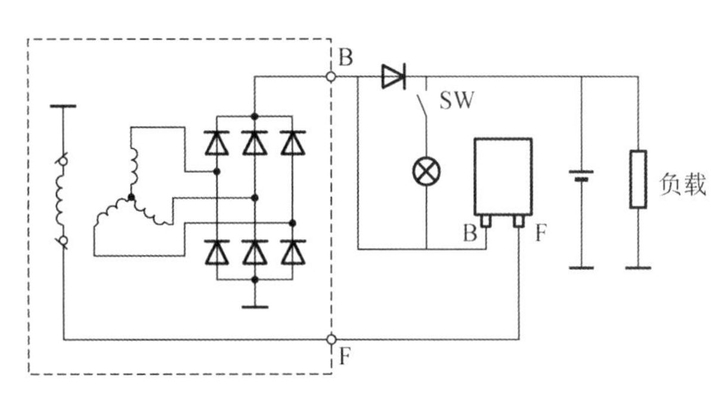

图3-27 利用二极管来控制充电指示灯电路图

一、选择题

1. 硅整流发电机的中性点电压等于发电机B柱输出电压的(　　)。

A. 1/2倍　　B. 1倍　　C. 1/3倍

2. 十一管、九管发电机的共同点是(　　)。

A. 都有三只小功率励磁二极管

B. 都有两只中性点二极管

C. 都是整体式发电机

3. 汽车行驶时，充电指示灯由亮转灭，说明(　　)。

A. 发电机处于他励状态　　B. 发电机处于自励状态　　C. 充电系统有故障

4. 电压调节器触点控制的电流是发电机的(　　)。

A. 励磁电流　　B. 电枢电流　　C. 充电电流

5. 中心引线为负极，管壳为正极的二极管是(　　)。

A. 负极二极管　　B. 励磁二极管　　C. 正极二极管

6. 灯泡或分电器触点经常被烧毁的故障原因是(　　)。

A. 调节器调节电压过高　　B. 发电机皮带打滑　　C. 充电电流不稳

7. 蓄电池电解液消耗过快是由于(　　)引起的。

A. 充电电流过小　　B. 充电电流过大　　C. 不充电

8. 充电电流过大引起(　　)。

A. 充电指示灯忽暗忽明　　B. 发电机及点火线圈易过热　C. 发电机内部短路

9. 在九管交流发电机中，三个小功率二极管用来(　　)。

A. 给蓄电池充电　　B. 给励磁绕组供电　　C. 给大灯供电

10. 内装式电池密度计是通过观察显示窗的(　　)来判断电池电量及极性的。

A. 颜色　　B. 刻度　　C. 亮度

二、判断题

1. 硅整流器是利用二极管的单向导电性，将交流电转换为直流电。(　　)
2. 从发电机输出特性可知，发电机的输出电流随着转速升高而不断升高。(　　)
3. 当发动机转速低时，发电机由蓄电池提供励磁电流。(　　)
4. 蓄电池要负极搭铁，发电机则不一定要负极搭铁。(　　)
5. 转子总成的主要作用是输出交流电。(　　)
6. 整流器上的正极管中心引线为负极，壳体为正极。(　　)
7. 当调节器正常工作时，发动机转速越高，发电机输出的电压越高。(　　)
8. 带充电指示灯的汽车，在行驶中如果充电指示灯亮，则表明充电系统有故障。(　　)

项目四 启动系统的检测与维修

项目描述

启动机的技术状况决定着发动机能否顺利启动，当发动机启动无力时，启动机的技术状况变差是其中原因之一。因此，要学会对启动机进行分解、检测等，这是对启动系统诊断与维修的基本技能。

学习目标

1. 知识目标

(1) 能正确叙述启动机的作用、结构及工作原理。

(2) 能正确识读汽车启动系统电路图。

(3) 能正确叙述启动系统电路检测及简单故障维修方法。

2. 技能目标

(1) 能正确识别启动机的安装位置。

(2) 能对启动机进行拆装和检测。

任务一 启动机结构的认知

任务目标

· 掌握启动机的作用、结构及分类。

任务导入

启动机的技术状况决定着发动机能否顺利启动，掌握启动机的结构，这是排除启动机故障的基础和必要条件。

必备知识

一、启动系统概述

如图 4-1 所示，车辆启动系统由蓄电池、启动机、电磁开关、启动机继电器、点火开关、控制电路等部件组成，其作用为：供给发动机曲轴足够的启动转矩，以便使发动机的曲轴达到必需的启动转速，使发动机进入自行运转的状态，当发动机进入自行运转的状态后，便立即停止工作。

1. 含义

使发动机从静止状态过渡到工作状态的全过程，叫作发动机的启动。

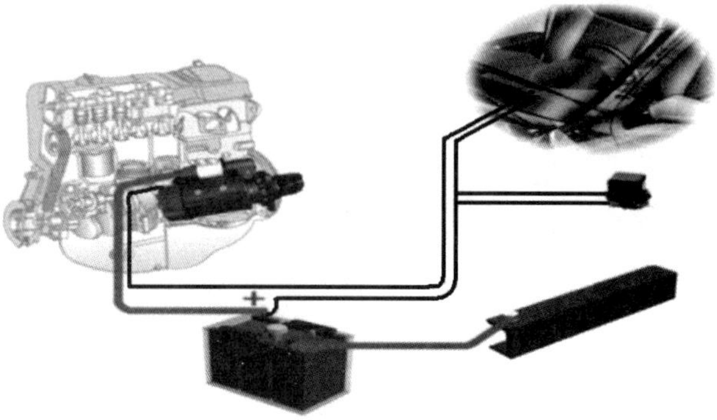

图 4-1　启动系统示意图

2. 启动条件

(1) 启动转矩：能够使曲轴旋转的最低转矩称为启动转矩。启动转矩必须克服压缩阻力和内摩擦阻力矩。启动阻力矩与发动机压缩比、温度、机油黏度等有关。

(2) 启动转速：能使发动机启动的曲轴最低转速称为启动转速。在 0～20 ℃时，汽油机的启动转速为 30～40 r/min，柴油机的启动转速为 150～300 r/min。

3. 启动方式

(1) 人力启动：启动最为简单，只需将启动手摇柄端头的横销嵌入发动机曲轴前端的启动爪内，以人力转动曲轴。

(2) 电动机启动：用电动机作为机械动力，当将电动机轴上的齿轮与发动机飞轮边缘的齿圈啮合时，动力就传到飞轮与曲轴，使之旋转。电动机本身又用蓄电池作为电源。

(3) 辅助汽油机启动：只用于大功率柴油机上。

二、启动机的作用

启动机是汽车启动系统组成中的关键部件。蓄电池是一个电能储存装置，而启动机是由直流电动机产生动力，经传动机构带动发动机曲轴转动，从而实现发动机的启动，将蓄电池的电能转换成机械能。同时，在发动机启动后，小齿轮与飞轮必须分离，以免启动机受损。

三、启动机的分类

启动机按传动机构啮入方式的不同主要可分为强制啮合式启动机、减速式启动机。

1. 强制啮合式启动机

强制啮合式启动机靠电磁力拉动杠杆，强制拨动驱动齿轮啮入飞轮齿环。其特点是啮合机构简单、动作可靠、操作方便，目前得到了广泛使用，如图 4-2 所示。强制啮合式启动机应用较广泛，本任务主要介绍强制啮合式启动机。

2. 减速式启动机

减速启动机采用高速、小型、低力矩电动机，在传动机构中设有减速装置(行星齿轮机构)。质量和体积比普通启动机可减小 30%～35%。但其结构和工艺比较复杂，如图 4-3 所示。减速式启动机又分为外啮合减速式启动机、行星齿轮啮合式减速启动机。

四、启动机的结构

常见的启动机的结构示意图如图 4-4 所示。一般情况下，启动机的结构由直流电动机、传动机构与控制装置等组成。

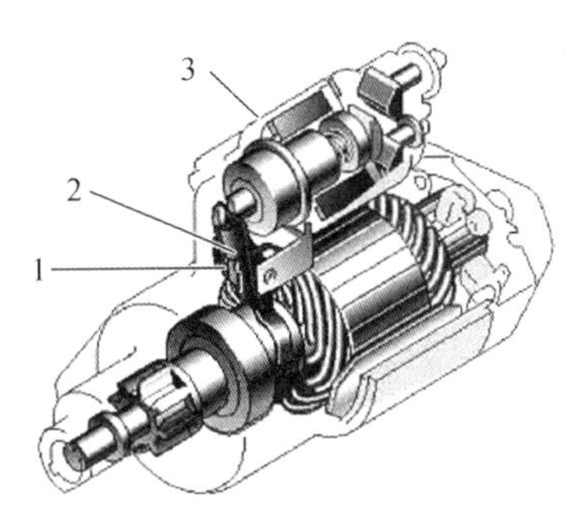

1—驱动弹簧；2—驱动杆；3—电磁开关

图 4-2　强制啮合式启动机

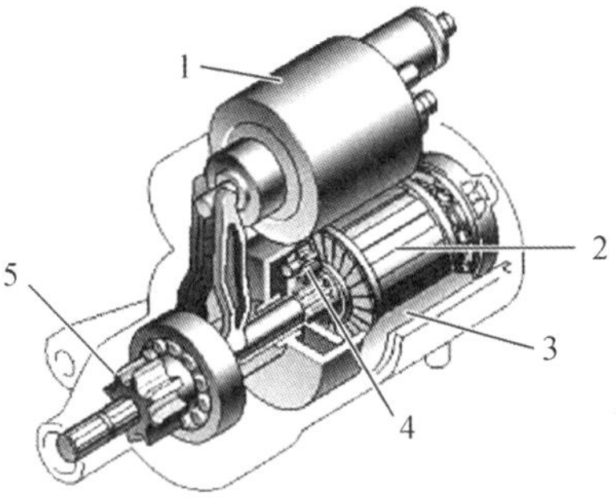

1—电磁开关；2—电枢；
3—永久磁体；4—行星齿轮；5—小齿轮

图 4-3　减速式启动机

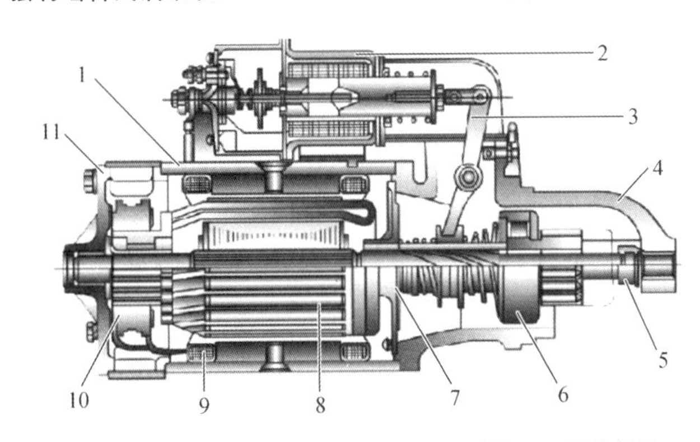

1—外壳；2—电磁开关；3—拨叉；4—后端盖；5—限位螺母；
6—离合器；7—中间支撑板；8—电枢；9—磁场绕组；10—电刷；11—前端盖

图 4-4　启动机结构示意图

1. 直流电动机

直流电动机的作用是将蓄电池输入的电能装换为机械能，产生电磁转矩。一般均采用直流串励式电动机。“串励”是指电枢绕组与励磁绕组串联。

串励直流电动机主要由磁极、电枢、换向器、电刷、电刷架、机壳等组成，如图 4-5 所示。

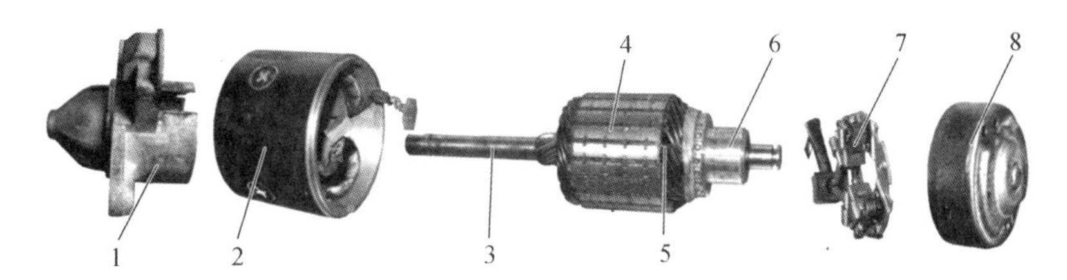

1—前端盖；2—磁场绕组；3—电枢轴；4—铁芯转子；5—电枢绕组；6—换向器；7—电刷架；8—后端盖

图 4-5　直流电动机的组成

(1) 磁场部分。

常见的直流电动机的磁场部分如图 4-6 所示，主要由磁极、磁场绕组和外壳等部分组成。

该部分的主要作用是利用线圈绕组的电磁感应原理，使电流流过线圈绕组，在电动机内部产生足够强度的磁场，从而保证电枢转子有足够的转动力矩。

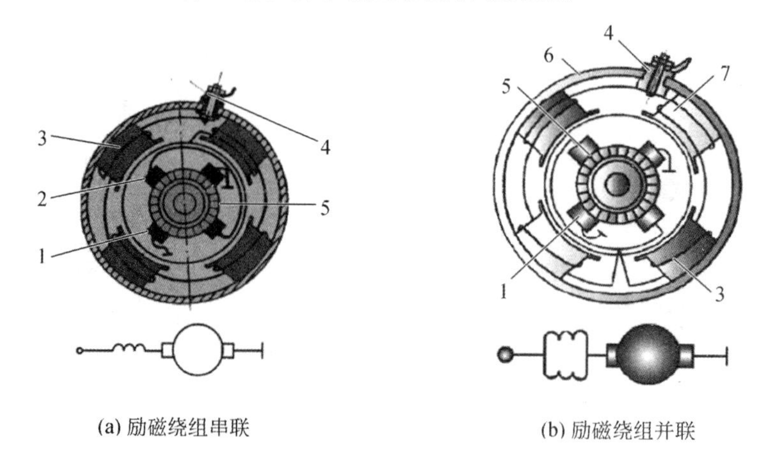

(a) 励磁绕组串联　　(b) 励磁绕组并联

1—搭铁电刷；2—绝缘电刷；3—磁场绕组；4—绝缘接线柱；5—换向器；6—外壳；7—磁极

图 4-6　磁场结构示意图

(2) 电枢部分。

电枢的作用是产生电磁转矩。它主要由电枢轴、电枢铁芯、电枢绕组和换向器等部分组成。电枢总成如图 4-7 所示，电枢铁芯由许多相互绝缘的硅钢片叠装而成，其圆周表面上有槽，用来安放电枢绕组，电枢绕组用矩形截面的裸铜条绕制，绕线形式多采用波绕法。

当电枢中流过较大的电流时，由于电枢本身处于一定磁场强度的磁场中，将会受到磁场力的作用，从而使电枢进行旋转运动。在安装时，电枢轴采用三点支撑的方式进行安装，并在尾部安装有限位圈，而电枢轴与传动机构的配合方式采取花键配合。

(3) 换向器。

换向器安装在电枢轴上，它由许多换向片组成。换向片嵌装在轴套上，各换向片之间用云母绝缘。电动机电枢换向器的示意图如图 4-8 所示，其主要由电刷和电枢轴上的整流子组成，用来连接磁场绕组与电枢绕组。

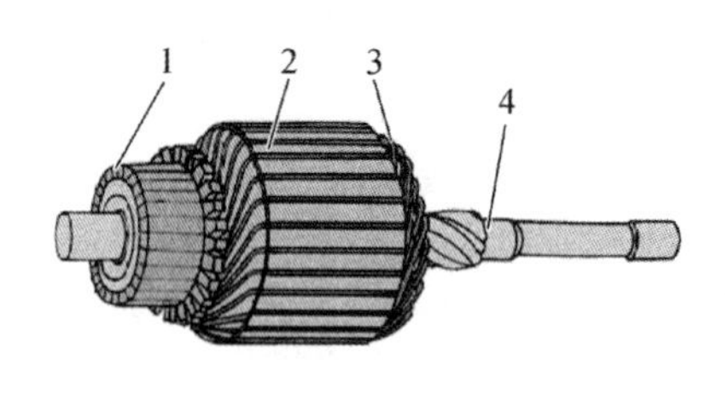

1—换向器；2—铁芯；3—绕组；4—电枢轴

图 4-7　电枢总成示意图

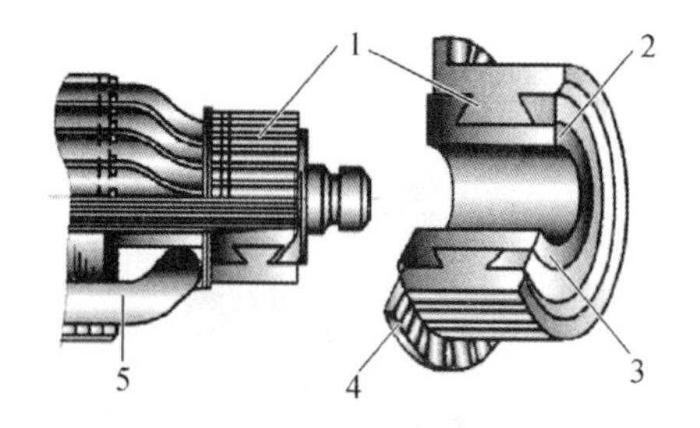

1—铜片；2—轴套；3—压环；4—接线凸缘；5—电枢

图 4-8　换向器示意图

(4) 电刷装置。

电动机电刷的结构图如图 4-9 所示，其由铜粉(80%～90%)和石墨粉(10%～20%)压制而成。两个正电刷与端盖绝缘，两个负电刷直接搭铁。

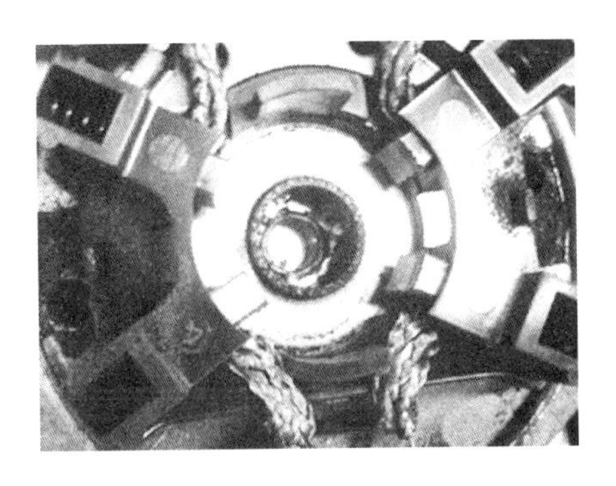

图 4-9　电刷装置

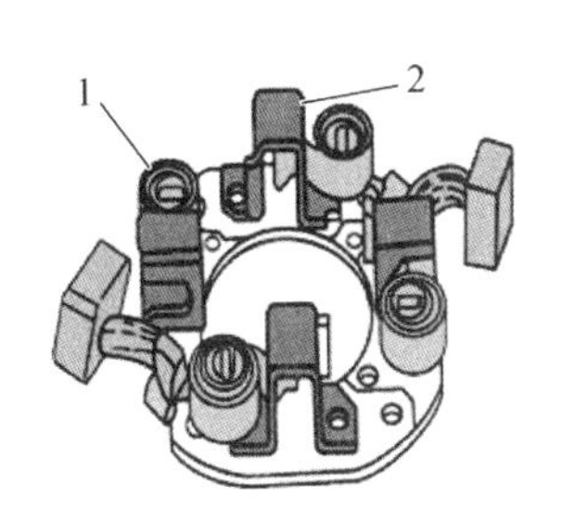

1—电刷弹簧；2—电刷架；3—电刷

图 4-10　电刷及电刷架的组合

（5）电刷及电刷架。

电刷及电刷架的作用是将电流引入电动机。一般有四个电刷及电刷架，如图 4-10 所示。电刷架固定在前端盖上，其中两个对置的电刷架与端盖绝缘，称为绝缘电刷架；另外两个对置的电刷架与端盖直接铆合而搭铁，称为搭铁电刷架。

（6）机壳。

机壳用于安装磁极，固定机件。机壳用钢管制成，一端开有窗口，用于观察和维护电刷和换向器，平时用防尘箍盖住。机壳上只有一个电流输入接线柱，并在内部与励磁绕组的一端相接。壳内壁固定有磁极铁芯和励磁绕组，如图 4-11 所示。

1—后端盖；2—壳体；3—前端盖

图 4-11　启动机机壳

2. 传动机构

传动机构用于把直流电动机产生的转矩传递给飞轮齿圈，再通过飞轮齿圈把转矩传递给发动机的曲轴，使发动机启动后，飞轮齿圈与驱动齿轮自动打滑脱离。传动机构一般由驱动齿轮、单向离合器、拨叉、啮合弹簧等组成，如图 4-12 所示。传动机构中，结构和工作情况比较复杂的是单向离合器，它的作用是传递电动机转矩，启动发动机，而在发动机启动后自动打滑，保护启动机电枢不至飞散。常用的单向离合器主要有滚柱式、摩擦片式和弹簧式等几种。

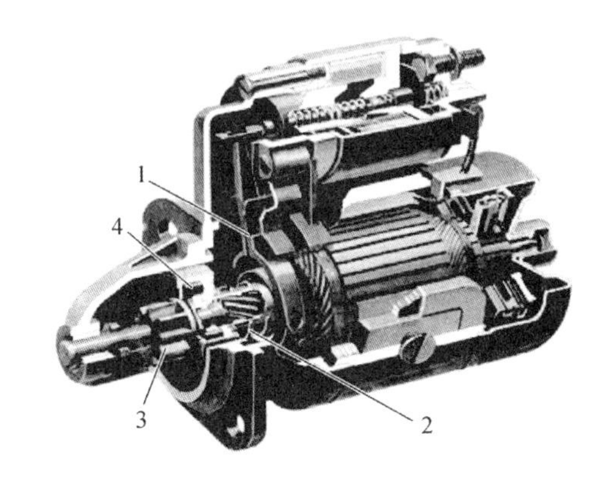

1—拨叉；2—啮合弹簧；3—驱动齿轮；4—单向离合器

图 4-12　启动机传动机构示意图

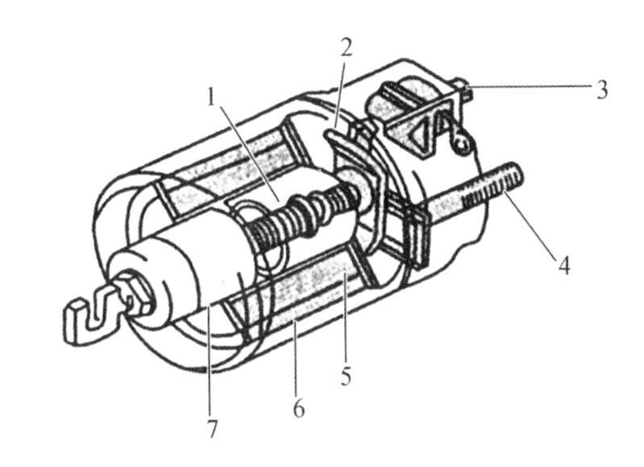

1—回位弹簧；2—接触片；3—端子 30；
4—端子 50；5—吸引线圈；6—保持线圈；7—可动铁芯

图 4-13　电磁式控制装置

3. 控制装置

控制装置用于控制驱动齿轮和飞轮的啮合与分离，并且控制电动机电路的接通与切断。常用的装置有机械式和电磁式，现代汽车上广泛使用电磁式控制装置(电磁开关)，如图4-13所示。电磁式控制装置主要由吸引线圈、保持线圈、回位弹簧、可动铁芯、接触片等组成。其中，端子50接点火开关，通过点火开关再接电源，端子30直接接电源。

任务实施

一、任务准备

1. 工作准备

设备：启动机一个、已经拆散的启动机一个和实车一辆。

工具：常用工具一套。

2. 安全事项

(1) 用车轮挡块掩住车轮。

(2) 挂入P挡。

(3) 拉紧手刹。

(4) 安装四件套。

(5) 安装翼子板护套。

二、实施步骤

1. 观察启动机(图4-14)

(1) 观察启动机的型号。

(2) 熟悉启动机的各组成部件。

2. 观察启动机在车辆上的安装情况(图4-15)

观察启动机各接柱。

图4-14 启动机

图4-15 启动机在车辆上的安装情况

三、清洁及整理

(1) 恢复车辆状态、清洁整理工具。

(2) 清洁场地。

学生工作页

一、车辆信息填报

(1) 车型：________________________________。

(2) VIN：________________________________。

二、启动机信息填写

(1) 观察启动机的类型：强制啮合式启动机□　　减速式启动机□

(2) 对启动机各部件进行识别：

① 直流电机：定子□　转子□　换向器□　电刷□　前后端盖□

② 传动机构：驱动齿轮□　单向离合器□　拨叉□　啮合弹簧□

③ 电磁开关：吸引线圈□　保持线圈□　回位弹簧□　活动铁芯□　接触片□

(3) 启动机的安装位置：________________________________。

(4) 启动机各接柱有：________________________________。

任务二　启动机工作原理的了解

任务目标

· 掌握启动机的工作原理。

任务导入

当点火开关打到启动挡时，启动机不工作，这是典型的启动机故障。要会诊断启动机故障，首先需要掌握启动机的工作原理。

必备知识

一、直流电动机的工作原理

直流电动机是根据载流导体在磁场中受磁场力作用而运动的原理设计而成的。将通电导线放入磁场中，导线会在磁场力的作用下做有规律的运动（其运动方向可以用电动机左手定则来判断），这是直流电动机能够转动的基本道理。图 4-16 是永磁式直流电动机的工作原理图。

串励启动机的工作原理如图 4-17 所示。当电路接通时，蓄电池的电流便经励磁绕组和转子绕组形成回路。励磁绕组通电后形成了磁场，转子绕组通电后受到磁场力作用产生旋转运动。换向器用于改变电流方向，确保一定磁极下导体的电流方向保持不变，即确保电枢按一定方向运动。

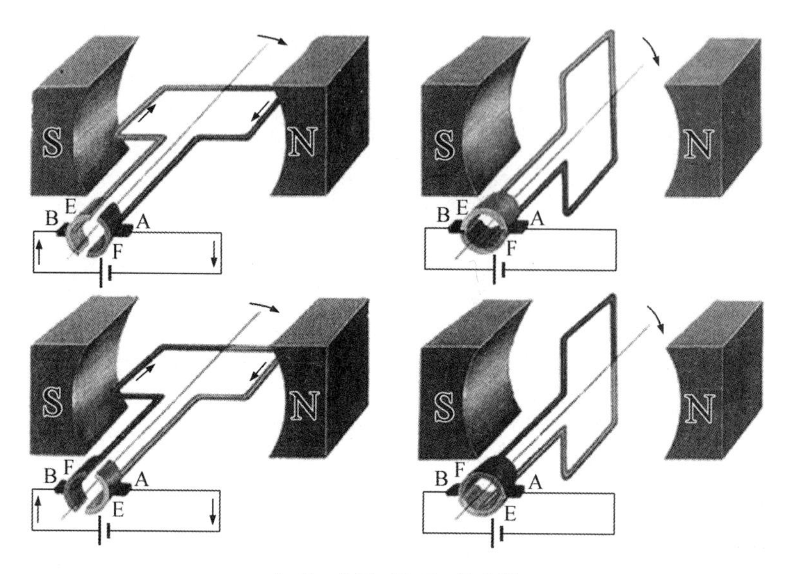

A、B—电刷；E、F—换向器

图 4-16　永磁式直流电动机的工作原理图

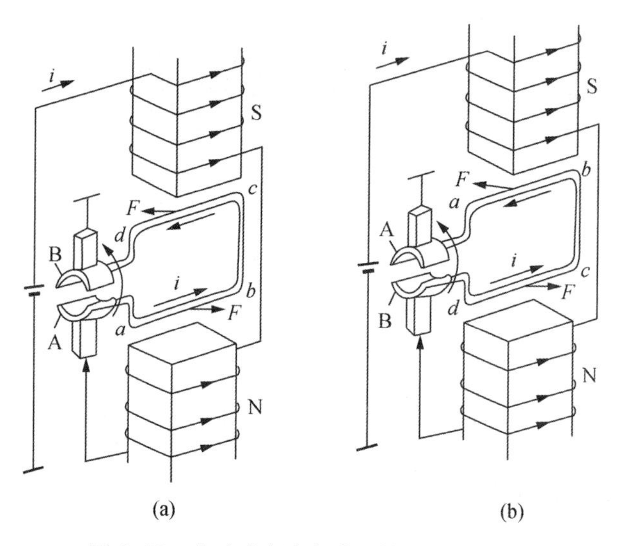

图 4-17　串励式直流电动机的工作原理图

二、传动机构的工作原理

1. 对传动机构的要求

(1) 在启动发动机时，将启动机产生的动力传给飞轮，以带动发动机启动。

(2) 当发动机启动后，迅速将发动机与启动机间的动力切断，避免启动机超速旋转而损坏。

2. 结构组成

传动机构的组成如图 4-18 所示。

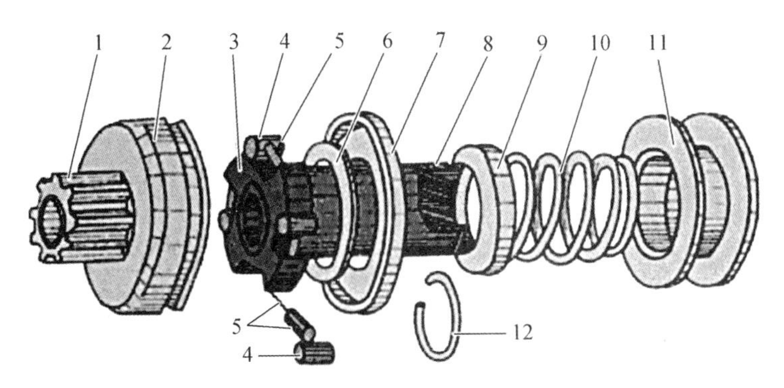

1—驱动齿轮；2—外壳；3—十字块；4—滚柱；5—压帽弹簧；6—垫圈；
7—护盖；8—花键套筒；9—弹簧座；10—啮合弹簧；11—拨环；12—卡簧

图 4-18　滚珠式单向离合器

3. 工作原理

如图 4-19 所示，当传动叉拨动套筒，推动单向离合器向后移动而使启动齿轮和飞轮环齿啮合时，启动机开关便把电路接通，电枢开始旋转，它带动单向滑轮的外座圈转动。在外座圈内壁的摩擦力作用下，滚柱向楔形腔室窄的一边滚动，紧紧地卡在外座圈和启动齿轮尾部之间，从而启动齿轮与启动机一起旋转，驱动飞轮。

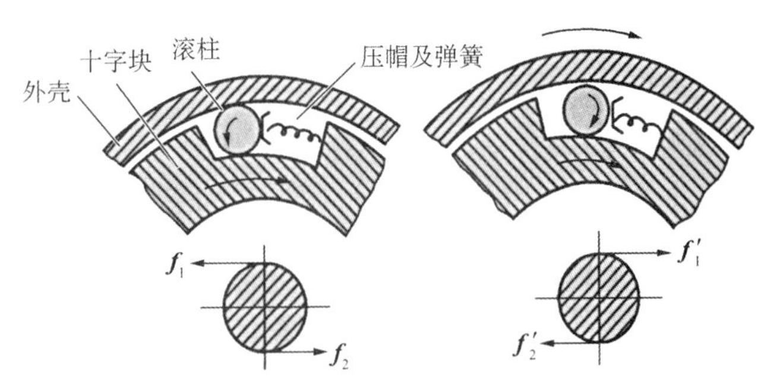

图 4-19　滚珠式单向离合器的工作原理

当发动机启动后，启动齿轮被飞轮带着超速旋转。它的转速高于电枢转速，此时，启动齿轮尾部带动滚柱克服弹簧的张力，使滚柱向楔形腔室较宽的一边滚动，于是滚柱在启动齿轮尾部与外座圈间发生滑摩，导致启动齿轮和外座圈以及电枢脱离联系，此时仅启动齿轮随飞轮旋转，从而避免了电枢超速旋转，导线在强离心力作用下被甩出的危险。

三、电磁开关的工作原理

如图 4-20 所示，电磁式控制装置的基本工作过程：当启动电路接通后，保持线圈的电流经启动机接线柱 50 进入，经线圈后直接搭铁，吸引线圈的电流也经启动机接线柱 50 进入，但通过线圈后未直接搭铁，而是进入电动机的励磁线圈和电枢后再搭铁。两线圈通电后产生较强的磁场力，克服回位弹簧弹力使活动铁芯移动，一方面通过拨叉带动驱动齿轮移向飞轮齿圈并与之啮合，另一方面推动接触片移向接线柱 50 和 C 的触点，在驱动齿轮与飞轮齿圈进入啮合后，接触片将两个主触点接通，使电动机通电运转。在驱动齿轮进入啮合之前，由于经过吸引线圈的电流流经电动机，所以电动机在这个电流的作用下会缓慢旋转，以便驱动齿轮与飞轮齿圈进入啮合。在两个主接线柱触点接通之后，蓄电池的电流直接通过主触点和接触片进入电动机，使电动机进入正常运转，此时通过吸引线圈的电路被短路。因此，吸引线圈中无电流通过，主触点接通的位置靠保持线圈来保持。发动机启动后，切断启动电路，保持线圈断电，在弹簧的作用下，活动铁芯回位，切断了电动机的电路，同时也使驱动齿轮与飞轮齿圈脱离啮合。

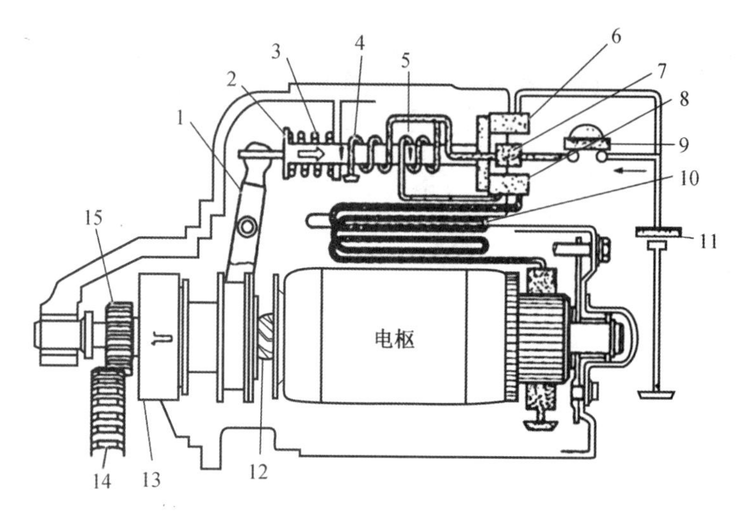

1—拨叉；2—活动铁芯；3—回位弹簧；4—保持线圈；5—吸引线圈；6—端子 30；7—端子 50；8—端子 C；9—点火开关；10—励磁线圈；11—蓄电池；12—螺纹花键；13—离合器；14—飞轮齿圈；15—驱动齿轮

图 4-20　电磁式控制装置的基本工作过程

任务三　启动机的检测与维修

任务目标

· 能够对启动机的各组成部件进行检修。

任务导入

当故障确定为启动机自身问题后，对启动机进行分解、检测是对启动系统诊断与维修的基本技能。

必备知识

一、启动机的不解体检测

在进行启动机的解体之前，先进行不解体检测，通过不解体性能检测可以先大致检测判断启动机的性能，并判断故障部位。启动机组装完毕之后也应进行性能检测，以保证启动机正常运行。

1. 吸拉线圈性能的检测

将多用表的两表笔分别接于励磁接线柱 50 和启动机接线柱 C，若显示有电阻，说明吸拉线圈良好；若显示电阻为零，则为短路；若显示电阻为无穷大，则为断路。短路或断路时都应更换吸拉线圈，如图 4-21 所示。

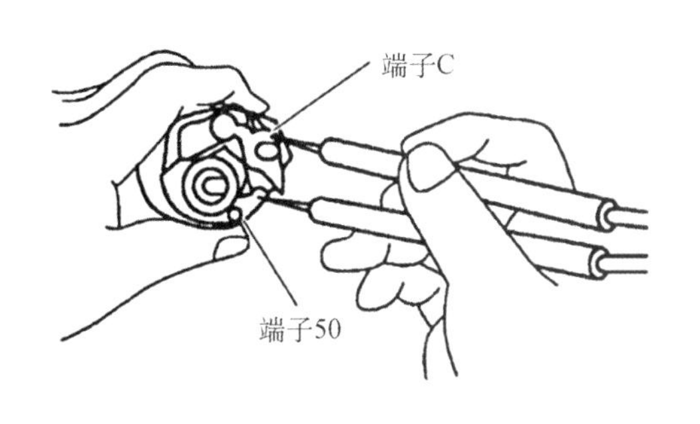

图 4-21　吸拉线圈的检测

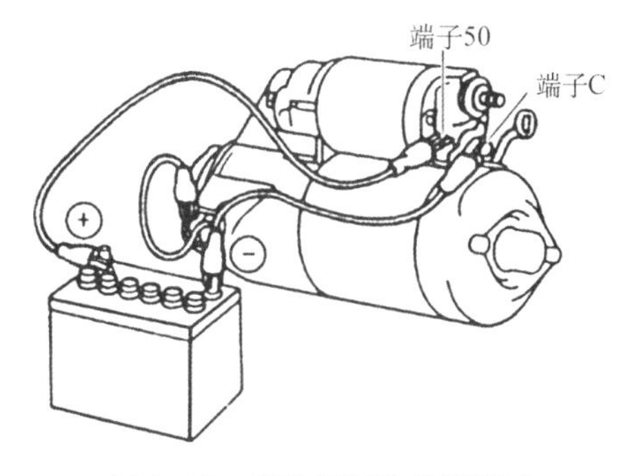

图 4-22　吸拉线圈的性能测试

按照图 4-22 所示的方法连接蓄电池与电磁启动开关，将电磁开关上与启动机连接的端子 C 断开，与蓄电池负极连接，电磁开关壳体与蓄电池负极连接，将电磁开关上与点火开关连接的端子 50 与蓄电池正极连接，此时，启动机驱动齿轮应向外移出，否则说明电磁开关有故障，应予以修理或更换。

2. 保持线圈性能的测试

(1) 将多用表的两表笔分别接于励磁接线柱 50 和电磁开关外壳，若显示有电阻，说明保持线圈良好；若显示电阻为零，则为短路；若显示电阻为无穷大，则为断路。短路或断路时都应更换保持线圈，如图 4-23 所示。

(2) 接线方法如图 4-24 所示，在吸拉线圈性能测试的基础上，拆下电磁开关 C 端子上的线，此时，驱动齿轮应保持在伸出位置不动；否则，说明保持线圈损坏或搭铁不正常，应修理或更换电磁开关。

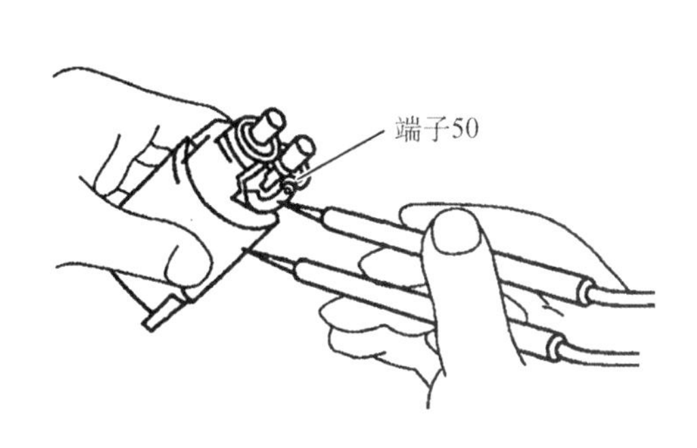

图 4-23　保持线圈的检测

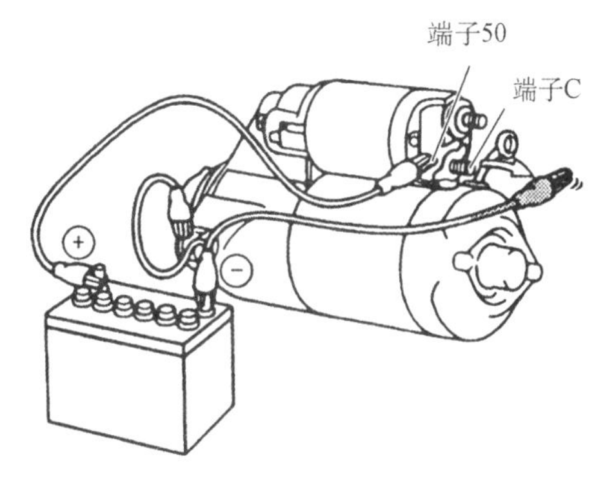

图 4-24　保持线圈的性能测试

3. 驱动齿轮回位测试

测试方法如图 4-25 所示，在上述试验的基础上，再拆下壳体上的连接线，此时驱动齿轮应迅速复位。如不能复位，说明复位弹簧失效，应予以更换。

4. 驱动齿轮间隙的检查

按照图 4-26 所示连接蓄电池和电磁开关，使驱动齿轮完全推出，进行驱动齿轮间隙的测量，并和标准值进行比较。

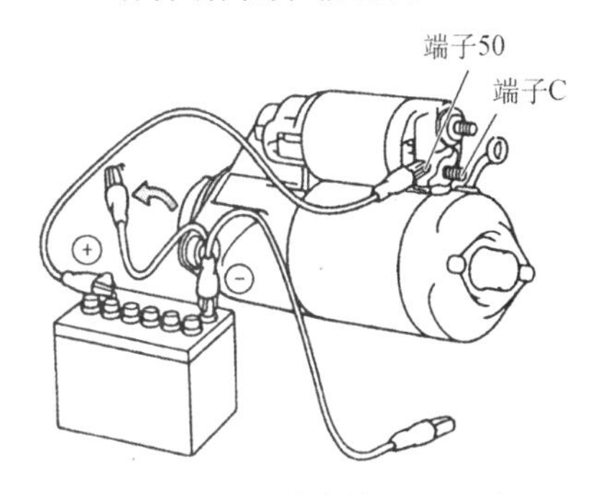

图 4-25　驱动齿轮回位测试

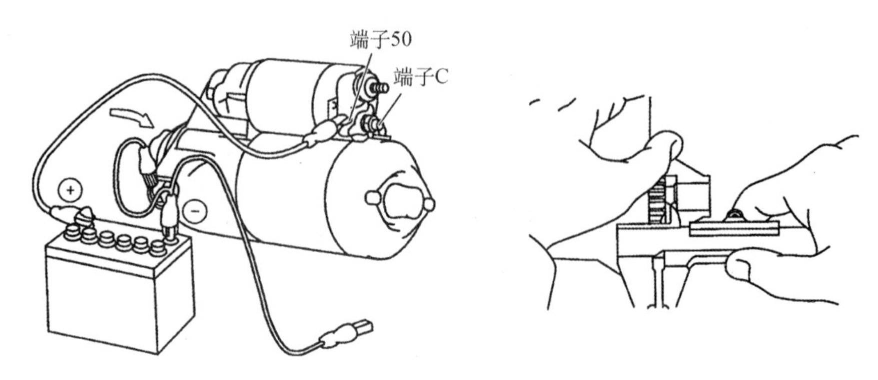

图 4-26　驱动齿轮间隙的检查

5. 单向离合器的检修

顺时针转动驱动齿轮，应自由转动；逆时针转动时应该被锁住，如图 4-27 所示。

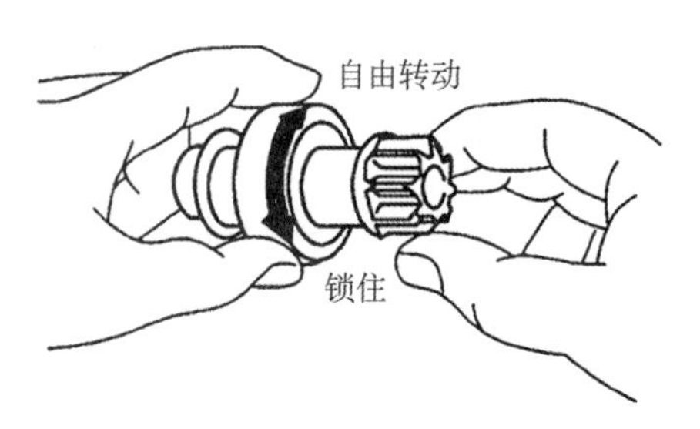

图 4-27　单向离合器的检查

二、直流电机解体后的检测

直流电机解体后的检测包括电枢总成的检测、定子绕组的检测和电刷总成的检测。

1. 电枢总成的检修

(1) 电枢轴。

用游标卡尺检测轴颈外径与衬套内径，配合间隙应为 0.035～0.077 mm，最大不超过 0.15 mm，间隙过大应更换衬套并重新铰配。电枢轴弯曲可用百分表检测，其径向跳动应不超出 0.10～0.15 mm，否则应予以校正，如图 4-28 所示。

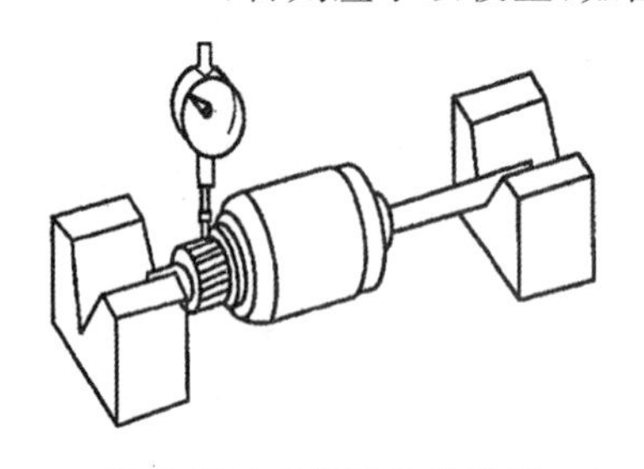

图 4-28　电枢轴的检查图

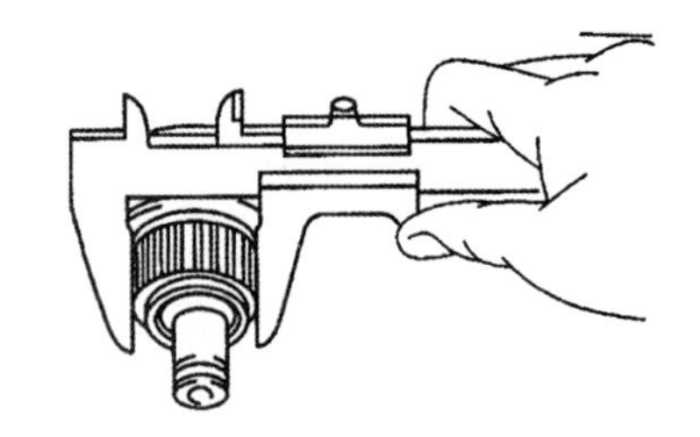

图 4-29　换向器直径的检查

(2) 换向器。

检查换向器表面有无烧蚀和圆度误差是否合格。轻微烧蚀用 00 号砂纸打磨，严重时应车削，换向器与电枢轴的同轴度误差不大于 0.03 mm，否则应在车床上修整。换向器直径不小于标准值 1.10 mm，换向片高出云母片 0.40～0.80 mm，如图 4-29 所示。

(3) 电枢。

① 电枢线圈搭铁的检查:用多用表检查时,其表笔分别搭在换向器和铁芯(或电枢轴)上,阻值应为无穷大;若阻值为零,则为搭铁,应更换,如图 4-30 所示。

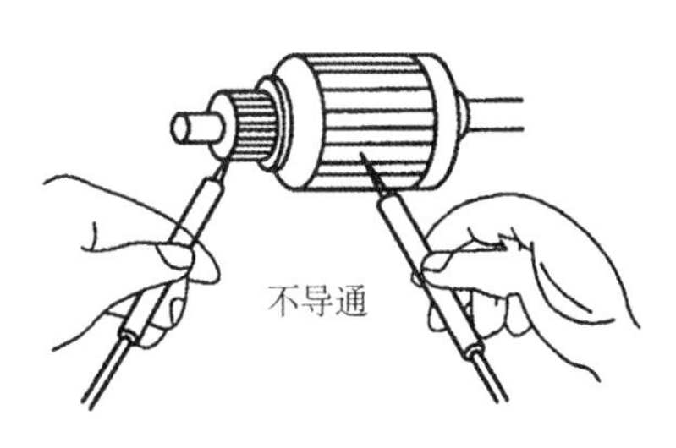

图 4-30　电枢线圈搭铁的检查

② 电枢线圈短路的检修:把电枢放在万能试验台检验器上,接通电源,将锯片放在检验器上并转动电枢。锯片不震动表明电枢线圈无短路,否则电枢线圈短路,应予以修理或更换,如图 4-31 所示。

图 4-31　电枢线圈短路的检查

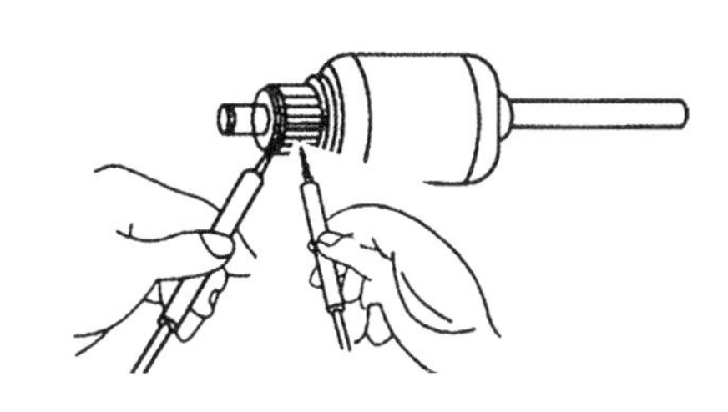
图 4-32　电枢线圈断路的检查

③ 电枢线圈断路的检查:检查电枢线圈的导线是否甩出或脱焊。用多用表两表笔分别依次与相邻换向器接触,其读数应一致,否则说明电枢线圈断路,应更换电枢线圈,如图 4-32 所示。

2. 定子绕组的检测

(1) 励磁线圈搭铁的检修。

用多用表的两表笔分别接励磁接线柱和外壳,若阻值为无穷大,则正常;若阻值为零,则说明有搭铁故障,如图 4-33 所示。

(2) 定子绕组短路、断路的检修。

蓄电池正极接启动机接线柱,负极接正电刷,将旋具放在每个磁极上,迅速检查磁极对旋具的吸力,应相同。磁极吸力弱的为匝间短路,各磁极均无吸力为断路,如图 4-34 所示。若将多用表置于电阻挡,测接线柱与正电刷的导通情况,如不导通,说明断路。

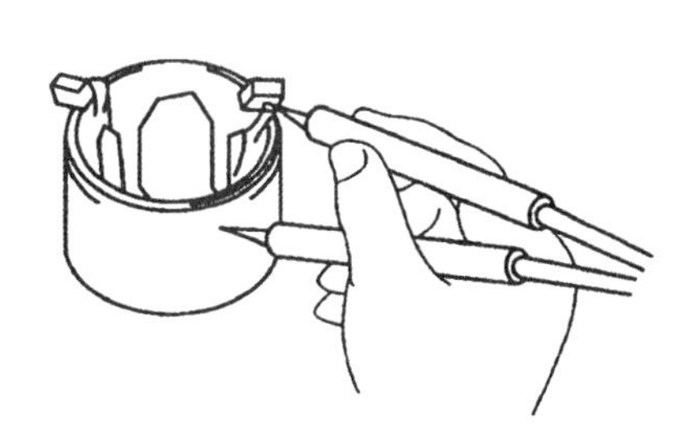
图 4-33　励磁线圈搭铁的检查

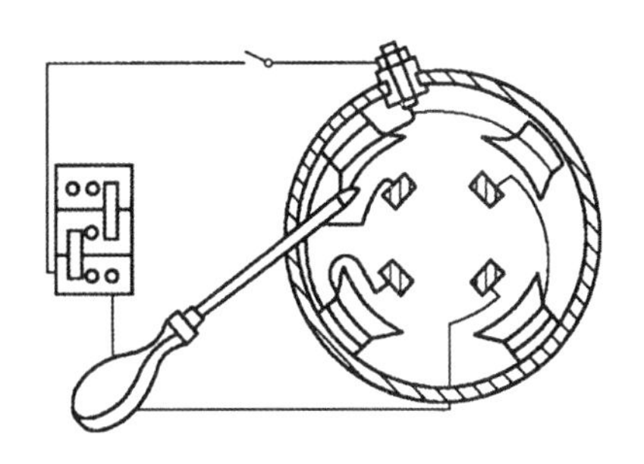
图 4-34　励磁线圈短路、断路的检查

3. 电刷总成的检测

(1) 电刷高度的检查。

电刷磨损后的高度不应小于电刷原高度的一半，一般不小于 10 mm。电刷在架内活动自如，无卡滞，电刷与换向器的接触面积不低于 80%。

(2) 电刷架的检查。

用多用表的电阻挡测两绝缘电刷架与电刷架座盖，正常情况下阻值应为无穷大，否则说明绝缘体损坏；用相同方法测两搭铁电刷架与电刷架座盖，阻值应为零，否则说明电刷架松动，搭铁不良。

(3) 电刷弹簧的检查。

用弹簧秤检查弹簧的弹力，应为 11.76～14.7 N，如过弱应更换，如图 4-35 所示。

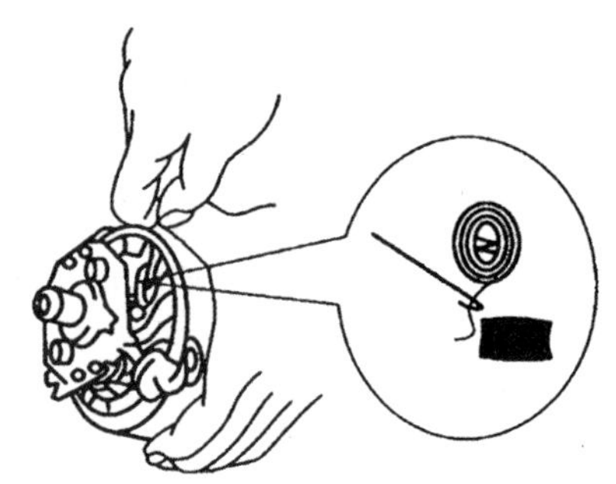
图 4-35　电刷弹簧的检查

一、任务准备

设备：启动机一台、蓄电池一只。

工具：常用工具一套、多用表一只。

二、实施步骤

1. 启动机的分解与装复(表 4-1)

表 4-1　启动机的分解与装复步骤

步骤	提　示	图　示
1	旋出防尘盖固定螺钉，取下防尘盖，用专用钢丝钩取出电刷；拆下电枢轴上止推圈处的卡簧。	
2	用扳手旋出两个紧固穿心螺栓，取下前端盖，抽出电枢。	
3	拆下电磁开关主接线柱与电动机接线柱间的导电片；旋出后端盖上的电磁开关紧固螺钉，使电磁开关后端盖与中间壳体分离。	

续　表

步骤	提　示	图　示
4	从后端盖上旋下中间支承板紧固螺钉，取下中间支撑板，旋出拨叉轴销螺钉，抽出拨叉，取出离合器。	
5	将已解体的机械部分浸入清洗液中清洗，电气部分用棉纱蘸少量汽油擦拭干净。	—
6	启动机的装复： 启动机的形式不同，具体装复的步骤也不完全相同，但基本原则是按分解时的相反步骤进行。	—

2. 启动机的不解体检测（表 4-2）

表 4-2　启动机的不解体检测步骤

步骤	提　示	图　示
1	吸引线圈的性能测试： 按照右图所示的方法连接蓄电池与电磁启动开关。	端子50 端子C
2	保持线圈的性能测试。	端子50 端子C
3	驱动齿轮回位测试。	端子50 端子C

续 表

步骤	提　示	图　示
4	驱动齿轮间隙的检查： 按照下图连接蓄电池和电磁开关，并同时进行驱动齿轮间隙的测量。	—

3. 启动机的解体检测（表 4-3）

表 4-3　启动机的解体检测步骤

步骤	提　示	图　示
1	磁场绕组的检测。	
2	电枢的检查。	导通　不导通
3	电磁开关的检修： ① 活动铁芯的检查：压住活动铁芯，用多用表检查 30 接线柱与 C 接线柱，应导通。	—
4	② 吸引线圈的开路检查： 用多用表连接端子 50 和端子 C 时应导通，并且电阻的阻值应在标准范围内。	端子C 端子50
5	③ 保持线圈的开路检查： 用多用表连接端子 50 和搭铁时，应导通，并且电阻的阻值在标准范围内。	导通 端子50

三、清洁及整理

(1) 恢复车辆状态、清洁整理工具。

(2) 清洁场地。

学生工作页

一、车辆信息填报

(1) 车型：______________________________。

(2) VIN：______________________________。

二、阐述启动机的拆装步骤

三、完成启动机部件检测并填写以下表格

<table>
<tr><th>项目</th><th colspan="2">内容</th><th>数据与分析</th></tr>
<tr><td rowspan="4">启动机的不解体检测</td><td colspan="2">吸拉线圈的性能测试</td><td>实际测量值：______________；
判断：______________。</td></tr>
<tr><td colspan="2">保持线圈的性能测试</td><td>实际测量值：______________；
判断：______________。</td></tr>
<tr><td colspan="2">驱动齿轮回位测试</td><td>实际测量值：______________；
判断：______________。</td></tr>
<tr><td colspan="2">驱动齿轮间隙的检查</td><td>实际测量值：______________；
判断：______________。</td></tr>
<tr><td>启动机的解体检测</td><td colspan="2">磁场绕组的检测</td><td>实际测量值：______________；
判断：______________。</td></tr>
<tr><td rowspan="4">启动机的解体检测</td><td colspan="2">电枢的检查</td><td>实际测量值：______________；
判断：______________。</td></tr>
<tr><td rowspan="3">电磁开关的检修</td><td>活动铁芯的检查</td><td>检查结果：__________。(正常，不正常)</td></tr>
<tr><td>吸引线圈的开路检查</td><td>实际测量值：______________；
判断：______________。</td></tr>
<tr><td>保持线圈的开路检查</td><td>实际测量值：______________；
判断：______________。</td></tr>
</table>

任务四　启动机电路分析

任务目标

· 能正确识读汽车启动系统电路图。

任务导入

启动电路是汽车基本电路之一，学会识读和分析启动电路，是诊断和排除启动系统故障的基础。

必备知识

电磁开关的结构示意图如图 4-36 所示。

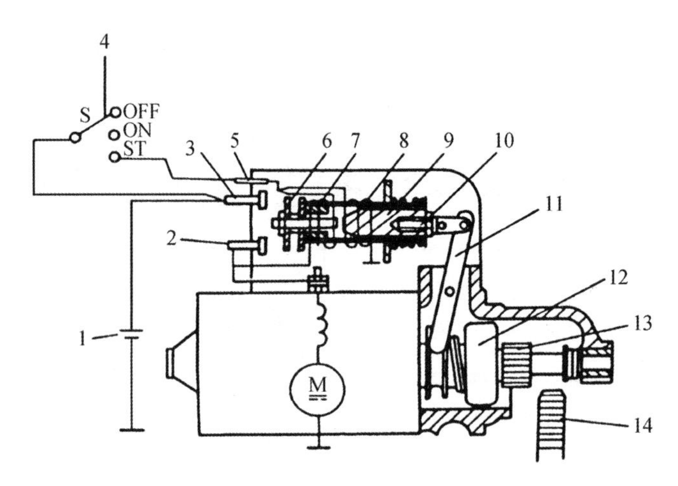

1—蓄电池；2、3—主接线柱；4—点火开关；5—启动接线柱；6—接触盘；7—吸拉线圈；
8—保持线圈；9—活动铁芯；10—调节螺钉；11—拨叉；12—单向离合器；13—驱动齿轮；14—飞轮

图 4-36　电磁开关的结构示意图

启动机的工作过程如下：

(1) 启动时，将点火开关打到启动挡(ST)，电磁开关通电，其电路如下：

蓄电池正极 → 启动机主接线柱 3 → 点火开关 4 → 启动接线柱 5 ↗ 保持线圈 8 → 搭铁。
↘ 吸拉线圈 7 → 主接线柱 2 → 串励式直流电机 → 搭铁。

此时，吸拉线圈 7 与保持线圈 8 的电流绕向相同，磁场方向相同，活动铁芯 9 在两个线圈磁场力的共同作用下，克服回位弹簧的作用向左移动，通过拨叉 11 使驱动齿轮 13 与发动机飞轮 14 啮合。当驱动齿轮与飞轮啮合后，接触盘 6 将主接线柱 2、3 内侧触头接通，于是启动机的主电路接通，其电路如下：

蓄电池正极→主接线柱3→接触盘6→主接线柱2→励磁绕组→电刷→电枢绕组→电刷→搭铁。

这时直流电动机产生电磁转矩，通过单向离合器带动曲轴旋转，启动发动机。

(2) 发动机启动后，单向离合器打滑。

(3) 松开点火开关，点火开关从启动挡(ST)回到点火挡(ON)，这时从点火开关到启动接线柱5之间已没有电流，吸拉线圈与保持线圈的电路变为：

蓄电池正极→主接线柱3→接触盘6→主接线柱2→吸拉线圈7→保持线圈8→搭铁。

此时，由于吸拉线圈与保持线圈的电流绕向相反，磁场方向相反，磁场力相互抵消，因此，活动铁芯在回位弹簧的作用下迅速右移，使主电路断开，驱动齿轮与飞轮脱离啮合，启动机停止工作。

一、任务准备

设备：启动机一台、蓄电池一只。

工具：常用工具一套、多用表一只。

二、实施步骤

(1) 根据车型，查找相应的维修资料，找到启动系电路图，在车上找到相应的部件。

(2) 画出启动系统电路图。

(3) 对画出的启动系统电路图进行分析。

一、车辆信息填报

(1) 车型：______________________________。

(2) VIN：______________________________。

二、启动电路分析

(1) 画出对应启动系统电路图。

(2) 写出启动的过程。

一、填空题

1. 启动机一般由________、________、控制装置三大部分组成。

2. 单向离合器常见有________、________、摩擦片式三种。

3. 发动机的启动方式有________、________和________三种，现代汽车常用的启动方式是______。

4. 直流串励式电动机的作用是将蓄电池提供的______转变为______，产生______，以启动发动机。

5. 启动机传动机构的作用是在发动机启动时，使启动机________啮入________，将______传给________；在发动机启动后使驱动齿轮______，并最终______。

6. 按操纵方式的不同，启动机可分为________和________两种方式。

7. 按传动机构的不同，启动机可分为________、________和电枢移动式等几种不同形式。

8. 启动机的传动机构由________和________等部件构成。

二、选择题

1. 直流串励式启动机中的“串励”是指(　　)。

A. 吸拉线圈和保持线圈串联连接

B. 励磁绕组和电枢绕组串联连接

C. 吸拉线圈和电枢绕组串联连接

2. 下列不属于启动机控制装置作用的是(　　)。

A. 使活动铁芯移动，带动拨叉，使驱动齿轮和飞轮啮合或脱离

B. 使活动铁芯移动，带动接触盘，使启动机的两个主接线柱接触或分开

C. 产生磁场力，使启动机旋转

3. 永磁式启动机中用永久磁铁代替常规启动机的(　　)。

A. 电枢绕组　　B. 励磁绕组　　C. 电磁开关中的两个线圈

4. 启动机空转的原因之一是(　　)。

A. 蓄电池亏电　　B. 单向离合器打滑　　C. 电刷过短

5. 不会引起启动机运转无力的原因是(　　)。

A. 吸拉线圈断路　　B. 蓄电池亏电　　C. 换向器脏污

6. 在判断启动机不能运转的过程中，在车上短接电磁开关端子30和端子C时，启动机不运转，说明故障(　　)。

A. 在启动机的控制系统中　　B. 在启动机本身　　C. 不能进行区分

7. 减速启动机和常规启动机的主要区别在于(　　)不同。

A. 直流电动机　　B. 控制装置　　C. 传动机构

8. 启动机驱动轮的啮合位置由电磁开关中的(　　)线圈的吸力保持。

A. 保持　　B. 吸拉　　C. 初级

项目五 点火系统的检测与维修

项目描述

汽油发动机要能够正常运转，必须要有点火系统。传统的点火系统曾在汽车上广泛使用，且应用时间比较长。随着电子技术的发展，传统的点火系统逐渐被无触点的电子点火系统取代。进入20世纪80年代以后，微机控制的电子点火系统在汽车上开始应用，使汽油发动机的性能进一步得到改善。本项目简要介绍了传统点火系统，着重介绍微机控制点火系统的结构组成、工作原理及检修的相关内容。

学习目标

1. 知识目标

(1) 了解点火系统的作用、组成。

(2) 理解对点火系统的基本要求。

(3) 掌握微机控制点火系统的结构和工作原理。

2. 技能目标

(1) 能进行传统点火系统实物与图纸的对应查找。

(2) 能进行微机控制点火系统实物与图纸的对应查找。

(3) 能对微机控制点火系统各部件进行检测与维修。

任务一 传统点火系统结构的认知

任务目标

- 了解点火系统的作用。
- 理解对点火系统的基本要求。
- 了解传统点火系统的组成。

任务导入

传统点火系统在过去很长一段时间存在于汽油发动机上，现已被电控点火系统取代。

但还是有必要学习传统点火系统的作用、要求等，这对后续课程的学习仍有非常大的帮助。

一、点火系统的作用

汽油机汽缸内的可燃混合气是靠高压电火花点燃的，而产生电火花的功能是由点火系统实现的。点火系统的作用是将汽车电源供给的低压电转变为高压电，并按照发动机的工作顺序与点火时间的要求，适时地配送给各缸火花塞，在其间隙处产生电火花，点燃气缸内的可燃混合气。

二、对点火系统的要求

点火系统应在发动机各种工况和使用条件下保证可靠而准确地点燃混合气。为此，点火装置应满足下列三个基本要求：

1. 电火花应具有足够的能量

发动机正常工作时，由于混合气压缩终了的温度已接近其自燃温度，所需的电火花能量很小(3～5 MJ)。但在启动、怠速、大负荷等工况时，都需要较高的火花能量。尤其在启动时，由于混合气雾化不良，废气稀释严重，电极温度低，所需点火能量最高。为了保证可靠点火，点火系统提供的点火能量通常为 50～80 MJ。

2. 能产生足以击穿火花塞电极间隙的电压

在火花塞电极间产生火花时所需要的电压，称为击穿电压。一般来说，电极间隙愈大、汽缸内混合气压力愈高、温度愈低，击穿电压就愈高。实验证明，当火花塞间隙为 0.5～1 mm，压缩行程终了气缸内压力为 0.6～0.9 MPa 时，发动机启动时需要的电压约达 5 000～8 000 V。发动机在满负荷低转速时所需要的高电压应达 8 000～10 000 V，才能跳火。为了保证点火的可靠性，传统点火系统可提供 10 000～20 000 V 的高电压，电子点火系统的二次电压则可高达 30 000 V。

3. 点火时刻应适应发动机的工作状况

首先，点火系统应按发动机的工作顺序进行点火，如一般直列六缸发动机，点火顺序为 1→5→3→6→2→4；四缸发动机的点火顺序则多为 1→3→4→2。

其次，必须在最有利的时刻点火。点火时刻是用点火提前角来表示的。在压缩行程中，从点火开始到活塞运行至上止点时曲轴所转过的角度，称为点火提前角。

一般把发动机发出最大功率或油耗时最小的点火提前角，称为最佳点火提前角。发动机在不同工况和不同使用条件下最佳点火提前角也不相同，影响最佳点火提前角的主要因素是发动机的转速和负荷。此外，最佳点火提前角还与所用的汽油的抗爆性、混合气的浓度、发动机的压缩比、发动机水温、进气压力及进气温度等因素有关。

三、传统点火系统的组成

传统点火系统主要由电源(蓄电池和发电机)、点火开关、点火线圈、分电器、火花塞、附加电阻和高压导线等组成，如图 5-1 所示。

1. 电源

电源提供点火系统工作时所需的能量，由蓄电池和发电机构成，其标称电压一般为 12 V。

2. 点火开关

点火开关用来控制仪表电路、点火系统初级电路以及启动机继电器电路的开与闭。

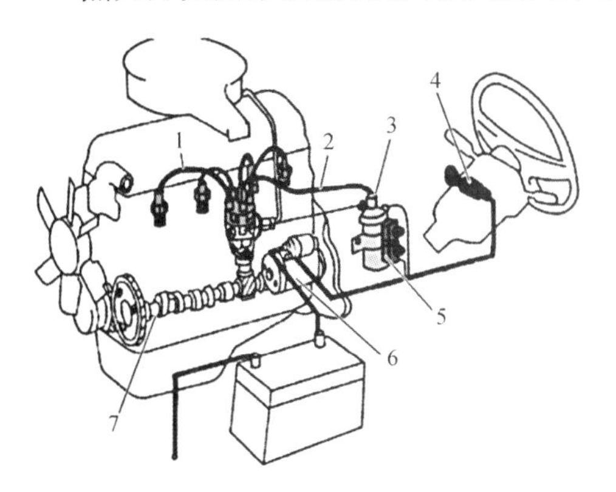

1—分缸线；2—中央线；3—点火线圈；
4—点火开关；5—附加电阻；6—启动机；7—凸轮轴

图 5-1　传统点火系统的组成及安装位置

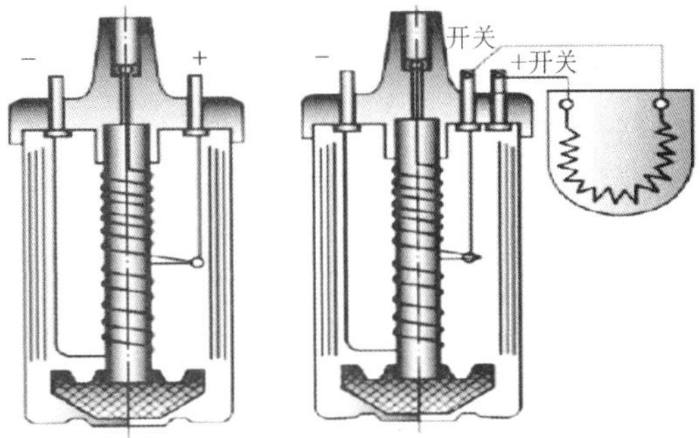

(a) 两接线柱式　(b) 三接线柱式

图 5-2　开磁路式点火线圈结构图

3. 点火线圈

点火线圈由初级绕组、次级绕组和铁芯等组成。相当于自耦变压器，用来将电源供给的 12 V、24 V 或 6 V 的低压直流电转变为 15～20 kV 的高压直流电。按磁路的结构形式不同，可分为开磁路式点火线圈和闭磁路式点火线圈。

(1) 开磁路式点火线圈。

如图 5-2 所示为开磁路式点火线圈结构图，它由初级绕组、次级绕组、铁芯接线柱、附加电阻、中央高压线插孔、导磁钢套、胶木盖组成。

开磁路式点火线圈采用柱形铁芯，初级绕组在铁芯中产生的磁通，通过导磁钢套构成磁回路，而铁芯上部和下部的磁感线从空气中穿过，磁路的磁阻大，泄漏的磁通量多，转换效率低，一般只有 60%左右。

根据低压接线柱数目的不同，分为两接线柱式和三接线柱式两种。它们的内部结构完全相同，区别在于有无配置附件电阻。次级绕组用直径为 0.06～0.10 mm 的漆包线在绝缘纸管上绕 11 000～23 000 匝；初级绕组则用 0.5～1.0 mm 的漆包线绕 240～370 匝。

(2) 闭磁路式点火线圈。

闭磁路式点火线圈的铁芯呈“日”字形或“口”字形，磁路中只设有一个微小的气隙，闭磁路式点火线圈漏磁少，磁阻小，变换效率高，可使点火线圈小型化。近年来，在汽车的电子点火系统中，采用了能量转换效率较高的闭磁路式点火线圈。

与传统点火线圈相比，其铁芯是一带有小气隙的“口”或“日”字的形状。初级绕组在铁芯中产生的磁通通过铁芯形成闭合磁路，减少了漏磁损失，所以转换效率较高，可达 75%。另外，闭磁路式点火线圈还具有体积小、质量轻、对无线电的干扰小等优点。图 5-3 所示为闭磁路式点火线圈结构图。

4. 分电器

分电器由断电器、配电器、电容器和真空提前角调节装置等组成，如图 5-4 所示。它用来在发动机工作时接通与切断点火系统的初级电路，使点火线圈的次级绕组中产生高压电，并按发动机要求的点火时刻与点火顺序，将点火线圈产生的高压电分配到相应汽缸的火花塞上。

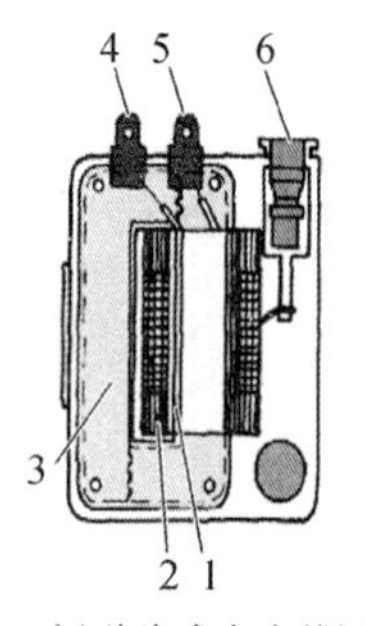

(a) 闭磁路式点火线圈

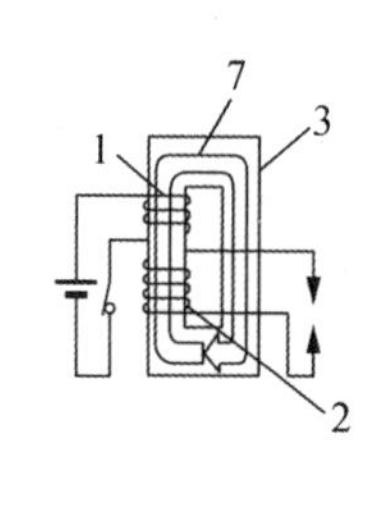

(b) “口”字形铁芯

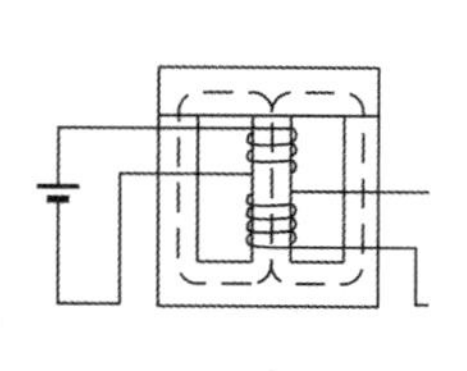

(c) “日”字形铁芯

(d) 闭磁路式点火线圈外形

1—初级绕组；2—次级绕组；3—铁芯；4—正接线柱；5—负接线柱；6—高压接线柱；7—磁感线

图 5-3 闭磁路式点火线圈结构图

5. 火花塞

(1) 火花塞的结构。

火花塞的作用是将点火线圈或磁电机产生的脉冲高压电引入燃烧室，并在两个电极之间产生电火花，以点燃可燃混合气。火花塞中心电极与侧电极之间的间隙，称为火花塞间隙。火花塞间隙对火花塞及发动机的工作性能均有很大影响。间隙过小，火花微弱，且容易产生积炭而漏电；间隙过大，火花塞击穿电压增高，发动机不易启动，且在高速时容易发生“缺火”现象。因此，火花塞间隙的大小应适当。在传统点火系统中，火花塞间隙一般在 0.6～0.7 mm 范围内，但若采用电子点火时，则间隙增大到 1.0～1.2 mm。火花塞间隙的调整可扳动侧电极来实现。火花塞的结构和形式如图 5-5 所示。

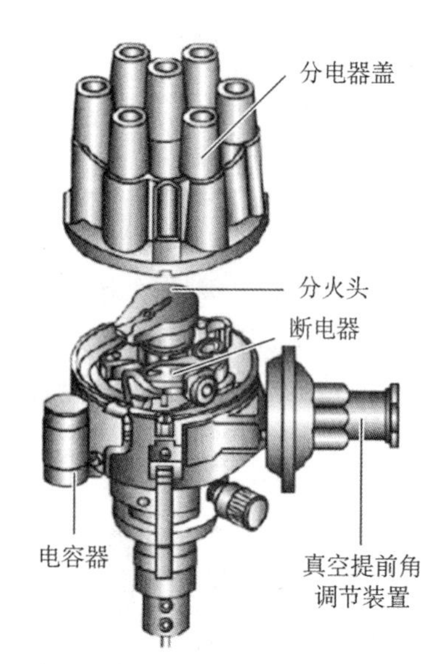

图 5-4 分电器结构图

(2) 火花塞的热特性。

发动机工作时火花塞绝缘体裙部的温度若保持在 500 ℃～600 ℃范围内，落在绝缘体裙部的油粒能立即被烧掉，不容易产生积炭。这个温度称为火花塞的自净温度。若裙部温度低于自净温度，落在绝缘体裙部的油粒不能立即烧掉，形成积炭而漏电，将使火花塞间隙不能跳火或火花微弱。

若裙部温度过高，超出 800 ℃～900 ℃范围，当混合气与炽热的绝缘体接触时，可能在火花塞间隙跳火之前自行着火，称为炽热点火。炽热点火将使发动机出现早燃、爆燃、回火等不正常现象。因此，无论哪一种类型的发动机，在发动机工作时，火花塞裙部的温度都应该保持在自净温度的范围内。

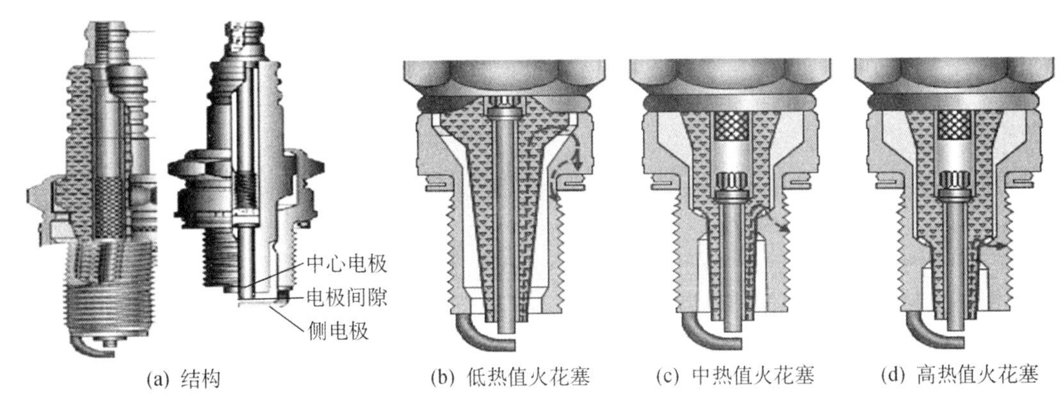

(a) 结构　(b) 低热值火花塞　(c) 中热值火花塞　(d) 高热值火花塞

图 5-5　火花塞的结构和形式

但是，各种发动机汽缸内的燃烧状况是不同的，所以汽缸内的温度也不尽相同，这就要求配用不同热特性的火花塞。火花塞的热特性主要取决于绝缘体裙部的长度。

不同的发动机，当汽缸内温度及温度分布状况相同时，火花塞绝缘体裙部越长，其受热面积越大，且传热距离越长，散热困难，火花塞裙部的温度越高，这种火花塞称为“热型”火花塞，它适用于低速、低压缩比的小功率发动机。相反，火花塞绝缘体裙部越短，其受热面积越小，且传热距离缩短，容易散热，火花塞裙部的温度越低，这种火花塞称为“冷型”火花塞，它适用于高速、高压缩比的大功率的发动机。裙部长度介于冷型与热型之间的火花塞，称为普通型火花塞。

火花塞的结构类型如图 5-6 所示。

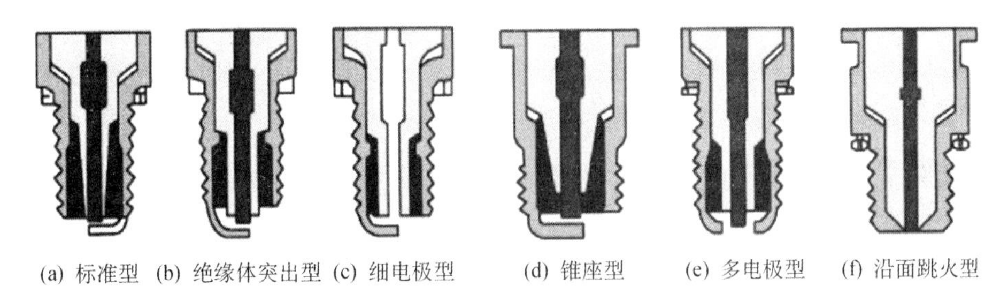

(a) 标准型　(b) 绝缘体突出型　(c) 细电极型　(d) 锥座型　(e) 多电极型　(f) 沿面跳火型

图 5-6　火花塞的结构类型

另外，为了抑制汽车点火系统对无线电的干扰，又生产了电阻型火花塞。电阻型火花塞是在火花塞内装有 5～10 kΩ 的火花塞。

(3) 火花塞的型号规格。

根据 ZBT 37003—1989 标准的规定，火花塞产品型号由三部分组成：第一部分为汉语拼音字母，表示火花塞的结构类型及主要型式尺寸，各字母含义如表5-1所示。

表 5-1　结构类型及主要型式尺寸

字母	螺纹规格/mm	安装座型式	旋合螺纹长度/mm	壳体六角对边/mm
A	M10×1	平座	12.7	16
C	M12×1.25	平座	12.7	17.5

续 表

字母	螺纹规格/mm	安装座型式	旋合螺纹长度/mm	壳体六角对边/mm
D	M12×1.25	平座	19	17.5
E	M14×1.25	平座	12.7	20.8
F	M14×1.25	平座	19	20.8
(G)	M14×1.25	平座	9.5	20.8
(H)	M14×1.25	平座	11	20.8
(Z)	M14×1.25	平座	11	19
J	M14×1.25	平座	12.7	16
K	M14×1.25	平座	19	16
L	M14×1.25	矮型平座	9.5	19
(M)	M14×1.25	矮型平座	11	19
N	M14×1.25	矮型平座	7.8	19
P	M14×1.25	锥座	11.2	16
Q	M14×1.25	锥座	17.5	16
R	M18×1.25	平座	12	20.8
S	M18×1.25	平座	19	(22)
T	M18×1.25	锥座	10.9	20.8

第二部分为阿拉伯数字,表示火花塞热值。

第三部分为汉语拼音字母,表示火花塞派生产品的结构特征、跳火端特征、材料特性及特殊技术要求,如表 5-2 所示,无字母者为普通型火花塞,该部分如需用两个以上汉语拼音字母时,则应按表 5-2 所示的先后顺序排列。

表 5-2 火花塞派生产品的特征、特性排列顺序

顺序	字母	特征与特性	顺序	字母	特征与特性
1	P	屏蔽型火花塞	7	H	环状电极型火花塞
2	R	电阻型火花塞	8	U	电极缩入型火花塞
3	B	半导体型火花塞	9	V	V 型电极火花塞
4	T	绝缘体突出型火花塞	10	C	镍铜复合电极型火花塞
5	Y	沿面跳火型火花塞	11	G	贵金属火花塞
6	J	多电极型火花塞	12	F	非标准火花塞

例如,F5RTC 型火花塞表示螺纹旋合长度为 19 mm、壳体六角对边为 20.8 mm、热值为 5 的 M14×1.25 带电阻及镍铜复合电极的绝缘体突出型平座火花塞。

任务实施

一、任务准备

1. 工作准备

洁具：准备□　清洁□

毛巾：准备□　清洁□

逃生门：位置明确□　通道畅通□

灭火器：红色□　黄色□　绿色□　处理意见：________________________________。

5S：整理□　整顿□　清洁□　清扫□　素养□

2. 工具准备

常用工具一套。

3. 实训安排

(1) 实训方式：分组交叉轮流。

(2) 实训设备：传统点火系统实验台，火花塞若干。

4. 安全事项

(1) 实验台运转时，注意人员安全。□

(2) 实验结束后，注意设备复位。□

二、实施步骤

(1) 检查点火开关的技术状态。

(2) 检查点火线圈的技术状态。

(3) 检查分电器的技术状态。

(4) 检查中央高压线的技术状态。

(5) 检查分缸高压线的技术状态。

(6) 检查火花塞的技术状态。

三、清洁及整理

整理：所用工量具□

清洁场地：座椅□　地板□　工作台□　零件盘□　工位场地□

学生工作页

一、观察传统点火系统的组成，并对部件技术状态进行检查

(1) 点火开关：正常□　损坏□　无□

(2) 点火线圈：正常□　有裂纹□　损坏□　无□

　　点火线圈的类型：开磁路□　闭磁路□

(3) 分电器：正常□　有裂纹□　损坏□　无□

分电器的组成：配电器□　断电器□　电容器□　真空点火提前装置□
离心点火提前装置□

(4) 中央高压线：正常□　有裂纹□　胶皮老化□　损坏□　无□

(5) 分缸高压线：正常□　有裂纹□　胶皮老化□　损坏□　无□　有______根

(6) 火花塞：正常□　有积炭□　积炭严重□　间隙正常□

火花塞结构类型：标准型□　绝缘体突出型□　细电极型□　锥座型□
多电极型□　沿面跳火型□

二、观察传统点火系统的连接情况，并把连接关系画出来

任务二　微机控制点火系统结构的认知

任务目标

- 了解微机控制点火系统的类型。
- 理解微机控制点火系统的组成。
- 能进行微机控制点火系统实物与图纸的对应查找。

任务导入

微机控制的点火系统广泛应用于现代汽车的汽油发动机上，掌握微机控制点火系统的基本结构，是对点火系统检测与维修的前提。

必备知识

一、微机控制点火系统的组成

微机控制的电子点火系统主要由与点火有关的各种传感器、ECU、点火控制器、点火线圈、配电器、火花塞等组成，如图 5-7 所示。

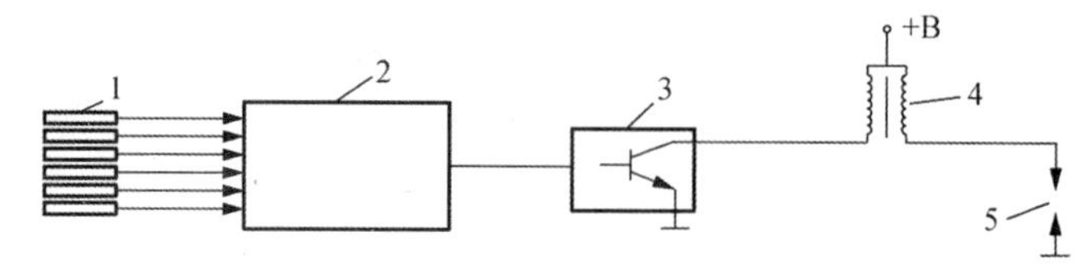

1—各种传感器；2—ECU；3—点火控制器；4—点火线圈；5—火花塞

图 5-7　微机控制的电子点火系统组成

1. 传感器

传感器用来不断地检测与点火有关的发动机工作状况信息，并将检测结果输入ECU，作为运算和控制点火时刻的依据。各车型使用的传感器类型、数量、结构及安装位置不同，但其作用大同小异。

微机控制的电子点火系统中所用的传感器主要有以下几种：

(1) 曲轴位置传感器：检测两个信号。

① 曲轴转角(或发动机转速)：检测发动机转速信号。

② 曲轴基准位置(点火基准传感器，活塞上止点位置)：检测基准缸活塞上止点位置信号(凸轮轴位置传感器)。

(2) 空气流量计(进气歧管绝对压力传感器)：检测进气量信号。

(3) 冷却液温度传感器：检测水温信号。

(4) 氧传感器：检测空燃比浓稀信号。

(5) 节气门位置传感器：检测节气门的开度和加速信号。

(6) 车速传感器：检测车速信号。

(7) 空挡开关：检测变速器空挡信号。

(8) 点火开关：检测是工作状态还是启动状态信号。

(9) 空调开关：检测空调是开还是关信号。

(10) 蓄电池：检测电池电压信号。

(11) 进气温度传感器：检测进气温度信号。

(12) 爆震传感器：检测爆震信号。

2. 电子控制单元(ECU)

控制计算机一般被称为电子控制单元(ECU)，它是点火控制系统和喷油控制系统的中枢，用于接收上述各有关传感器信号，并按照特定的程序进行判断、运算后，给点火电子组件输出最佳点火提前角和初级电路导通时间的控制信号。在现代发动机集中控制系统中(M型)，点火系统仅是电子控制器的一个子系统。

电子控制器主要包括：中央处理器(CPU)、存储器(RAM、ROM)、输入/输出接口(I/O)、总线及电源供给电路等部分，如图5-8所示。

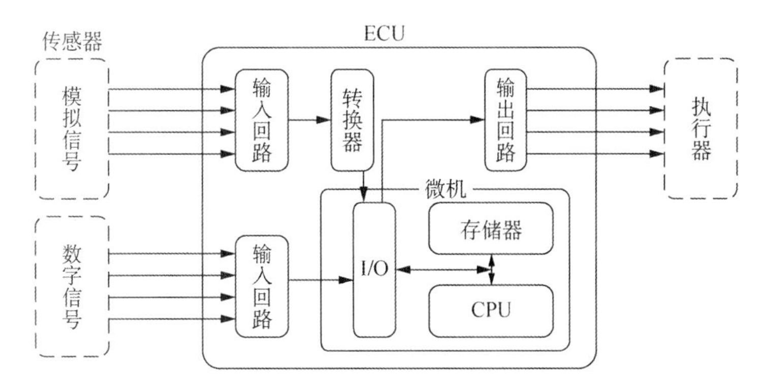

图5-8　电子控制单元(ECU)的组成

3. 点火控制器

点火控制器是综合控制的执行器之一，点火控制器的作用是根据 ECU 的指令，通过内部的大功率三极管的导通和截止，控制初级电流的通断，完成点火工作。

各种发动机的点火控制器结构各不相同，有的点火控制器除接通、切断初级电路的功能外，还有恒流控制、闭合角控制、汽缸判别、点火监视等功能。也有的发动机不设点火控制器，控制初级电路的大功率三极管设在 ECU 内部。

4. 点火线圈

与微机控制电子点火系统所匹配的点火线圈为专用高能点火线圈，一般采用闭磁路，能量损失少，对外电磁干扰小。

5. 火花塞

火花塞的结构、热特性、型号规格等在任务一中已有详尽的介绍，这里不再赘述。

二、微机控制点火系统的分类

微机控制点火系统，按照是否保留传统的分电器(实质上指配电器)，可分为两大类：有分电器点火系统和无分电器点火系统。

1. 有分电器点火系统(非直接点火系统)

该点火系统是仍保留分电器的并采用微机控制的非直接点火系统。该系统中，点火线圈的高压电是经配电器进行分配的，即由分火头和分电器盖组成的配电器，依照点火顺序适时地将高压电分配至各气缸，使各缸火花塞依次点火。

2. 无分电器点火系统(直接点火系统)

该系统中点火线圈上的高压线直接与火花塞相连，工作时，点火线圈产生的高压电直接送到各火花塞，由微机根据各传感器输入的信息，依照发动机的点火顺序，适时地控制各缸火花塞点火。

无分电器点火系统，按照目前常见的形式又大致可分为两种类型：同时点火方式点火系统和单独点火方式点火系统。同时点火方式如图 5-9 所示。

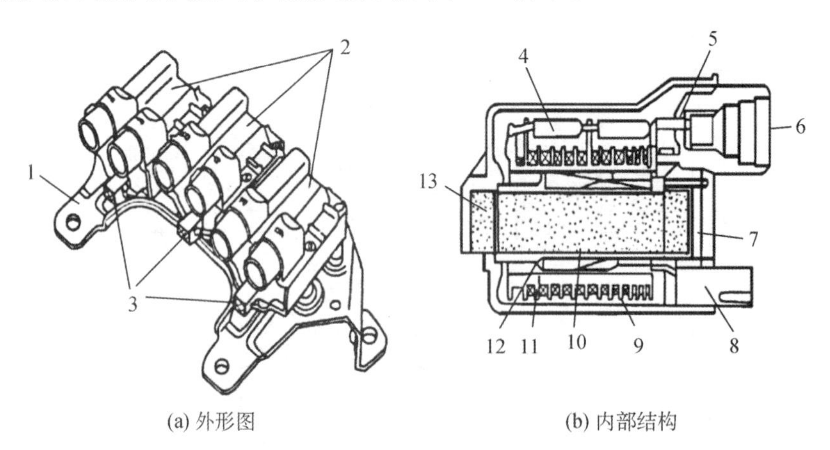

(a) 外形图　　(b) 内部结构

1—支架；2—点火线；3—低压插座；4—高压二极管；5—高压线；6—盖；
7—填充材料；8—低压接柱；9—外壳；10—铁芯；11—次级线圈；12—初级线圈；13—铁芯

图 5-9　两缸同时点火方式

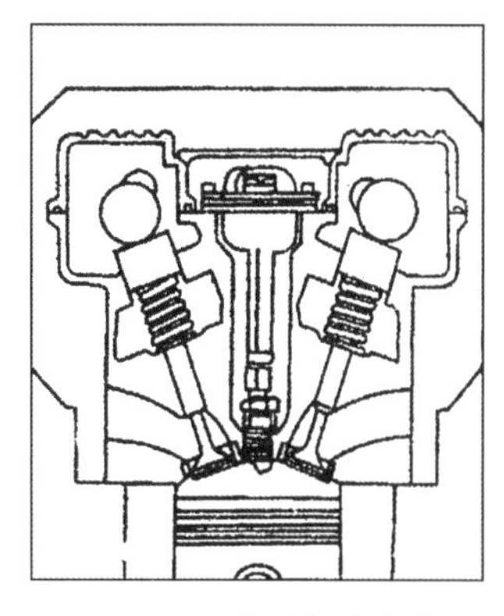
图 5-10　单独点火方式

单独点火方式点火系统如图 5-10 所示，在每个气缸上安装一个点火线圈。

图 5-11 为奥迪五缸无分电器单独点火系统。该点火系统的五个点火线圈分别接到两个电子模块 N122 和 N127 上。其中 N122 控制 1、2、3 缸的点火线圈，N127 控制 4、5 缸的点火线圈。两个点火模块分别用导线（点火信号输出线）与电子控制单元相连。发动机工作时，ECU 起判别点火缸位、计算点火提前角和闭合角以及将点火信号分配到指定气缸的作用。

三、微机控制点火系统点火提前角的控制方式

1. 开环控制

开环控制方式即 ECU 根据有关传感器提供的发动机工况信息从内部存储器（ROM）中读取相应的基本点火提前角，并通过计算出的修正值给予修正后得出最佳点火提前角数据后来控制点火，而对控制结果不予考虑。

2. 闭环控制

闭环控制方式可以在控制点火提前角的同时，不断地检测发动机的有关工作状况，如发动机是否发生爆震、怠速是否稳定等，然后根据检测到的变化量，及时对点火提前角进行修正，使发动机始终处于最佳的点火状态，而不受发动机零部件的磨损、老化以及有关使用因素的影响，故控制精度高。

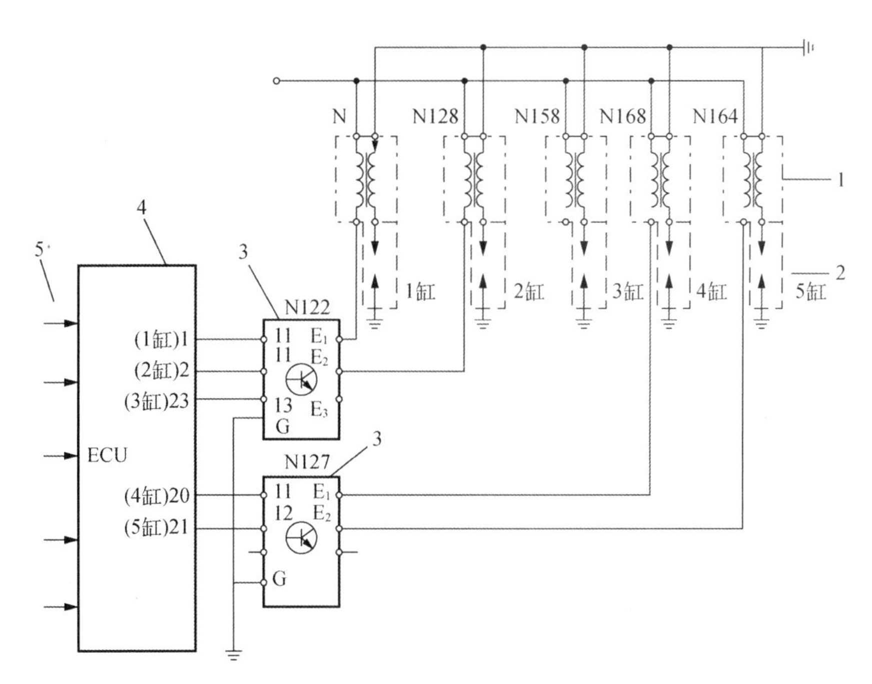

1—点火线圈；2—火花塞；3—点火控制器；4—ECU；5—输入信号

图 5-11　奥迪五缸发动机无分电器单独点火系统电控原理图

任务实施

一、任务准备

1. 工作准备

洁具：准备□ 清洁□

毛巾：准备□ 清洁□

逃生门：位置明确□ 通道畅通□

灭火器：红色□ 黄色□ 绿色□ 处理意见：________________。

5S：整理□ 整顿□ 清洁□ 清扫□ 素养□

2. 工具准备

常用工具一套。

3. 实训安排

(1) 实训方式：分组交叉轮流。

(2) 实训设备：AJR 发动机台架。

4. 安全事项

(1) 实验台运转时，注意人员安全。□

(2) 实验结束后，注意设备复位。□

二、实施步骤(表 5-3)

表 5-3 任务二实施步骤

步骤	图 示	提 示
1		观察实验台架的微机控制点火系统，明确其所属类型。
2		查找各种传感器，并说出它们的名字。

续　表

步骤	图　示	提　示
3	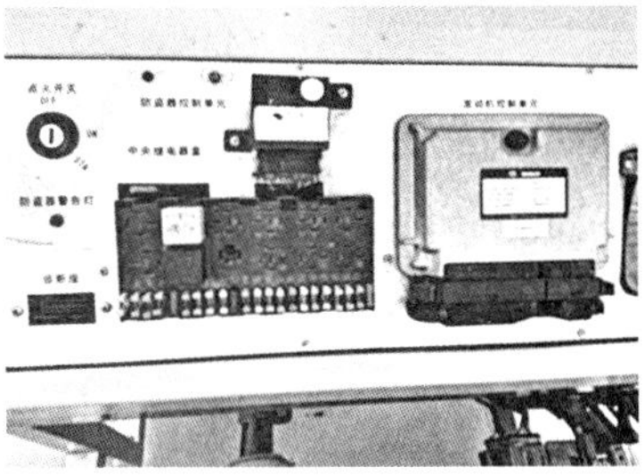	查找微机控制点火系统的 ECU。
4		查找各缸的点火控制器。
5		查找点火线圈。
6		查找各缸火花塞。

三、清洁及整理

整理：所用工量具□

清洁场地：座椅□　地板□　工作台□　零件盘□　工位场地□

学生工作页

一、观察微机控制点火系统的组成

(1) 实验台架微机控制点火系统的类型为________________________。

(2) 在下表中写出各传感器的名称和安装位置,不少于 5 个。

序号	传感器名称	安装位置
1		
2		
3		
4		
5		
6		
7		
8		

(3) 实验台架微机控制点火系统包括____个点火控制器,其作用是________________________
____。

(4) 实验台架点火线圈的类型为:开磁路□　闭磁路□

实验台架共包括______个点火线圈,其作用是________________________。

(5) 实验台架微机控制点火系统的电子控制单元(ECU)安装于________________________
____。

(6) 实验台架微机控制点火系统点火提前角的控制方式是________________________。

二、观察微机控制点火系统的连接情况,把连接关系画出来

任务三　点火系统的检修

任务目标

· 掌握高压线的检修方法。

- 掌握火花塞的检修方法。
- 掌握无分电器式点火(DLI)装置的检修方法。

任务导入

点火系统的功能是完成可燃混合气的正确燃烧。当点火系统出现故障时,可燃混合气无法正常燃烧,发动机功率明显下降,油耗增大,排放污染物增多。

一、高压线的检修

1. 外观检查

检查高压线的外表绝缘层。若外表绝缘层破损严重,会出现漏电现象,这时应更换新品。检查高压线是否折叠,折叠处有时会因被折断而使电阻增大,使高压下降,电火花变弱。

2. 电阻测量

取下高压线,用多用表电阻挡进行高压线电阻的检测。将多用表两表笔分别接每条高压线的两端,测其电阻值。此电阻值应小于25 kΩ,若阻值超过25 kΩ,将影响高压火花的强度,说明高压线性能不良,应予以更换。

3. 高压线的维护

现代发动机点火系统会产生极高的电压和温度。长时间承受高压和高温的火花塞接头套(甚至高压线)会软化,并熔接在火花塞的瓷管上。为此,可以在高压线绝缘套、靠近热源的绝缘层表面涂上硅润滑剂,并注意高压线的排列,避免打折。

二、火花塞的检修

1. 常见的火花塞表面状态

(1) 正常状态的火花塞。

选型正确、使用条件良好的火花塞,在工作一段时间后拆检,其瓷芯表面应洁净,颜色为白色或淡棕色。瓷芯面上有微薄的一层黄褐色粉末状积炭;电极由于使用时间长而略有烧蚀;旋入缸盖的螺纹端面为铁锈色,这些属于正常状态。

(2) 火花塞积炭。

拆检发动机各缸火花塞,如果积炭仅出现在个别缸火花塞上,应从火花塞间隙是否过小、该缸高压线是否漏电及气门是否有泄漏等方面检查积炭原因;如果各缸火花塞均出现积炭,则可以从混合气是否过浓、点火线圈质量是否欠佳和火花塞选型是否不当等方面查找原因,并加以排除。

(3) 火花塞过热。

火花塞过热表现为瓷芯表面呈瓷体原色或淡灰色,中心电极烧蚀严重,甚至有熔化现象,个别瓷芯上还会有小疹泡等。在正常使用情况下,如果多数火花塞出现过热现象,说明所选用的火花塞不适合该发动机使用,火花塞的热值偏低,应换用高热值冷型火花塞。

（4）火花塞油污。

如果火花塞暴露在燃烧室内的表面上有湿润油渣状、质硬、黑色的积炭，说明发动机有窜油故障，应清洁火花塞、检修发动机。

（5）火花塞漏气。

火花塞暴露在燃烧室内的瓷芯，有时会出现碎裂现象，轻者在突出的前端产生小块崩裂，出现缺口，重者会裂成几块脱落。由于瓷芯硬度高，当裂块落入汽缸可能会引起拉缸，因此，若火花塞出现瓷体碎裂现象，不论轻重均应更换新件。

2. 火花塞的检验与维护

（1）清除火花塞积炭。

清除火花塞积炭时，不应使用钢丝等工具，以免损伤绝缘体，应当使用火花塞清洗试验器，如图 5-12 所示。

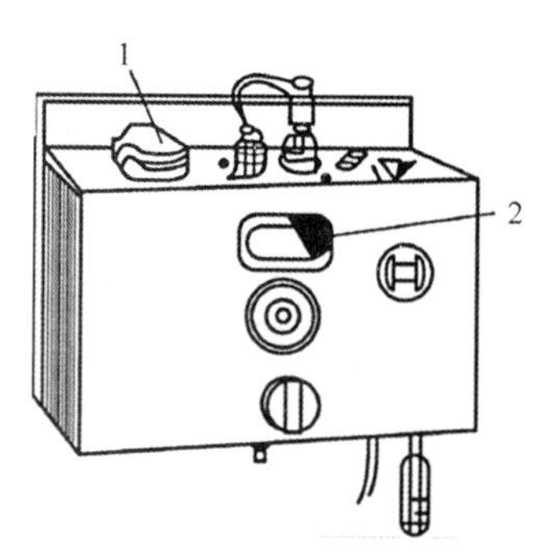

1—清洁孔；2—发火试验观察窗

图 5-12　火花塞清洗试验器

（2）火花塞性能试验。

火花塞工作时处于 800 kPa 以上的气体压力下，所以试验火花塞的跳火需要模拟其工作环境，方能准确判断其性能。在火花塞清洁试验仪上可以进行跳火试验。其方法是：将火花塞拧入右方的火花塞孔中，启动空气压缩机，慢慢调高箱内的充气压力，当到达 900 kPa 时，打开开关，从观察窗中看跳火情况。若火花塞间隙连续产生强烈的蓝色火花，说明性能良好；否则，说明火花塞性能欠佳，不宜使用。

3. 火花塞间隙的检查与调整

火花塞电极间隙检查应使用火花塞电极间隙量规进行，如图 5-13 所示。一般电极间隙标准为 0.8～0.9 mm，如间隙不符合标准，可用专用扳手扳动侧电极进行调整。

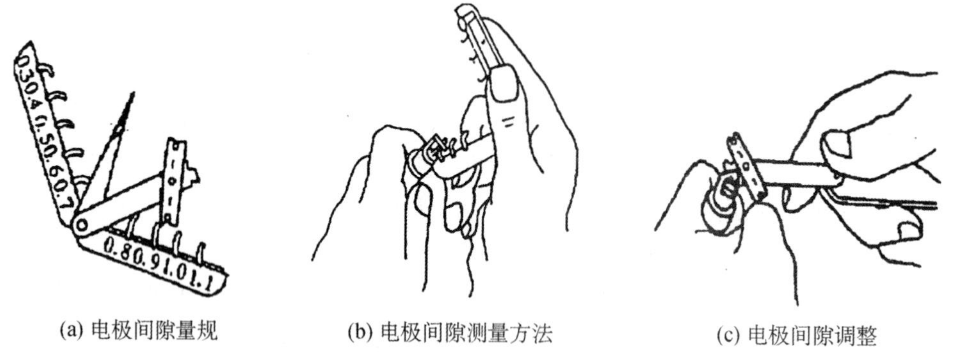

(a) 电极间隙量规　(b) 电极间隙测量方法　(c) 电极间隙调整

图 5-13　火花塞间隙的检查与调整

三、无分电器式点火（DLI）装置的检修

无分电器式点火（DLI）装置，实质上属无触点晶体管点火装置，因而对于点火线圈和火花塞的维护方法基本相同。若怀疑 DLI 系统有故障，可在发动机停转或运转情况下对其进行检修。

1. 发动机停转时的检修

(1) 检查DLI系统插接器接触是否良好，有无松旷、断路现象，必要时进行修复。

(2) 检查各低压及高压导线的连接是否可靠。

(3) 检查DLI系统各处的搭铁线是否良好。

2. 发动机运转时的检测

发动机运转时，可通过发动机所发出的声响来判断火花塞的工作情况。

(1) 若有个别火花塞不跳火(即个别缸不工作)，应检查该缸火花塞陶瓷体有无裂纹、电极是否积炭、间隙是否合适，该缸火花塞电极间的阻值是否小于30 kΩ，连接该缸火花塞的点火线圈次级绕组是否阻值过小(应大于15 kΩ)。

(2) 若有多个火花塞不跳火，则应检查晶体管点火ECU的输出信号及点火线圈初级绕组是否正常，点火线圈次级绕组是否有短路，点火器熔断器是否已烧断。如上海桑塔纳轿车配用专用高能点火线圈，其初级绕组的阻值为0.5～0.76 Ω，次级绕组的阻值为2.4～3.5 kΩ。

一、任务准备

1. 工作准备

洁具：准备□　清洁□

毛巾：准备□　清洁□

逃生门：位置明确□　通道畅通□

灭火器：红色□　黄色□　绿色□　处理意见：________________________。

5S：整理□　整顿□　清洁□　清扫□　素养□

2. 工具准备

常用工具一套、多用表两只、塞尺两把。

3. 实训安排

(1) 实训方式：分组交叉轮流。

(2) 实训设备：AJR发动机台架。

4. 安全事项

(1) 实验台运转时，注意人员安全。□

(2) 实验结束后，注意设备复位。□

二、实施步骤(表 5-4)

表 5-4　任务三实施步骤

步骤	图　示	提　示
1		将电喷发动机台架上的高压线从点火线圈上分离，拔下时注意不要损坏高压线。
2	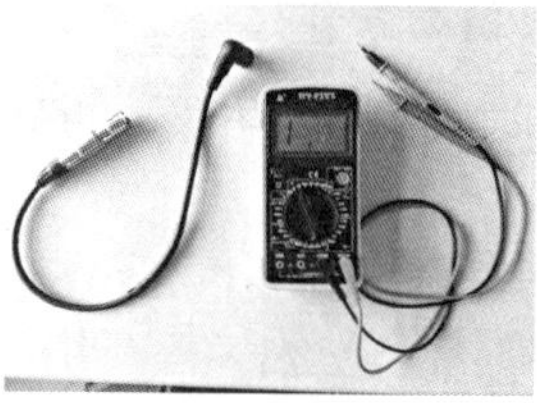	测量高压线的阻值并判断其技术状况。
3		测量点火线圈次级绕组的阻值并判断其技术状况。
4	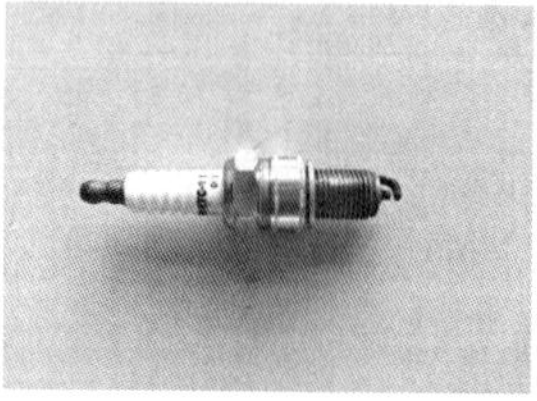	拆下 4 缸的火花塞，测量其间隙，并检查确认火花塞的技术状况。
5	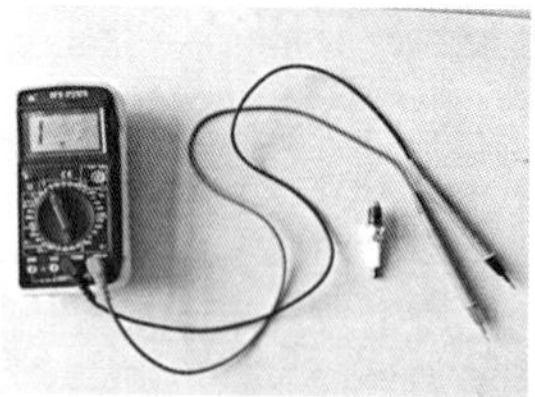	用多用表的欧姆挡测量火花塞的电阻值。
6		将各缸火花塞、高压线等装复到发动机台架上。

三、清洁及整理

整理：所用工量具□

清洁场地：座椅□　地板□　工作台□　零件盘□　工位场地□

学生工作页

一、使用多用表和塞尺检测点火系统各部件并完成下表

<table>
<tr><th colspan="3" rowspan="2">项目</th><th colspan="2">设备</th></tr>
<tr><th>台架</th><th>整车</th></tr>
<tr><td rowspan="4">高压线电阻值/kΩ</td><td colspan="2">1 缸</td><td></td><td></td></tr>
<tr><td colspan="2">2 缸</td><td></td><td></td></tr>
<tr><td colspan="2">3 缸</td><td></td><td></td></tr>
<tr><td colspan="2">4 缸</td><td></td><td></td></tr>
<tr><td colspan="3">次级线圈电阻值/kΩ</td><td></td><td></td></tr>
<tr><td rowspan="12">火花塞检测</td><td rowspan="4">间隙/mm</td><td>1 缸</td><td></td><td></td></tr>
<tr><td>2 缸</td><td></td><td></td></tr>
<tr><td>3 缸</td><td></td><td></td></tr>
<tr><td>4 缸</td><td></td><td></td></tr>
<tr><td rowspan="4">阻值/kΩ</td><td>1 缸</td><td></td><td></td></tr>
<tr><td>2 缸</td><td></td><td></td></tr>
<tr><td>3 缸</td><td></td><td></td></tr>
<tr><td>4 缸</td><td></td><td></td></tr>
<tr><td rowspan="4">综合技术状况</td><td>1 缸</td><td></td><td></td></tr>
<tr><td>2 缸</td><td></td><td></td></tr>
<tr><td>3 缸</td><td></td><td></td></tr>
<tr><td>4 缸</td><td></td><td></td></tr>
</table>

二、通过上述检测，对部件技术状况进行判定

(1) 点火线圈：____。

(2) 高压线：____。

(3) 火花塞：____。

一、填空题

1. 发动机点火系统根据点火线圈初级电流的控制元件不同，可分为传统________点火系统和________点火系统。

2. 影响最佳点火提前角的主要因素是发动机的________和________。

3. 传统点火系统中，点火线圈初级电流的通断是由________来控制的。

4. 当断电器触点张开瞬间，点火线圈初级绕组会产生200～300 V的________电动势，与此同时次级感应出15 000～20 000 V的________电动势。

5. 点火线圈的作用是把蓄电池和发电机供给的________电转变成足以击穿火花塞电极间隙的________电。

6. 断电器的作用是周期性地________点火线圈初级电流，它由一对触点________和一个________组成。

7. 火花塞的作用是将点火线圈所产生的高压电引入________，并在间隙间形成电火花，以点燃气缸内的________。

二、选择题

1. 为保证点火可靠，一般要求点火系统提供的高电压为(　　)V。

A. 12　　B. 300～400　　C. 15 000～20 000

2. 对于四冲程发动机，为使发动机正常运转，应在(　　)行程即将终了时点火。

A. 进气　　B. 压缩　　C. 做功　　D. 排气

3. 点火过早会使发动机(　　)。

A. 功率下降　　B. 功率提高　　C. 省油

4. 下列器件中，(　　)不属于传统点火系统的组成。

A. 点火线圈　　B. 火花塞　　C. 分电器　　D. 车速传感器

5. 开磁路式点火线圈的铁芯呈(　　)型。

A. 条　　B. “口”字　　C. “日”字　　D. “田”字

6. 点火线圈是利用(　　)原理把低压电转变为高压电的，它实质上是一个变压器。

A. 自感　　B. 互感　　C. 电磁感应

7. 点火线圈高压线脱落，会造成(　　)。

A. 点火错乱　　B. 点火过迟　　C. 高压无火　　D. 高压火弱

8. 火花塞的电极间隙一般为(　　)mm。

A. 0.1～0.3　　B. 0.3～0.5　　C. 0.7～0.9　　D. 0.5～0.7

9. 大功率、高转速、高压缩比的发动机应选用(　　)型火花塞。

A. 热　　B. 中　　C. 冷

10. 点火线圈高压线脱落，会造成(　　)。

A. 点火错乱　　B. 点火过迟　　C. 高压无火　　D. 高压火弱

三、判断题

1. 气缸内混合气压力愈高，温度越低，所需击穿电压愈高。　　(　　)

2. 汽油的抗爆性对最佳点火提前角无任何影响。（　　）
3. 当发动机转速一定时，随着负荷的增大，点火提前角应适当减少。（　　）
4. 传统点火系统中火花塞中心电极一般为高压电的负极。（　　）
5. 传统点火系统中的火花塞在断电触点刚刚张开瞬间产生电火花。（　　）
6. 闭磁路式点火线圈比开磁路式点火线圈能量转换效率高。（　　）
7. 传统点火系统中，断电器凸轮上的棱角数与发动机的气缸数相同。（　　）
8. 发动机曲轴转速与分电器的转速比为2∶1。（　　）
9. 电容器的作用是减小断电器触点火花，增强火花塞火花。（　　）
10. 离心点火提前装置的作用是：根据发动机负荷的变化，自动调节点火提前角。（　　）
11. 真空点火提前装置的作用是：根据发动机转速的变化，自动调节点火提前角。（　　）
12. 线路接触不良时，电路中的接触电阻将增大。（　　）

照明与信号系统的检测与维修

项目描述

为保证汽车在无光或微光条件下安全行驶，汽车上都设有照明系统，照明灯具的种类、数量因车型而定。汽车照明与信号系统由电源、照明信号灯具、发音装置、控制装置及其连线组成。本项目主要就汽车照明与信号系统及其相关知识进行介绍和讲解。

学习目标

1. 知识目标

(1) 能正确叙述汽车照明灯具的组成，前照灯的结构和要求。

(2) 能正确识读汽车照明系统电路图。

(3) 能正确叙述汽车信号装置的组成、结构和工作原理。

(4) 能正确识读汽车信号系统电路图。

2. 技能目标

(1) 能进行照明系统图纸与实物的对应查找。

(2) 会对前照灯灯光进行检测和调节。

(3) 能进行信号系统图纸与实物的对应查找。

(4) 会对各信号装置进行检测和调节。

任务一 照明灯具的认知

任务目标

- 了解照明系统的作用。
- 掌握照明系统的组成。
- 理解各照明灯具安装的位置。

照明灯具是汽车夜间安全行车的必备设备，认识各汽车照明灯具和它们所指示的含义对于汽车安全驾驶有着重要的作用。

必备知识

一、照明系统的作用

汽车照明系统的作用主要是夜间道路照明、车厢内部照明、车辆宽度标示、仪表与夜间检修照明等。

二、照明系统的组成

汽车照明系统由电源、照明灯具、控制装置等组成。汽车照明灯按其安装位置和用途不同，可分为外部照明灯和内部照明灯。

1. 外部照明灯

外部照明灯有前照灯、雾灯、倒车灯、牌照灯等，如图 6-1 所示。

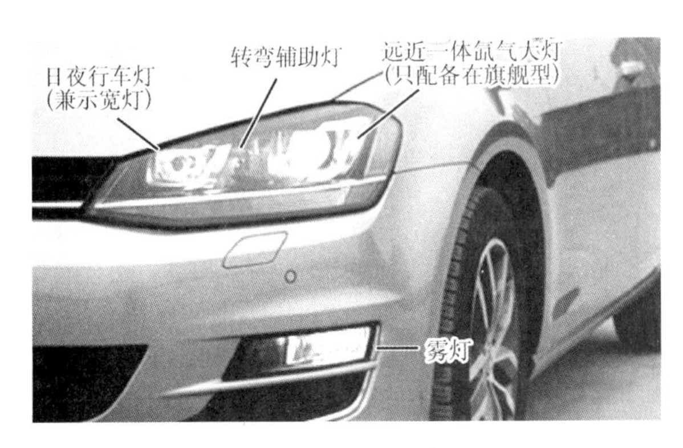

图 6-1　照明灯具图

图 6-2　前照灯

(1) 前照灯。

前照灯又叫前大灯，装于汽车头部两侧，用于夜间行车道路的照明。有两灯制和四灯制之分。每辆车安装 2 只或 4 只，装于外侧的一对应为近、远光双光束灯，装于内侧的一对应为远光单光束灯，如图 6-2 所示。

为了确保夜间行车的安全，前照灯应保证车前有明亮而均匀的照明，使驾驶员能够辨明车前100 m(或更远)内道路上的任何障碍物；前照灯应具有防眩目的装置，以免夜间会车时，使对方驾驶员目眩而发生事故。

(2) 雾灯。

雾灯安装于汽车的前部和后部。用于在雨雾天气行车时照明道路和为迎面来车及后面来车提供信号。前雾灯安装在前照灯附近，一般比前照灯的位置稍低，因为雾天能见度低，驾驶员视线受到限制，如图 6-3 所示。红色和黄色是穿透力最强的颜色，前雾灯灯光颜色为黄色，这是因为黄色光光波较长，具有良好的透雾性能，灯泡功率一般为 35 W。

图 6-3　前雾灯

后雾灯采用单只时，应安装在车辆纵向平面的左侧，与制动灯间的距离应大于 100 mm，后雾灯灯光颜色为红色，以警示尾随车辆保持安全距离，灯泡功率一般为 21 W。

(3) 倒车灯。

倒车灯安装在汽车尾部的两侧，灯光颜色为白色，功率一般为 21 W。当驾驶员将变速器挂入倒挡时，倒车灯点亮，照亮车辆后侧(有的并伴有语音提示)，同时警告后方车辆及行人注意安全，有的车辆上只有一个倒车灯，如图 6-4 所示。

(4) 牌照灯。

牌照灯用于照亮车辆牌照，要求夜间在车后 20 m 处能看清牌照号码。牌照灯安装在汽车尾部牌照的上方或左右两侧，灯光颜色为白色，灯泡功率为 8～10 W(图 6-5)，它没有单独的开关控制，受示宽灯或前照灯开关控制。按规定要求牌照灯必须与小灯由同一个开关控制。

图 6-4　倒车灯

图 6-5　牌照灯

2. 车内照明灯

车内照明灯有顶灯、仪表灯、踏步灯、工作灯、行李箱灯等。主要是为驾驶员、乘客提供方便。灯光颜色为白色，灯泡功率在 2～20 W 范围内。

(1) 顶灯。

安装在驾驶室或车厢内顶部，为驾驶室或车厢内的照明灯具。

(2) 仪表灯。

安装于仪表盘内，它用来照明汽车仪表。

(3) 踏步灯。

一般安装在汽车的上下车台阶的左右两侧，用来照明车门的踏步处，方便乘客上下车。

(4) 工作灯。

工作灯是车辆维修时可以移动使用的一种随车低压照明工具，电源来自发电机或蓄电

池。常常带有挂钩或夹钳，插头有点烟器式或两柱插头式两种。

(5) 后备箱灯。

后备箱灯为轿车后备箱内的灯具。

任务实施

一、任务准备

1. 工作准备

洁具：准备□　清洁□

毛巾：准备□　清洁□

逃生门：位置明确□　通道畅通□

灭火器：红色□　黄色□　绿色□　处理意见：________________。

5S：整理□　整顿□　清洁□　清扫□　素养□

四件套□　翼子板护套□

2. 工具准备

常用工具一套。

3. 实训安排

(1) 实训方式：分组交叉轮流。

(2) 实训设备：实训中心实车一辆。

4. 安全事项

(1) 拉好驻车制动手柄。□

(2) 车轮前后用挡块掩好。□

(3) 将变速箱挡位挂入 P 挡或 N 挡。□

二、实施步骤

(1) 按照三人一组进行操作训练。

(2) 启动发动机并维持怠速运转，按照下述步骤操作：

① B 同学在车外进行检查，并进行指示。

② A 同学接收 B 同学的指示，并操作相应灯组开关。

③ C 同学在车外负责学生工作页的填写。

(3) 关闭发动机。

(4) 3 位同学分组轮流进行操作训练。

三、清洁及整理

整理：所用工量具□

清洁场地：座椅□　地板□　工作台□　零件盘□　工位场地□

学生工作页

一、车辆信息填报

（1）车型：____。
（2）VIN：____。

二、观察照明灯具的安装位置，并检查其技术状况

（1）车前照明灯具：前照灯□　前小灯□　前雾灯□
（2）车后的照明灯具：牌照灯□　后小灯□　倒车灯□
（3）室内照明灯具：门灯□　顶灯□　仪表照明灯□

任务二　前照灯的检查与调整

任务目标

- 掌握前照灯的结构组成。
- 理解前照灯的防眩目原理。
- 了解前照灯的类型。
- 能进行前照灯的检查与调整。

任务导入

前照灯是汽车照明灯具中最主要的灯具之一，其性能要求应当符合国家的相关标准，否则应进行调整或更换。

必备知识

一、前照灯的结构组成

汽车前照灯一般由光源（灯泡）、反光镜、配光镜（散光镜）三部分组成，如图 6-6所示。

1. 灯泡

目前汽车前照灯所用的灯泡有普通灯泡（白炽灯泡）和卤素灯泡，两种灯泡的灯丝均采用熔点高、发光强的钨制成，如图 6-7 所示。

普通灯泡的灯丝用钨丝制成，玻璃泡内抽出空气，然后充以 86％的氢气和约 11％的氮气的混合惰性气体，以减少钨丝受热蒸发，延长其使用寿命，灯丝制成紧密的螺旋状。灯泡在长期使用后发黑，表明灯丝的损耗依然存在，因此并不能阻止钨丝的蒸发。

卤素灯泡在惰性气体中加入了一定量的卤族元素（如碘、溴），使得从灯丝上蒸发出来的气态钨与卤族元素反应生成了一种挥发性的卤化钨，在扩散到灯丝附近的高温区域后又受

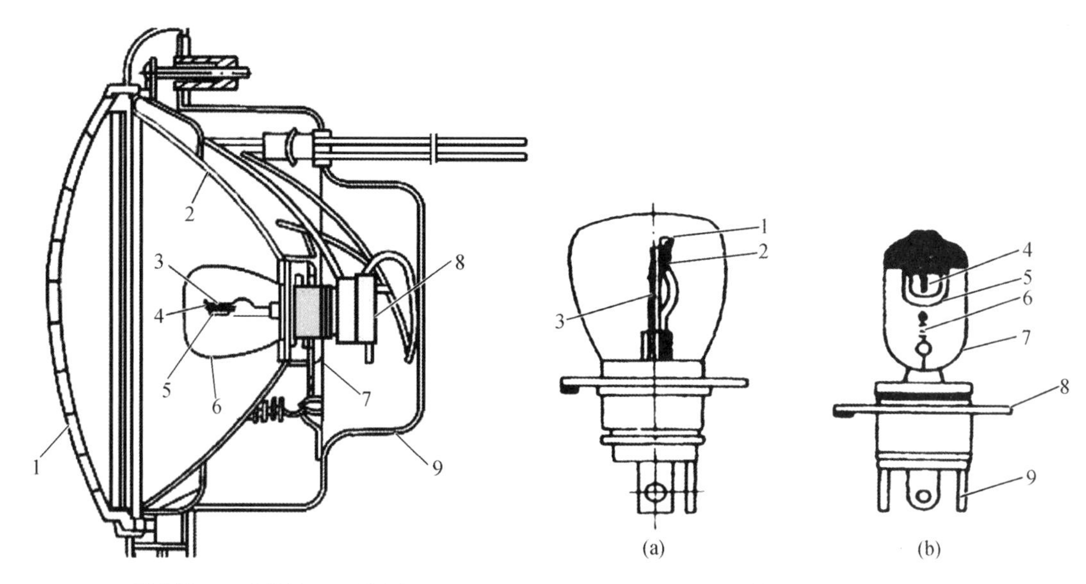

1—配光镜；2—反射镜；3—近光灯；
4、5—配光屏；6—灯泡；7—插座；8—接线器；9—灯外壳

图 6-6　前照灯

1、7—配光屏；2、4—近光灯丝；
3、5—远光灯丝；6—定焦盘；8—泡壳；9—插片

图 6-7　前照灯的灯泡

热分解，使钨重新回到灯丝上，如此循环，防止了钨的蒸发和灯泡黑化的现象。

白炽灯泡发光效率一般为 8～12 lm/W，卤素灯泡发光效率可达 18～20 lm/W，比白炽灯泡高 20%以上。由于卤钨灯泡体积小、耐高温、发光强度高、使用寿命长，故而得到了广泛的应用。

2. 反射镜

反射镜的表面形状呈旋转抛物面，如图 6-8 所示，一般由厚度为 0.6～0.8 mm 的薄钢板冲压而成或由玻璃、塑料制成。其内表面镀银、铝或镀铬，然后抛光处理。目前反射镜内面采用真空镀铝的较多。

反射镜的作用是将灯泡的散射（直射）光反射成平行光束，使光度大大增强，可增强几百倍乃至上千倍，以保证汽车前方 150～400 m 范围内足够的照明。

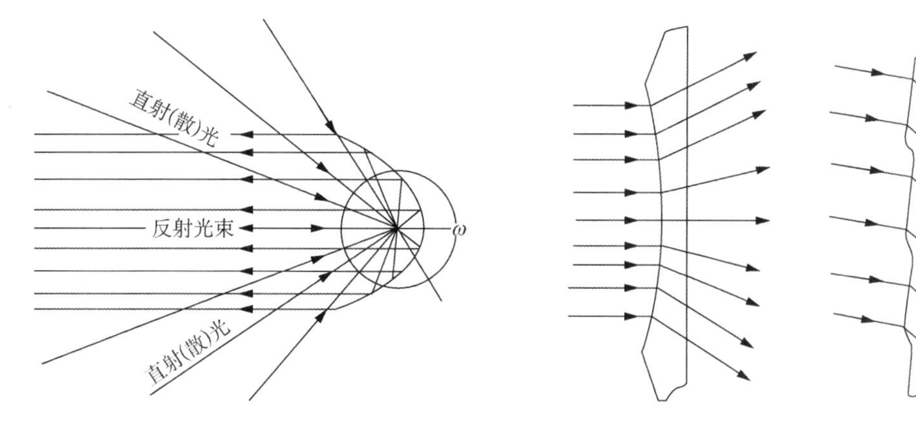

图 6-8　反射镜原理图　　　　图 6-9　配光镜原理图

3. 配光镜

配光镜又称散光玻璃，由透光玻璃压制而成，是多块特殊棱镜和透镜的组合，外形一般为圆形和矩形。配光镜的作用是将反射镜反射出的平行光束进行折射，使车前的路面有良好而均匀的照明，如图 6-9 所示。

二、前照灯的防炫目

汽车上一般采用具有远光和近光的双灯丝灯泡来避免前照灯炫目，远光灯丝照射距离远，用于无迎面来车时的道路照明，以提高车速；近光灯丝照射距离较近，但不会产生炫目，用于会车时的照明。会车时，将前照灯及时切换为近光灯就可避免炫目。

为了防炫目，采取的措施有：

(1) 采用双丝灯泡。

(2) 近光灯丝加装配光屏，如图 6-10 所示。

(3) 采用 Z 形配光光形，明暗截止线呈 Z 字形，故称为 Z 形配光，如图 6-11 所示。

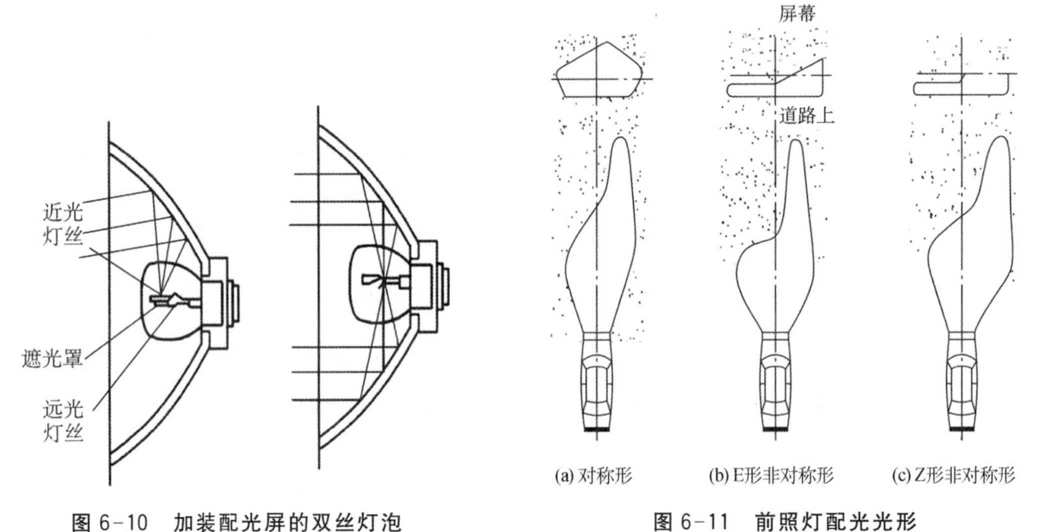

图 6-10　加装配光屏的双丝灯泡

图 6-11　前照灯配光光形

三、前照灯的类型

(1) 按照安装方式的不同，可分为外装式前照灯和内装式前照灯。前者整个灯具在汽车上外露安装；后者灯壳嵌装于汽车车身内，装饰圈、配光镜裸露在外。

(2) 按照灯的配光镜形状不同，可分为圆形、矩形和异形前照灯三类。

(3) 按照发射的光束类型不同，可分为远光前照灯、近光前照灯和远近光前照灯三类。

(4) 按前照灯光学组件的结构不同，可将其分为以下几种：

① 可拆式前照灯。该灯气密性差，反射镜易受湿气和尘埃污染的影响而降低反射能力，从而严重降低照明效果，目前已很少采用。

② 半封闭式前照灯。其结构如图 6-12 所示。

③ 封闭式前照灯。其结构如图 6-13 所示。

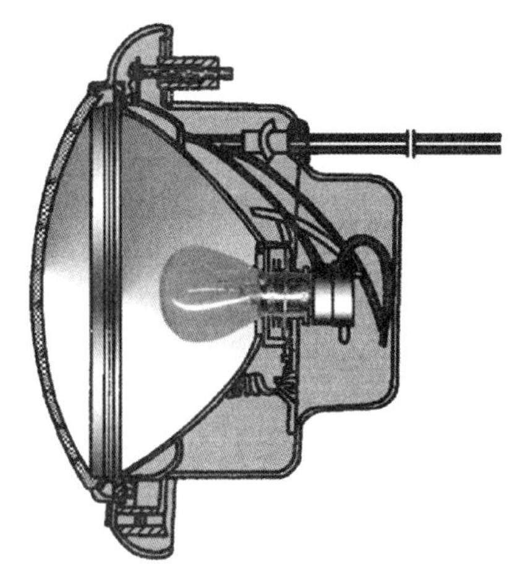

图 6-12　半封闭式前照灯

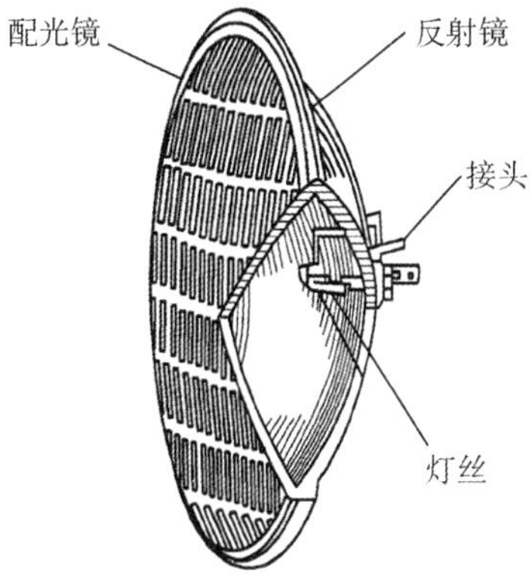

图 6-13　封闭式前照灯

④ 投射式前照灯。其外形如图 6-14 所示，结构如图 6-15 所示。

投射式前照灯的反射镜近似于椭圆形状，它具有两个焦点。第一焦点处放置灯泡，第二焦点是由光线形成的，凸形配光镜聚成第二焦点，再通过配光镜将聚集的光投射到前方，投射式前照灯所采用的灯泡为卤钨灯泡，第二焦点附近设有遮光板，可遮挡上半部分光，形成明暗分明的配光。由于它的这种配光特性，因此也可用于雾灯。

图 6-14　投射式前照灯外形图

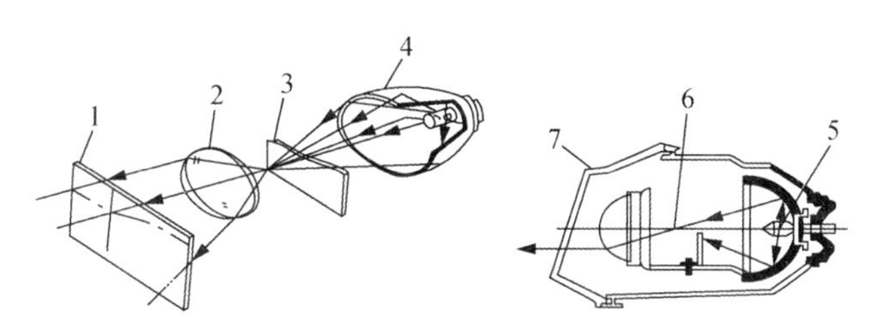

1—屏幕；2—凸形散光镜；3—遮光镜；
4—椭圆反射镜；5—第一焦点(F1)；6—第二焦点(F2)；7—总成

图 6-15　投射式前照灯结构图

四、前照灯的检查与调整

对汽车前照灯进行调整时，相关参数应参照调整车辆的说明书和技术手册进行。根据相关的规定，汽车前照灯的检验指标为光束照射位置的偏移值和发光强度(cd)。

1. 发光强度

发光强度是光线在给定方向上发光强弱的度量，其单位为坎德拉，用符号 cd 表示。按国际标准单位 SI 的规定，若一光源在给定方向上发出频率为 540×10^{12} Hz 的单色辐射，且在此方向上的辐射强度为每球面度 1/683 W 时，则此光源在该方向上的发光强度为 1 cd。

2. 光束照射方位的偏移值

如果把前照灯最亮的地方看作是光束的中心，则它对水平、垂直坐标轴交点的偏离，即表示它的照射方位的偏移，其偏移的尺寸就是光束照射方位的偏移值，亦称光轴的偏斜量。

3. 调整

前照灯在使用过程中,光轴方向偏斜或更换新前照灯总成时,应进行调整。调整部位一般分外侧调整式和内侧调整式两种,如图 6-16 所示。

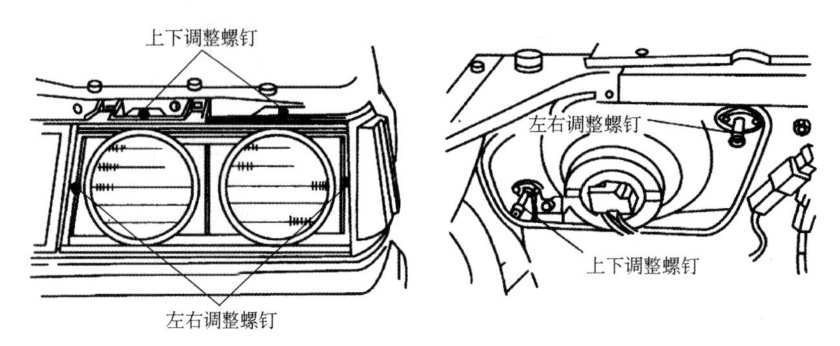

图 6-16 前照灯灯光的调整部位图

任务实施

一、任务准备

1. 工作准备

洁具:准备□ 清洁□

毛巾:准备□ 清洁□

逃生门:位置明确□ 通道畅通□

灭火器:红色□ 黄色□ 绿色□ 处理意见:________________。

5S:整理□ 整顿□ 清洁□ 清扫□ 素养□

四件套□ 翼子板护套□

2. 工具准备

常用工具一套。

3. 实训安排

(1) 实训方式:分组交叉轮流。

(2) 实训设备:实训中心实车一辆。

4. 安全事项

(1) 车辆拉好驻车制动手柄。□

(2) 车轮前后用挡块掩好。□

(3) 将变速箱挡位挂入 P 挡或 N 挡。□

二、实施步骤

(1) 检查车辆所有轮胎的压力,并保持在正常的范围内。

(2) 将车辆停放到水平地面上。

(3) 在驾驶室内乘坐一名驾驶员或将 60 kg 的重物放在驾驶座,除此之外不要在车上放置任何载荷。

(4) 使车前对幕墙保持一定的距离，正面相对 10 m。

(5) 接通灯光开关，调整其光束。

(6) 调灯时以一只灯为单位调整，首先遮蔽其他前照灯，然后拧动上、下、左、右光束调整螺钉，使主光束(光度最高点)处于规定高度。

(7) 上、下、左、右调整前照灯时，必须拧入调整；若需拧松调整时，应完全拧松后拧入调整。

三、清洁及整理

整理：所用工量具□

清洁场地：座椅□　地板□　工作台□　零件盘□　工位场地□

学生工作页

一、车辆信息填报

(1) 车型：________________________________。

(2) VIN：________________________________。

二、观察前照灯光束的位置并检查其技术状况

(1) 对于双光束灯，调整时以________光束为主。

(2) 车辆停放在平坦场地，距屏幕或墙壁 10 m 的情况下，前照灯光束应在前照灯水平中心线的下方________处。

(3) 调整后前照灯光速技术状况检查。□

任务三　照明系统电路分析

任务目标

- 了解桑塔纳轿车的照明电路的基本组成。
- 掌握桑塔纳轿车的照明电路的基本原理。
- 能进行桑塔纳轿车照明电路的故障诊断与排除。

任务导入

照明电路的主要作用是为车辆提供夜间的路况照明，对其进行正确的分析，有利于对照明系统的电路进行故障的排除。

必备知识

一、照明系统电路

图 6-17 为桑塔纳轿车的照明电路图。

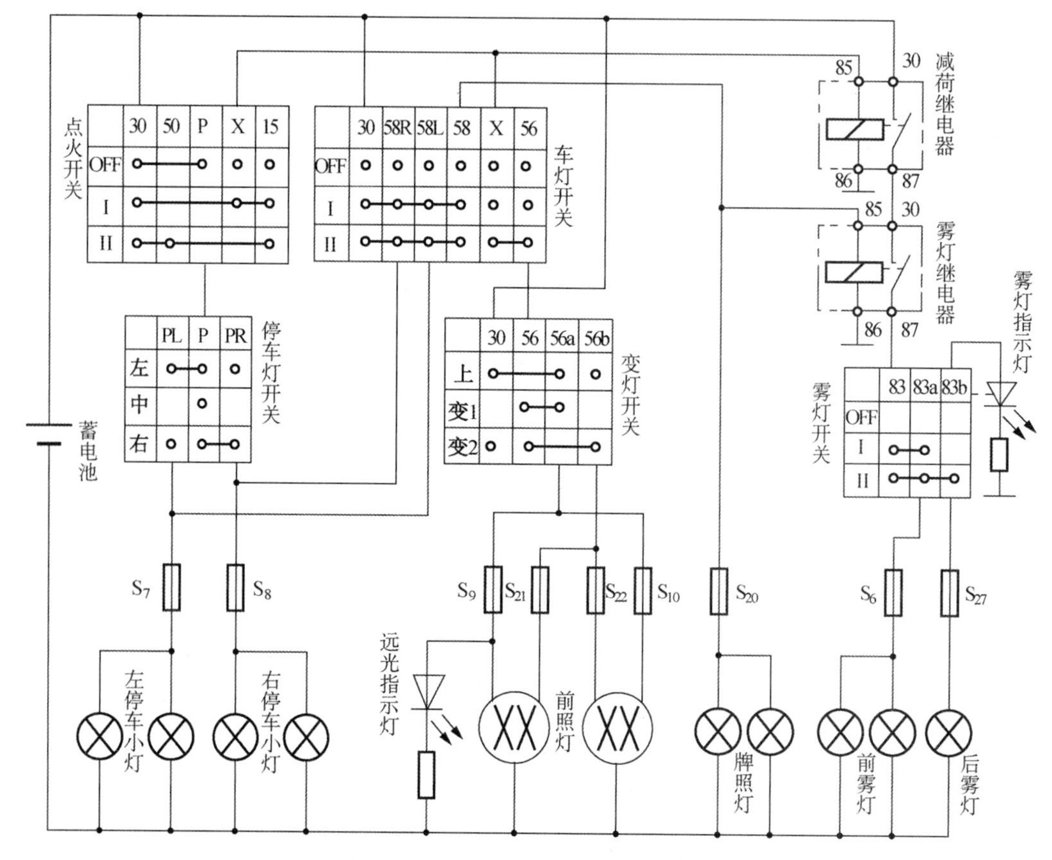

图 6-17　桑塔纳轿车照明系统电路图

1. 照明系统电路图的组成

(1) 电源:蓄电池(54 A·h)。

(2) 开关:点火开关、车灯开关、停车灯开关、变灯开关、雾灯开关。

(3) 继电器:减荷继电器、雾灯继电器。

(4) 熔丝:S6、S7、S8、S9、S10、S21、S22、S27。

(5) 灯具:左右(停车)小灯、远光指示灯、前照灯、牌照灯、雾灯指示灯、前雾灯、后雾灯。

2. 电路图识读方法

识读各电器设备的各接线柱分别和哪些电路设备的哪个接线柱相连,识读分线路上的开关、保险装置、继电器结构和作用。如图 6-17 所示的照明系统电路图中,首先确认开关的连接线,点火开关和车灯开关、变灯开关的 30 接线柱都是和电源直接连接;车灯开关的 58R、58L 和保险连接直接接到左、右(停车)小灯。所以在看图的时候,找到开关上的接线柱和哪些用电器连接,顺藤摸瓜,就能理清电路之间的连接关系。

二、电路分析

(1) 前照灯由点火开关和车灯开关共同控制,当点火开关置于 I 挡、车灯开关置于 II 挡时,电流由电源正极→点火开关 1 挡→车灯开关 2 挡→变光开关→熔丝→前照灯→搭铁,前照灯亮。

通过变光开关控制远、近光变换。此外，远光灯还由超车开关直接点动控制，在汽车超车时当作超车信号灯用。

(2) 雾灯由点火开关、雾灯继电器、车灯开关控制，雾灯继电器线圈由车灯开关控制，雾灯继电器触点由负荷继电器控制，负荷继电器由点火开关控制。

若要使用雾灯，点火开关必须置于I挡，使负荷继电器接通，为雾灯继电器触点供电；车灯开关必须置于I挡或II挡，使雾灯继电器接通，这时，雾灯开关就可以控制雾灯了。

雾灯开关置于I挡接通前雾灯的电路，II挡同时接通前、后雾灯和雾灯指示灯的电路。

(3) 牌照灯由车灯开关直接控制，不受点火开关控制，在车灯开关置于I挡或II挡时亮。

(4) 仪表板、时钟、点烟器、雾灯开关、后风窗除霜器开关、空调开关等的照明灯均由车灯开关直接控制。当车灯开关在I挡或II挡时，上述照明灯均被接通。其亮度可通过仪表灯调光电阻进行调节。

(5) 顶灯由顶灯开关和门控开关共同控制，当顶灯开关接通时(手动)，顶灯亮。当顶灯开关断开时，顶灯由4个门控开关控制，只要有一个门关闭不严，这个门控开关就接通，顶灯就亮。

(6) 后备箱灯由后备箱灯门控开关控制，当后备箱门打开时，门控开关闭合，后备箱灯亮。

一、任务准备

1. 工作准备

洁具：准备□　清洁□

毛巾：准备□　清洁□

逃生门：位置明确□　通道畅通□

灭火器：红色□　黄色□　绿色□　处理意见：________________。

5S：整理□　整顿□　清洁□　清扫□　素养□

四件套□　翼子板护套□

2. 工具准备

常用工具一套、试灯、多用表、实训车辆电路图。

3. 实训安排

(1) 实训方式：分组交叉轮流。

(2) 实训设备：实训中心实车一辆。

4. 安全事项

(1) 拉好驻车制动手柄。□

(2) 车轮前后用挡块掩好。□

(3) 将变速箱挡位挂入空挡。□

二、实施步骤

(1) 将车辆点火开关打到ON挡,无需启动发动机。
(2) 三人一组,协同操作,并做好各照明灯光技术状态的检查和记录。
(3) 判断出有故障的照明灯具。
(4) 查阅系统相关电路图,理解工作原理。
(5) 小组讨论并制定诊断流程。
(6) 按照诊断流程进行故障排除。
(7) 验证故障排除的正确性。

三、清洁及整理

整理:所用工量具□
清洁场地:座椅□　地板□　工作台□　零件盘□　工位场地□

学生工作页

一、车辆信息填报

(1) 车型:________________________________。
(2) VIN:________________________________。

二、观察照明灯具的工作情况并检查其技术状况

(1) 车前照明灯具:前照灯□　前小灯□　前雾灯□
(2) 车后照明灯具:牌照灯□　后小灯□　后雾灯□
(3) 室内照明灯具:门灯□　顶灯□　仪表照明灯□　牌照灯□

三、找出有故障的照明灯光,并进行排除

(1) 故障现象:________________________________。
(2) 绘制灯光控制原理简图。

(3) 制定诊断流程图。

(4) 诊断结果:________________________________。
(5) 故障原因:________________________________。
(6) 排除方法:________________________________。

任务四　转向信号装置及闪光器的识读

任务目标

- 了解转向信号灯的作用和组成。
- 理解闪光器的工作原理。
- 会正确分析转向信号电路。

任务导入

转向信号灯的作用是指示车辆的转弯方向，它直接影响着车辆行驶的安全性。正确使用转向信号灯，可以有效地减少道路交通事故。

必备知识

一、转向信号灯

汽车转向灯主要用来指示车辆的转弯方向，以引起交通民警、行人和其他驾驶员的注意，提高车辆行驶的安全性。另外，汽车转向灯同时闪烁还用作危险警报的指示。汽车转向灯的闪烁是通过闪光器来实现的。

转向信号灯电路主要由转向信号灯、闪光器、转向灯开关等组成，如图 6-18 所示。

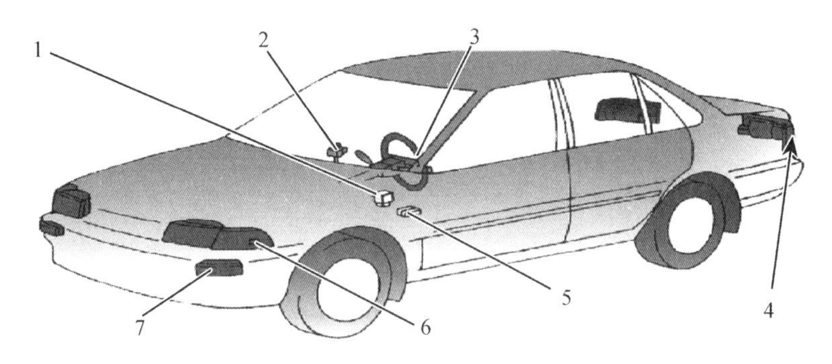

1—转向信号闪光器；2—危险警告灯开关；3—转向信号开关；4—后转向信号灯；5、6—侧转向信号灯；7—前转向信号灯

图 6-18　转向灯在车上的位置图

二、闪光器

在转向信号系统或危急报警信号系统中，控制信号灯和指示灯闪烁发光的装置，称为闪光继电器，简称闪光器。

闪光器按结构不同，可分为电容式、翼片式、晶体管式、集成电路式等几种类型。目前国产汽车使用较多的是集成电路式。

1. 电容式闪光器

电容式闪光器利用电容器充、放电延时特性，使继电器的两个线圈产生的电磁吸力时而相同叠加，时而相反削减，从而使继电器产生周期性开关动作，使得转向信号灯及指示灯实现闪烁。如图 6-19 所示为电容式闪光器工作原理图。

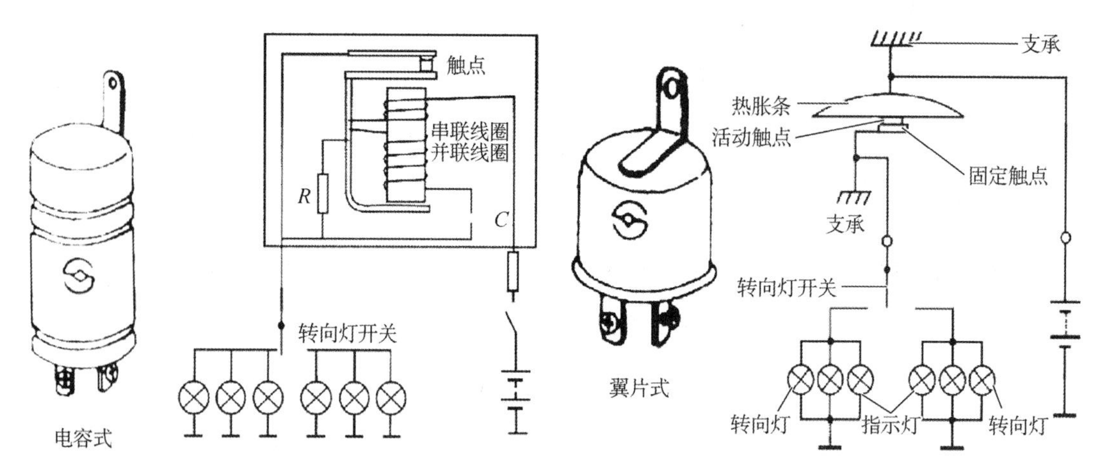

图 6-19　电容式闪光器工作原理图　　图 6-20　翼片式闪光器工作原理图

2. 翼片式闪光器

翼片式闪光器利用电流的热效应，以热胀条的热胀冷缩为动力，使翼片产生突变动作，接通和断开触点，使转向信号灯及转向信号指示灯实现闪烁。如图 6-20 所示为翼片式闪光器工作原理图。

3. 晶体管式闪光器

晶体管式闪光器有触点式和无触点式两种，工作原理分别如图 6-21(a)和图 6-21(b)所示。

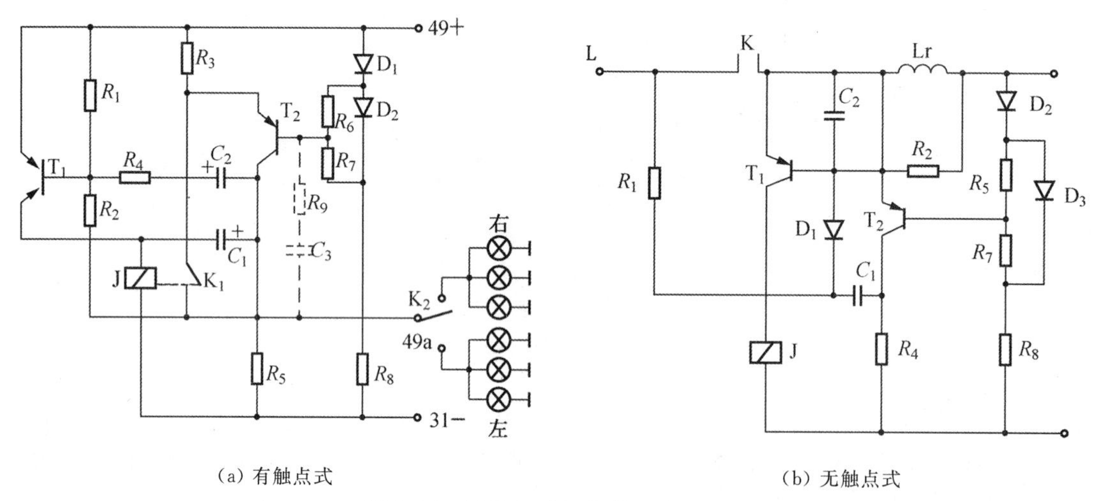

(a) 有触点式　　(b) 无触点式

图 6-21　晶体管式闪光器工作原理图

4. 集成电路式闪光器

集成电路式闪光器与晶体管式闪光器的不同之处是用集成电路 IC 取代了晶体管振荡

器，这类闪光器也分触点式和无触点式两种。如图 6-22 所示为 SGF-141 型有触点式集成电路式闪光器工作原理图。

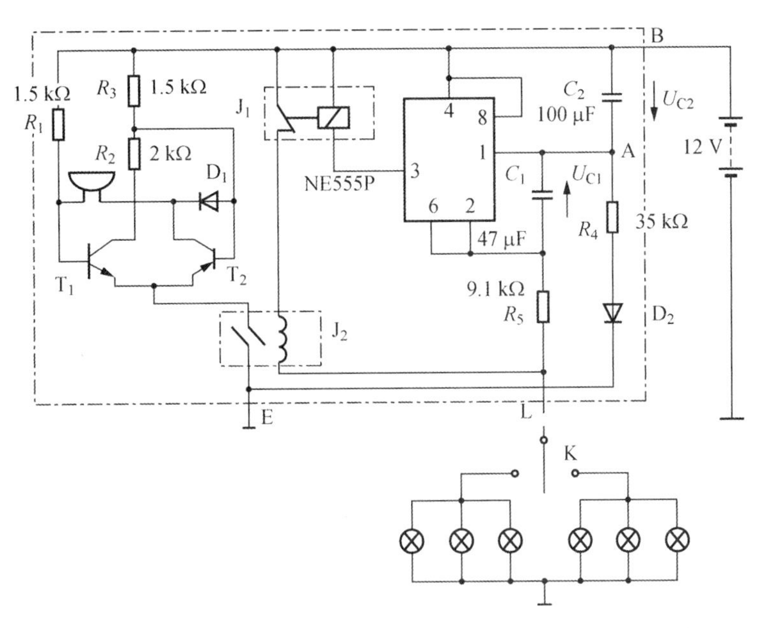

图 6-22　SGF-141 型有触点式集成电路式闪光器工作原理图

三、转向灯、危险报警灯控制电路

转向灯闪烁由闪光器控制电流通、断得到，闪光频率为 1～2 Hz。转向信号闪光器与危险报警闪光器可以共用。控制电路如图 6-23 所示。

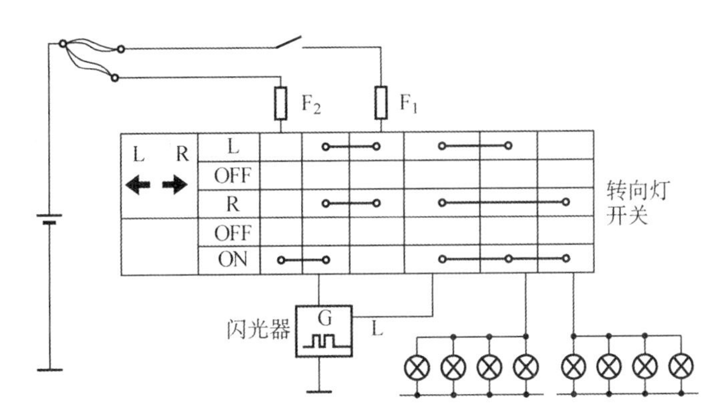

图 6-23　转向灯控制电路图

一汽大众捷达轿车的转向灯、危险报警灯电路如图 6-24 所示。

其电路原理为：当按下危险报警开关 E3 时，报警灯（即前后左右转向灯此时作为报警信号）和危险报警指示灯 K6 全部闪烁，其电流流向为：30（常电）→J/4→T5b/5→（右）B→q→K6。其中，J/4、T5b/5 等均为接点代号，下同。

因为此时已按下危险报警开关 E3，故开关内相对应点都接通，即从 q 来的电经开关内

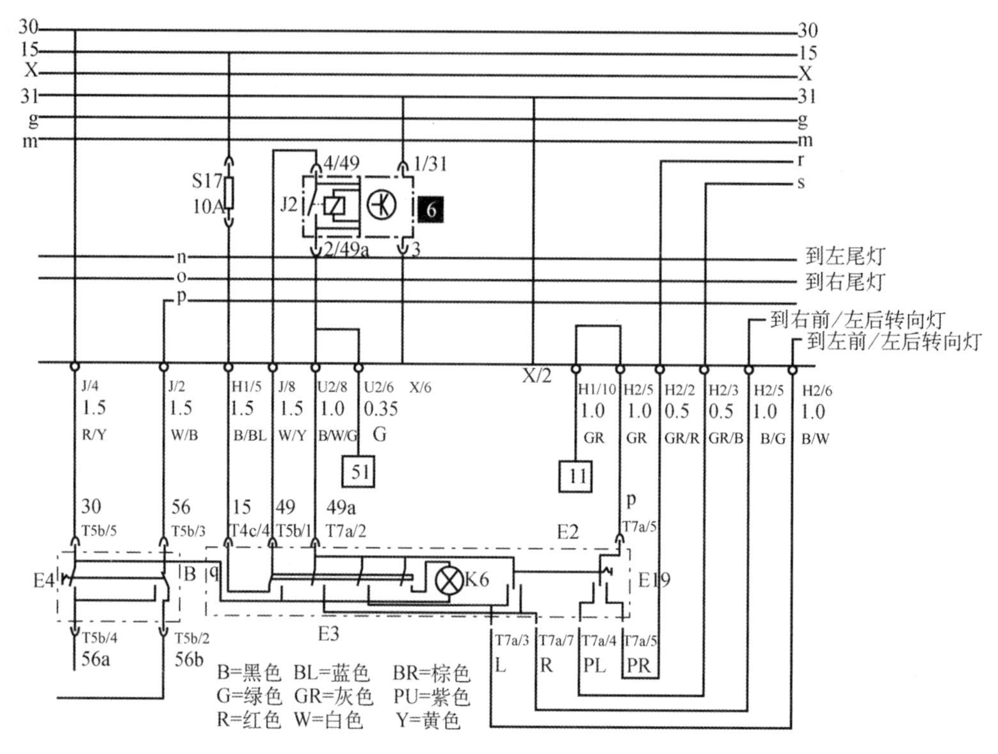

E2—转向灯开关；E3—危险报警灯开关；E4—变光及转向灯开关；
E19—驻车灯开关；J2—危险报警灯继电器；K6—危险报警指示灯

图 6-24 转向灯及危险报警灯开关电路图

部触点把电引向上端接点。

所以，从 q 来的电一方面通向危险报警指示灯 K6 下端，另一方面往上传至危险报警灯继电器 J2(实为闪光继电器)，并将触点 4/49—2/49a 断续接通，使其输出脉冲电流。再通过转向灯开关 E2 后，将左右两边转向灯同时接通，同时闪烁(意为报警)。此部分电路较易读懂，但危险报警指示灯电路则不易理解。

该车的报警灯与报警指示灯是交替闪烁，即异步闪烁。再仔细分析该部分电路，即可得出如下结论：

(1) 当危险报警灯继电器 J2 输出脉冲电流时，经过危险报警开关 E3，再到转向灯开关 E2，同时接通前后左右的转向灯，发出报警信号。而此时流经危险报警指示灯 K6 的电流却不一样：危险报警指示灯下端经常有电(常电)，约 12 V，而上端亦有电(从危险报警灯继电器输出的脉冲电流)，亦为 12 V 左右。这样，危险报警指示灯上下两端电压相等，无电流经过，故危险报警指示灯灭。

(2) 当危险报警灯继电器 J2 无信号输出(脉冲电压为 0)，则危险报警灯继电器 J2 的输出端子 2/49a 的电压为 0，因此，实际上此时该线已变成零线(搭铁线)，此零线与转向开关左右两边的火线相连并延伸到左右转向灯的搭铁点为止，整段火线此时都成了搭铁线。而此时危险报警指示灯 K6 的下端线仍为火线，约为 12 V，而上端为搭铁线 0 V，有电流流过，故此时危险报警指示灯 K6 亮。

(3) 从上可知，当危险报警灯继电器 J2 输出脉冲电流时，危险报警指示灯灭。当危险报

警灯继电器J2无脉冲电流输出的短暂时刻，危险报警指示灯亮，此种情况恰巧与报警灯的工作状况相反，印证了报警灯与危险报警指示灯是一明一暗、互相交替闪烁(即异步闪烁)。若不仔细观察和深入分析电路原理，可能会误认为它们是同步闪烁(转向灯与转向指示灯是同步闪烁，而报警灯与遇险报警指示灯却是异步闪烁)。

任务实施

一、任务准备

1. 工作准备

洁具：准备□　清洁□

毛巾：准备□　清洁□

逃生门：位置明确□　通道畅通□

灭火器：红色□　黄色□　绿色□　处理意见：________________。

5S：整理□　整顿□　清洁□　清扫□　素养□

四件套□　翼子板护套□

2. 工具准备

常用工具一套。

3. 实训安排

(1) 实训方式：分组交叉轮流。

(2) 实训设备：实训中心实车一辆。

4. 安全事项

(1) 拉好驻车制动手柄。□

(2) 车轮前后用挡块掩好。□

(3) 将变速箱挡位挂入P/N挡。□

二、实施步骤

(1) 按照三人一组进行操作训练。

(2) 启动发动机并维持怠速运转，按照下述步骤操作：

① B同学在车外进行检查，并进行指示。

② A同学接收B同学的指示，并操作相应灯组开关。

③ C同学在车外负责学生工作页的填写。

(3) 关闭发动机。

(4) 三位同学分组轮流进行操作训练。

三、清洁及整理

整理：所用工量具□

清洁场地：座椅□　地板□　工作台□　零件盘□　工位场地□

学生工作页

一、车辆信息填报

（1）车型：____。

（2）VIN：____。

二、检查转向灯具、开关的安装位置及技术状况

（1）前转向灯：颜色________　正常□　损坏□

（2）侧转向灯：颜色________；位置________　正常□　损坏□

（3）后转向灯：颜色________　正常□　损坏□

（4）转向指示灯：颜色________；位置________　正常□　损坏□

（5）转向灯开关：位置______________________　正常□　损坏□

（6）危险报警灯开关：位置__________________　正常□　损坏□

任务五　制动与倒车信号装置的识读

任务目标

- 认识制动信号灯和倒车信号灯。
- 理解制动信号灯和倒车信号灯的工作原理。
- 能进行制动信号灯和倒车信号灯技术状态的检查。

任务导入

在汽车制动或倒车时，需要提醒后方的车辆进行制动和避让，汽车上普遍采用制动信号灯和倒车信号灯作为指示灯具。

一、制动信号灯

制动信号灯安装在汽车的尾部，当汽车制动时，红色信号灯亮，给尾随其后的车辆发出制动信号，以避免造成追尾事故。目前在一些发达国家，还规定了轿车必须安装高位制动信号灯，它装在后窗中心线、靠近窗底部附近。这样当前后两辆车靠得太近时，后面汽车驾驶员就能从高位制动信号灯的工作情况判断前面汽车的行驶状况。安装高位制动信号灯对于防止发生追尾事故有相当好的效果，制动信号灯电路图如图 6-25 所示。

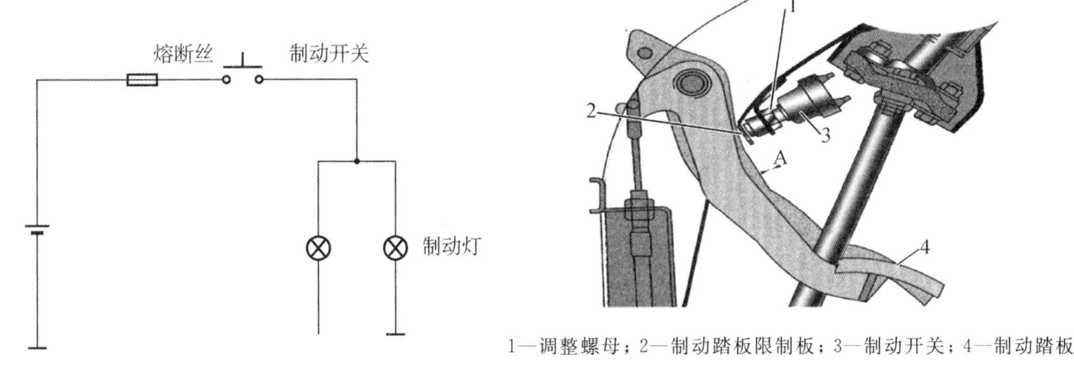

1—调整螺母；2—制动踏板限制板；3—制动开关；4—制动踏板

图 6-25　制动信号灯电路图

图 6-26　制动灯开关位置图

由上述电路图可知，制动信号灯主要由制动信号灯和制动开关组成。制动开关的位置如图 6-26 所示，当踩下制动踏板时，制动开关接通，制动灯亮。常见制动开关有气压式、液压式和机械式三种。

1. 气压式

气压式制动开关安装在制动系统管路中或制动阀上。控制制动信号灯的火线，结构如图 6-27 所示。

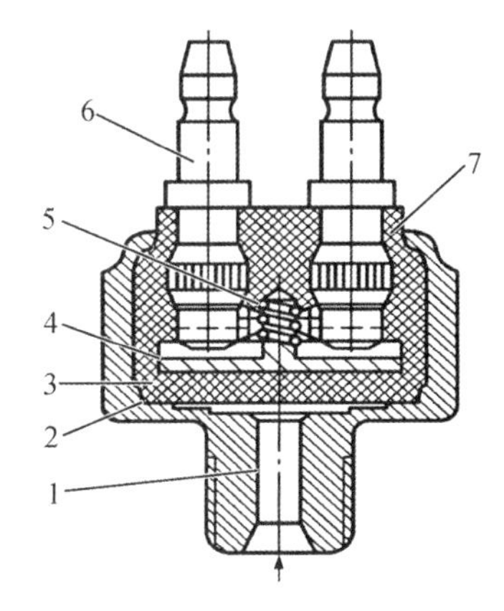

1—管接头；2—膜片；3—壳体；4—动触点；
5—弹簧；6—接线柱及静触头；7—胶木底座

图 6-27　气压式制动开关结构图

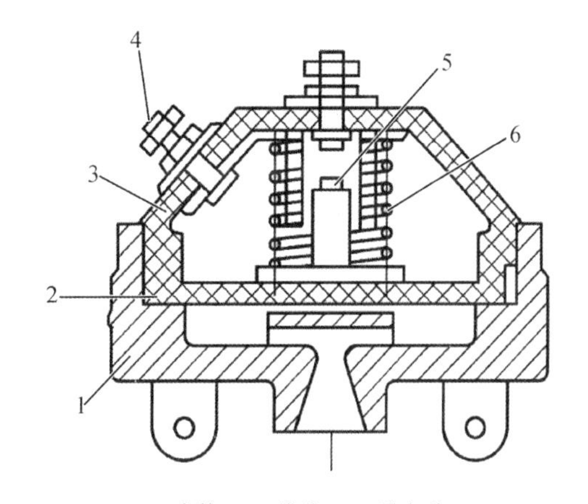

1—壳体；2—膜片；3—胶木盖；
4—接线柱；5—动触头；6—弹簧

图 6-28　液压式制动开关结构图

2. 液压式

液压式制动开关安装在制动总泵的前端，结构如图 6-28 所示。

3. 机械式

机械式制动开关一般安装在制动踏板上方，是一种较为常用的制动开关，踩下制动踏板时，开关闭合，制动灯亮，结构如图 6-29 所示。

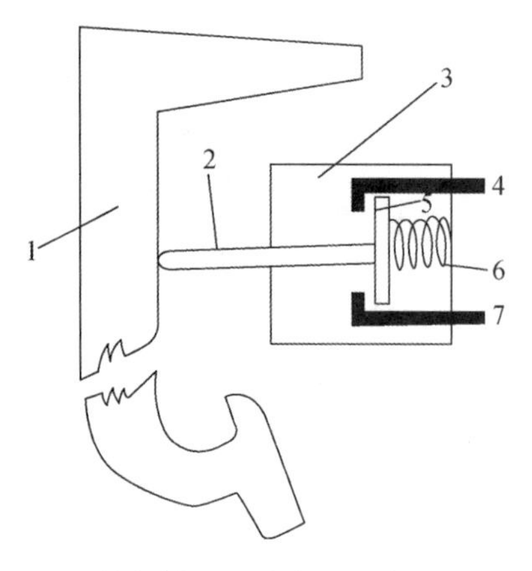

1—制动踏板；2—推杆；3—制动灯开关；
4、7—接线柱；5—接触桥；6—回位弹簧

图 6-29　弹簧式制动开关结构图

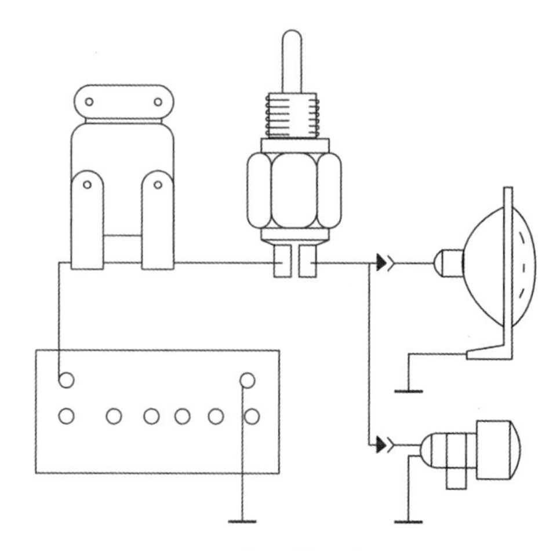

图 6-30　倒车报警器电路示意图

二、倒车信号装置

汽车在倒车时，为了警告车后的行人和后面车辆的驾驶员注意，在汽车尾部装有倒车灯，有些汽车上还装有倒车蜂鸣器，它们均由倒车开关控制。倒车报警器电路如图 6-30 所示。倒车信号装置主要由倒车信号灯、倒车报警开关和倒车蜂鸣器组成。

1. 倒车信号灯

倒车信号灯一般为普通的白炽灯，功率一般为 21 W，灯光颜色为白色。

2. 倒车报警开关

倒车灯开关的外形和结构如图 6-31 所示，倒车灯开关一般安装在变速器上，钢球 8 平时被倒挡叉轴顶起，而变速杆拨至倒挡时，倒挡叉轴上的凹槽对准钢球，钢球被松开，在弹簧 4 的作用下，触点 5 闭合，使倒车信号电路接通。

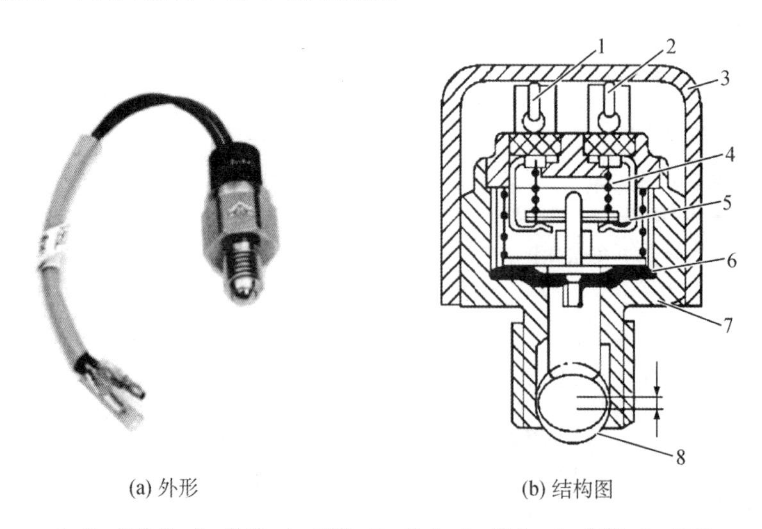

(a) 外形　　(b) 结构图

1、2—接线柱；3—外壳；4—弹簧；5—触点；6—膜片；7—底座；8—钢球

图 6-31　倒车灯开关的外形和结构图

任务实施

一、任务准备

1. 工作准备

洁具：准备□　清洁□

毛巾：准备□　清洁□

逃生门：位置明确□　通道畅通□

灭火器：红色□　黄色□　绿色□　处理意见：________________。

5S：整理□　整顿□　清洁□　清扫□　素养□

四件套□　翼子板护套□

2. 工具准备

常用工具一套。

3. 实训安排

(1) 实训方式：分组交叉轮流。

(2) 实训设备：实训中心实车一辆。

4. 安全事项

(1) 拉好驻车制动手柄。□

(2) 车轮前后用挡块掩好。□

(3) 将变速箱挡位挂入 P/N 挡。□

二、实施步骤

(1) 按照三人一组进行操作训练。

(2) 启动发动机并维持怠速运转，按照下述步骤操作：

① B 同学在车外进行检查，并进行指示。

② A 同学接收 B 同学的指示，并操作相应灯组开关。

③ C 同学在车外负责学生工作页的填写。

(3) 关闭发动机。

(4) 三位同学分组轮流进行操作训练。

三、清洁及整理

整理：所用工量具□

清洁场地：座椅□　地板□　工作台□　零件盘□　工位场地□

学生工作页

一、车辆信息填报

(1) 车型：________________。

(2) VIN：________________。

二、检查制动灯具、倒车灯具及开关的安装位置及技术状况

(1) 制动灯:颜色________ 正常□ 损坏□

(2) 倒车灯:颜色________;位置________ 正常□ 损坏□

(3) 制动灯开关:位置________ 正常□ 损坏□

任务六 汽车喇叭的调整

任务目标

· 了解汽车喇叭的作用及分类。

· 理解汽车电喇叭的工作原理。

· 能对电喇叭的音调和音量进行调整。

任务导入

汽车喇叭是在汽车行驶的过程中,驾驶员根据需要和规定发出必需的音响信号的装置。汽车喇叭种类较多,对其发出的音调和音量也有要求。

必备知识

一、喇叭的作用及分类

1. 喇叭的作用

目前汽车上所装用的喇叭多为电喇叭,主要用于警告行人和其他车辆,以引起注意,保证行车安全。

2. 喇叭的分类

喇叭按发音动力有气喇叭和电喇叭之分;按外形有筒形、盆形[图 6-32(a)]、螺旋形[图 6-32(b)]之分;按声频有高音和低音之分;按接线方式有单线制和双线制之分。

气喇叭是利用气流使金属膜片震动产生音响,外形一般为筒形,多用在具有空气制动装置的重型载重汽车上。电喇叭利用磁场力使金属膜片震动产生音响,其声音悦耳,广泛使用于各种类型的汽车上。

电喇叭按有无触点可分为普通电喇叭和电子电喇叭。普通电喇叭主要是靠触点的闭合和断开,控制电磁线圈激励膜片震动而产生音响的;电子电喇叭中无触点,它是利用晶体管电路激励膜片震动产生音响的。

在中小型汽车上,由于安装的位置限制,多采用螺旋形和盆形电喇叭。盆形电喇叭具有体积小、重量轻、指向好、噪声小等优点。

(a) 盆形

(b) 螺旋形

图 6-32　喇叭外形

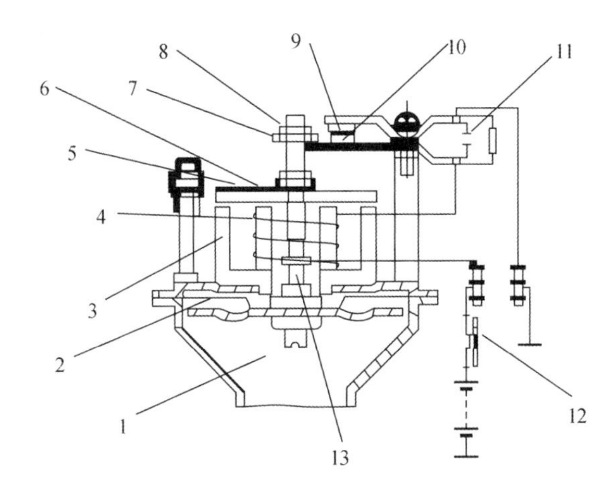

1—扬声筒；2—膜片；3—山形铁芯；4—励磁线圈；5—弹簧片；6—衔铁；7—调整螺母；8—锁紧螺母；9—固定触点；10—活动触点；11—电容器；12—喇叭按钮；13—中心杆

图 6-33　螺旋形电喇叭结构图

二、电喇叭的结构原理

1. 螺旋形电喇叭

螺旋形电喇叭的构造如图 6-33 所示。主要机件由铁芯、励磁线圈、衔铁、膜片、扬声筒、触点以及电容器等组成。膜片借中心杆与衔铁、调整螺母、锁紧螺母连成一体。

2. 盆形电喇叭

盆形电喇叭的工作原理与螺旋形电喇叭的工作原理相同，都是通过控制线圈的开闭使得膜片震动引起共鸣板共鸣来发声的。只不过盆形电喇叭的发声效果更好些，在没有扬声筒的情况下，仍能够发出较大的声响。其结构如图 6-34 所示。

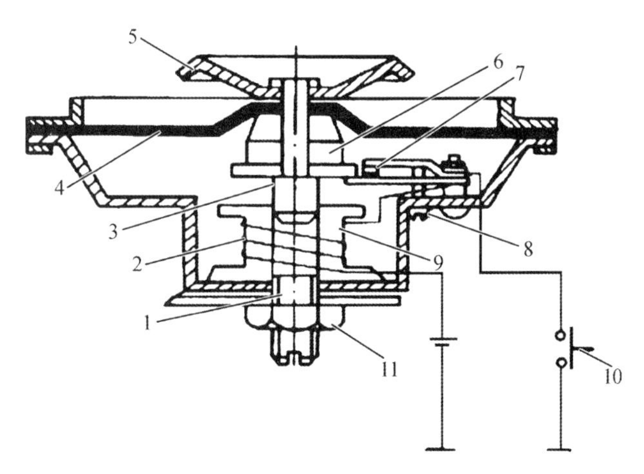

1—下铁芯；2—线圈；3—上铁芯；4—膜片；5—共鸣板；
6—衔铁；7—触点；8—调整螺母；9—铁芯；10—按钮；11—锁紧螺母

图 6-34　盆形电喇叭结构图

3. 电子电喇叭

图 6-35 为盆形电子电喇叭的结构图，其电路图如图 6-36 所示。

由于晶体三极管取代了触点，避免了触点烧蚀等故障的产生，使得电喇叭的工作性能更为可靠。

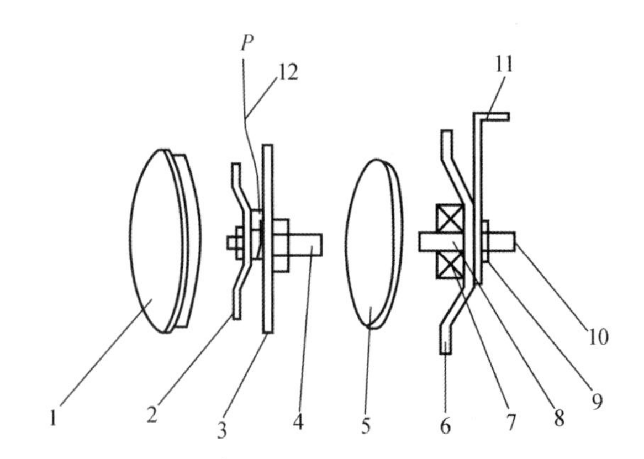

1—罩盖；2—共鸣板；3—绝缘膜片；4—上衔铁；5—绝缘垫圈；6—喇叭体；7—线圈；8—下衔铁；9—锁紧螺母；10—调节螺钉；11—托架；12—导线

图 6-35　盆形电子电喇叭的结构图

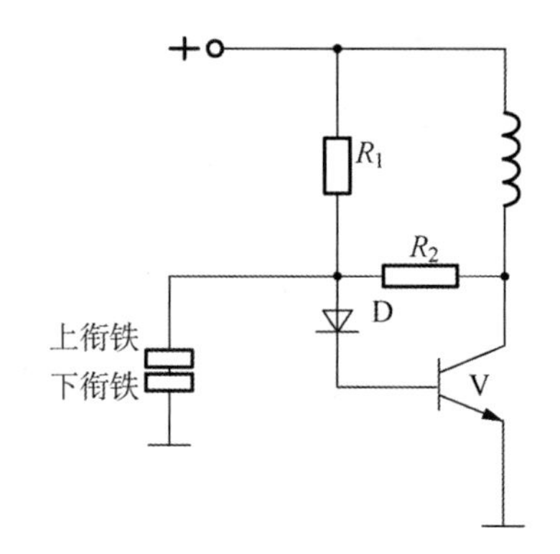

R_1—100 Ω；R_2—470 Ω；D—2CZ；V—D478B

图 6-36　WDL-120G 型电子电喇叭电路图

三、喇叭继电器

为了得到较为和谐悦耳的声音，在汽车上常装有两个不同音调（高、低音）的电喇叭。其中高音喇叭膜片厚、扬声筒短，低音喇叭则相反。

装用单只螺旋形电喇叭或两只盆形喇叭时，电喇叭总电流较小（<8 A），一般直接由转向盘上的喇叭按钮控制。当装用两只螺旋形电喇叭时，电喇叭耗用电流较大（>15～20 A），用按钮直接控制，易烧蚀按钮触点。为避免这个缺点，可采用喇叭继电器控制双音电喇叭。

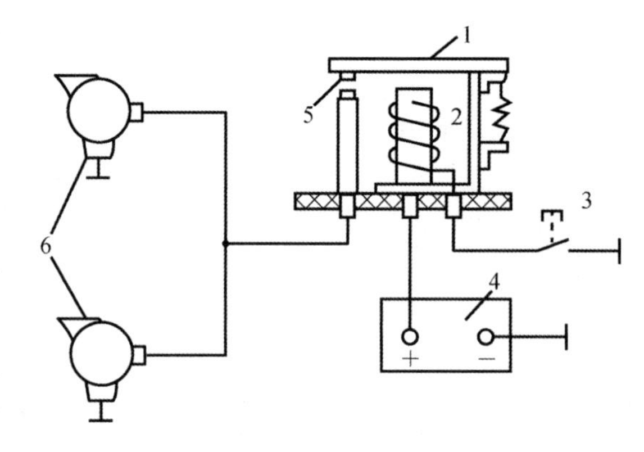

1—触点臂；2—线圈；3—按钮；4—电池；5—触点；6—喇叭

图 6-37　喇叭继电器工作原理图

喇叭继电器结构和接线如图 6-37 所示。按下转向盘上上喇叭按钮时，喇叭继电器线圈通电，继电器铁芯产生电磁吸力，将继电器触点闭合，接通双音电喇叭，喇叭发音。松开转向盘上喇叭按钮时，继电器线圈断电，铁芯电磁吸力消失，触点在自身弹力作用下张开，切断了电喇叭电路，电喇叭停止发音。

喇叭继电器的作用就是利用铁芯线圈的小电流控制触点的大电流，从而保护转向盘按钮触点。

四、电喇叭的调整

不同形式的电喇叭其构造不完全相同，所以调整方法也不一致，但调整原则基本相同。

1. 电喇叭音调的调整

减小衔铁与铁芯间的间隙，可以提高音调；反之，则降低音调。间隙视电喇叭的高、低音

及规格型号而定。

螺旋形电喇叭调整：先松开锁紧螺母，然后转动衔铁 4，即可改变衔铁与铁芯间隙 δ，如图 6-38 所示。

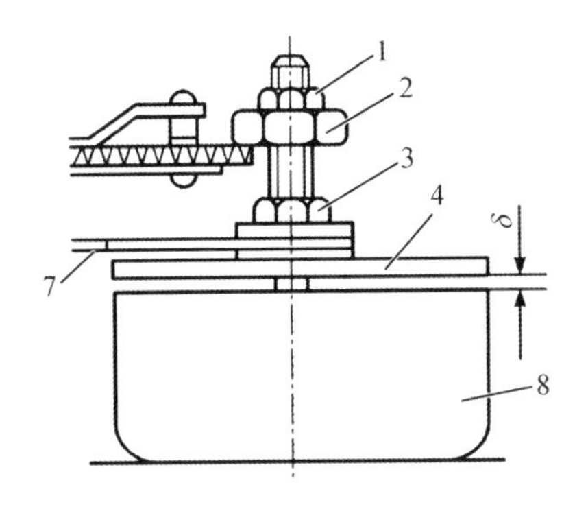

1、3—锁紧螺母；2—调节螺母；4—衔铁；7—弹簧片；8—铁芯；δ—铁芯间隙

图 6-38　螺旋形电喇叭结构图

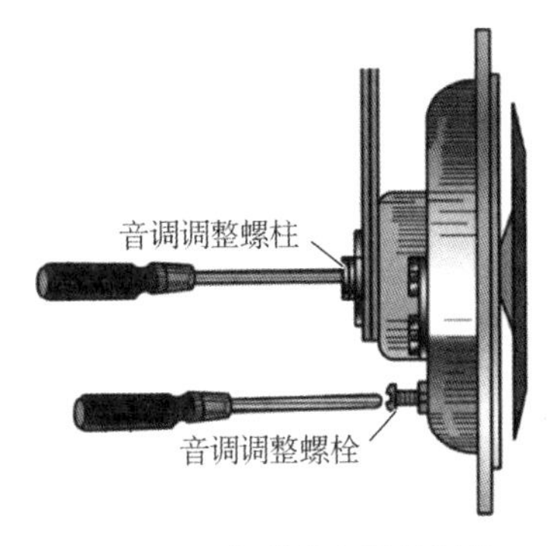

图 6-39　电喇叭音量的调整

2. 电喇叭音量的调整

电喇叭音量的大小与通过喇叭线圈中的电流大小有关。可通过改变触点的压力进而改变其接触电阻，以实现喇叭线圈中电流大小的不同，最终实现喇叭音量大小的改变。如图 6-39所示，逆时针转动时，音量增大。调整时不可太急，每次只需对调节螺母转动 1/10 圈。

3. 电喇叭的维护

电喇叭触点应保持清洁，其接触面积不应低于 80%。如果有严重烧蚀，应及时进行检修。电喇叭的固定方法对其发音影响极大，为了使电喇叭的声音正常，不能作刚性的装接，而应固定在缓冲支架上，即在电喇叭与固定支架之间装有片状弹簧或橡皮垫。

任务实施

一、任务准备

1. 工作准备

洁具：准备□　清洁□

毛巾：准备□　清洁□

逃生门：位置明确□　通道畅通□

灭火器：红色□　黄色□　绿色□　处理意见：________________________。

5S：整理□　整顿□　清洁□　清扫□　素养□

四件套□　翼子板护套□

2. 工具准备

常用工具一套。

3. 实训安排

(1) 实训方式：分组交叉轮流。

(2) 实训设备：实训中心实车一辆。

4. 安全事项

(1) 拉好驻车制动手柄。□

(2) 车轮前后用挡块掩好。□

(3) 将变速箱挡位挂入 P/N 挡。□

二、实施步骤

(1) 按照三人一组进行操作训练。

(2) 把车辆停在相应的工位。

(3) 检查驻车状态。

(4) 关闭发动机,使发动机停止运转。

(5) 打开引擎舱盖,观察电喇叭的安装位置,判断电喇叭的类型。

(6) 将点火开关打到 ON 挡,无须启动发动机。

(7) 按压转向盘上的喇叭开关,检查电喇叭的技术状态,如有必要,进行调整。

(8) 三位同学分组轮流进行操作训练。

三、清洁及整理

整理:所用工量具□

清洁场地:座椅□　地板□　工作台□　零件盘□　工位场地□

学生工作页

一、车辆信息填报

(1) 车型:________________________________。

(2) VIN:________________________________。

二、观察电喇叭并检查其技术状态

(1) 安装位置:________________________________。

(2) 电喇叭的类型:________________________________。

(3) 电喇叭音量、音调:可调□　不可调□

(4) 电喇叭的技术状态:良好□

需调整□　调整方法:________________________________。

学后测评

一、填空题

1. 汽车的照明系统主要由__________、__________和__________三大部分组成。

2. 防雾灯的用途主要是在__________、__________、__________天气行车时照

明车前道路。灯光颜色________或________，灯泡功率通常为________。

3. 牌照灯一般装在牌照的________或者________，光色为________，要能在距离________ m远的地方看清牌照上的数字和字母。

4. 转向信号灯又称____________，也叫________________。它装在汽车________、________四角，它有________、________和________。

5. 闪光继电器一般有________、________和________三种类型，现在用得最多、最廉价的是________。

6. 危险信号灯开关一般装在________上，这个开关有两个作用，一是________；二是当开关接通时，开关将________起来。

7. 电喇叭按发音动力有________和________之分，按外形有________和________之分。

二、选择题

1. 前照灯的近光灯丝位于(　　)。

A. 焦点上方　　B. 焦点上　　C. 焦点下方

2. 前照灯的远光灯功率一般为(　　)。

A. 20～30 W　　B. 31～40 W　　C. 45～60 W

3. 牌照灯要求夜间认清牌照上号码的距离为(　　)。

A. 10 m　　B. 20 m　　C. 30 m

4. 前照灯的近光灯功率一般为(　　)。

A. 20～55 W　　B. 30～45 W　　C. 45～60 W

5. 防雾灯的灯泡功率通常为(　　)。

A. 1.5 W　　B. 35 W　　C. 55 W

6. 转向信号灯闪光频率一般为(　　)。

A. 65～120 次/分　　B. 45～60 次/分　　C. 125～145 次/分

7. 转向信号灯的最佳闪光频率应为(　　)。

A. 40～60 次/分　　B. 70～90 次/分　　C. 100～120 次/分

8. 对12 V双音电喇叭进行耗电试验时，电流应不大于(　　)。

A. 10 A　　B. 15 A　　C. 20 A

9. 安装电喇叭继电器后，通过电喇叭按钮的电流可减小到(　　)。

A. 0.3～0.5 A　　B. 0.5～0.7 A　　C. 0.7～0.9 A

三、判断题

1. 防雾灯属于照明用的灯具。(　　)

2. 制动灯属于照明用的灯具。(　　)

3. 牌照灯属于信号及标志用的灯具。(　　)

4. 警报灯属于信号及标志用的灯具。(　　)

5. 前照灯使驾驶员能看清车前100 m以内路面上的任何障碍物。(　　)

6. 前照灯的远光灯丝位于反射镜的焦点下方。(　　)

7. 转向信号灯属于照明用的灯具。(　　)

8. 转向信号灯的灯泡功率一般不小于 20 W。 （　　）

9. 转向信号灯的闪光信号要求行人车辆在距车 35 m 以外能看清楚。 （　　）

四、简答题

1. 哪几种灯属于照明用的灯具？

2. 前照灯的用途有哪些？

3. 对汽车前照灯有何照明要求？如何满足它的要求？

4. 转向信号灯的主要用途是什么？

5. 电喇叭的作用是什么？

项目七 仪表信息系统的检测与维修

项目描述

在汽车转向盘前方的台板上装有仪表、报警灯及电子显示装置，为汽车驾驶员及时提供汽车各系统工作状态的信息，同时也是维修人员发现和排除故障的重要工具。本项目就汽车常见的仪表、电子显示装置以及汽车其他信息系统的相关知识进行介绍和讲解。

学习目标

1. 知识目标

(1) 了解汽车仪表系统的组成和作用。

(2) 掌握仪表系统的各种报警符号和指示符号的意义。

(3) 理解仪表及传感器的工作原理。

(4) 正确识读汽车仪表系统电路图。

2. 技能目标

(1) 能在实车上指出仪表系统的各种指示表。

(2) 能在实车上指出仪表上的各种符号的位置及含义。

(3) 会对仪表和传感器进行检测。

(4) 会对仪表系统的简单故障进行判断和排除。

任务一 汽车常规仪表的认知

任务目标

- 能正确认识汽车的主要仪表。
- 了解水温表的类型、作用和工作原理。
- 理解燃油表、发动机转速表和车速里程表的结构与工作原理。

任务导入

当汽车运行时，驾驶员依靠车辆仪表的指示能够了解到此时车辆行驶的速度、燃油的消耗、发动机转速等必需的信息，便于驾驶员对车辆行驶状况进行控制。

必备知识

一、仪表概述

汽车仪表指示汽车行驶过程中的各种动态指标，以便驾驶员随时了解各系统的工作情况，保证汽车安全可靠地行驶。

不同车型所配置的仪表也不同，所以不同车型的仪表电路也不同。目前汽车仪表多采用组合仪表，组合仪表中一般有冷却液温度表、燃油表、车速里程表、发动机转速表和显示屏等，同时仪表板上还有许多指示灯、报警灯、仪表灯等，如图 7-1 所示。

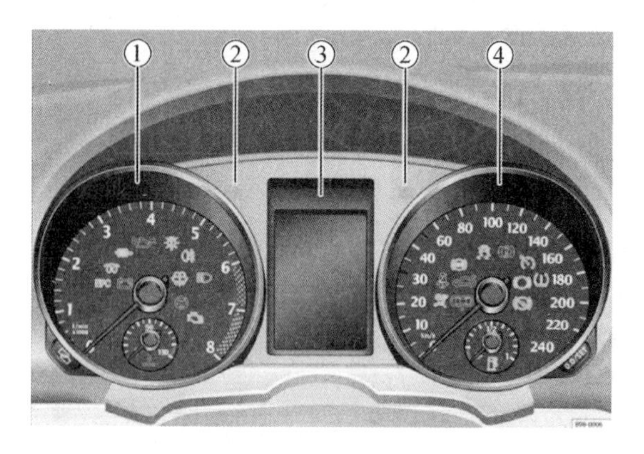

1—发动机转速表和水温表；2—指示灯；
3—多功能显示屏；4—车速表和燃油表

图 7-1　组合仪表

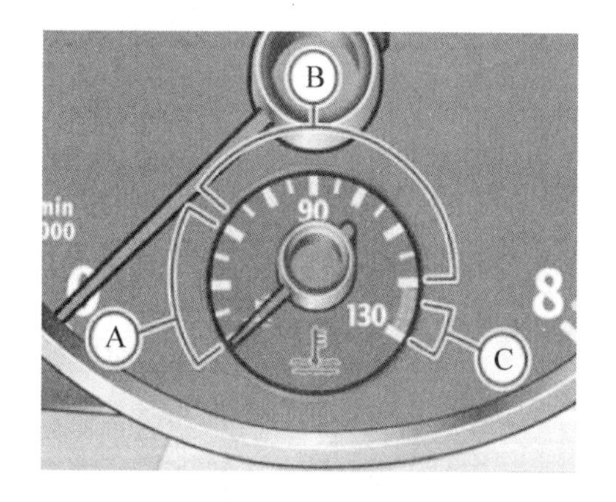

图 7-2　水温表

二、水温表

水温表指示发动机冷却水的温度，如图 7-2 所示。正常情况下，水温表指示值应为 85 ℃～95 ℃。水温表与装在发动机水套上的水温传感器(水温感应塞)配合工作。

发动机冷却液温度表用于指示冷却液温度。这个温度表分为三个区域：低温区 A、常温区 B、警报区 C。

低温区 A：70 ℃以下，这时要避免发动机高转速高负荷运转。

常温区 B：70 ℃～120 ℃之间。正常行驶条件下，指针应该处于表盘中间区域，常常是 90 ℃。发动机大负荷运转且环境温度很高时，冷却液温度可能升高，指针向右偏转，但只要警报灯不亮，并且组合仪表显示屏不发出文字警报，则不必担心，可以继续行驶。

警报区 C：120 ℃以上。如果温度超过 120 ℃，警报灯立即点亮，并且组合仪表屏上会显示一条文字信息，提示或警告驾驶员立即停车，此时，必须立即靠边停车，关闭发动机，检查

冷却液液位。若发生这种情况，即使冷却液液位正常，也不可继续行驶。

常用的水温表有电热式和电磁式两类，电磁式水温表又分双线圈式和三线圈式两种。

1. 电热式水温表

(1) 电热式水温表配电热式水温传感器，如图 7-3 所示。

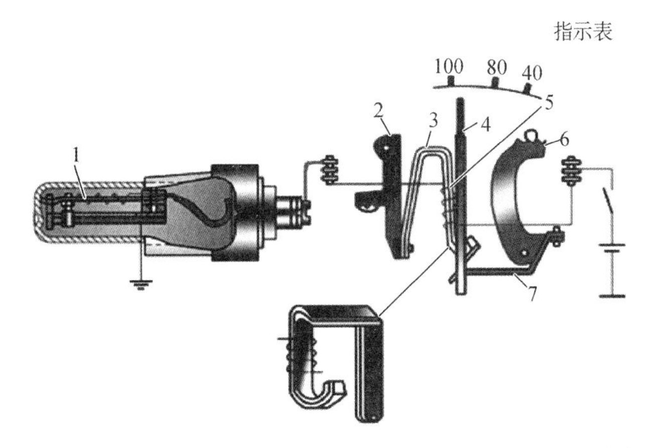

1—双金属片；2—调整齿扇；3—双金属片；4—指针；5—加热线圈；6—调节齿扇；7—弹簧片

图 7-3　电热式水温表配电热式水温传感器

电热式水温表除刻度板指示值与电热式油压表不同外，其他结构都是相同的。

当点火开关置 ON 挡时，电流流过加热线圈，传感器中双金属片受热变形使触点分离，切断电路；随后双金属片冷却伸直，触点重新闭合，电路又被接通。如此反复，电路中形成一股脉冲电流。

当冷却液温度较低时，传感器中双金属片受加热线圈加热变形向上弯曲，使触点分开，由于冷却液温度较低，双金属片被很快冷却，触点重新闭合。因此，触点闭合时间长，流经加热线圈的平均电流大，指示表中双金属片变形也较大，指针指向低温。

当冷却液温度升高时，传感器周围的温度也升高，传感器中双金属片受热变形后，冷却速度变慢，则触点分离时间变长，闭合时间缩短，流经加热线圈的平均电流减小，表中双金属片变形缩小，指针偏转小，指示较高温度。

(2) 电热式水温表配热敏电阻式水温传感器。热敏电阻式水温传感器主要由热敏电阻、弹簧、壳体等组成，如图 7-4 所示。

由于电源电压变化会影响配热敏电阻式传感器水温表的指示误差，因此配有仪表稳压器。

2. 电磁式水温表

(1) 双线圈式水温表。双线圈式水温表的指示表部分除刻度板外与电磁式油压表相同，如图 7-5 所示。

双线圈式水温表也采用负温度系数热敏电阻式水温传感器。温度传感器内装有负温度系数的热敏电阻，其阻值随温度的升高而减小。指示表内有两个线圈，“H”线圈与传感器串联，“C”线圈与传感器并联。

两个线圈中间装有可转动的衔铁和指针。当水温低时，热敏电阻阻值大，流经“H”线圈与“C”线圈的电流相差不多，但“C”线圈匝数多，产生磁场强，吸引衔铁使指针偏向“C”刻度。

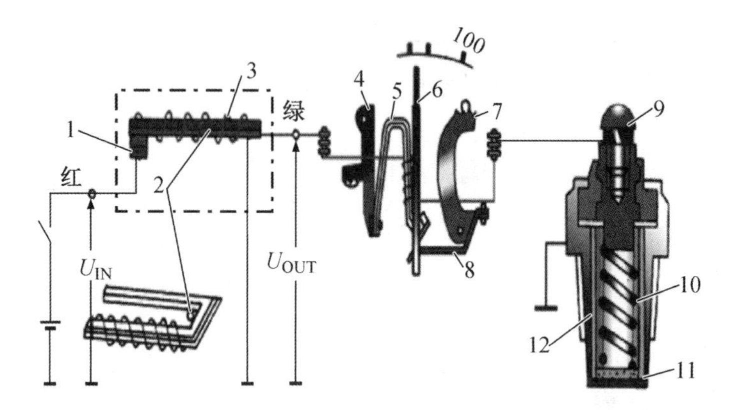

1—触点；2—双金属片；3—加热线圈；4—调节齿轮；5—双盒金属片；
6—指针；7—调节齿轮；8—弹簧片；9、11—接线柱；10—弹簧；12—冷却液温度传感器外壳

图 7-4　电热式水温表配热敏电阻式水温传感器

当水温增高时，热敏电阻阻值减小，分流作用增强，流经“C”线圈的电流减小，磁场力减弱，衔铁被“H”线圈吸引，指针向右偏转指向较高温度。当发动机冷却水温度发生变化时，热敏电阻式水温传感器直接控制左、右线圈中的电流大小，使两个铁芯作用于衔铁上的磁场力发生变化，从而带动指针偏转，指示相应的温度值。

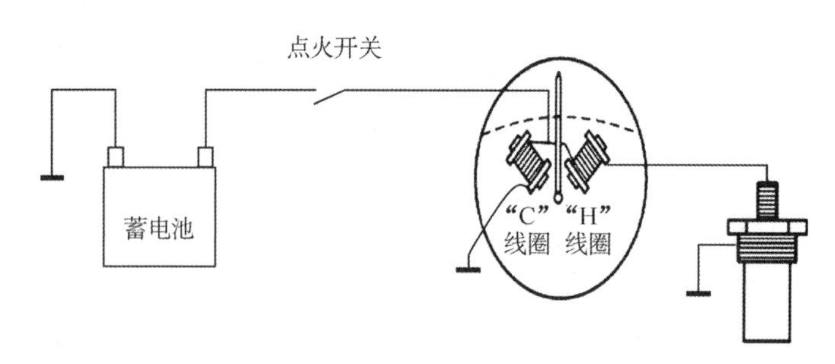

图 7-5　双线圈式水温表

（2）三线圈式水温表。三线圈式水温表与负温度系数热敏电阻式水温传感器配套，如图 7-6 所示。

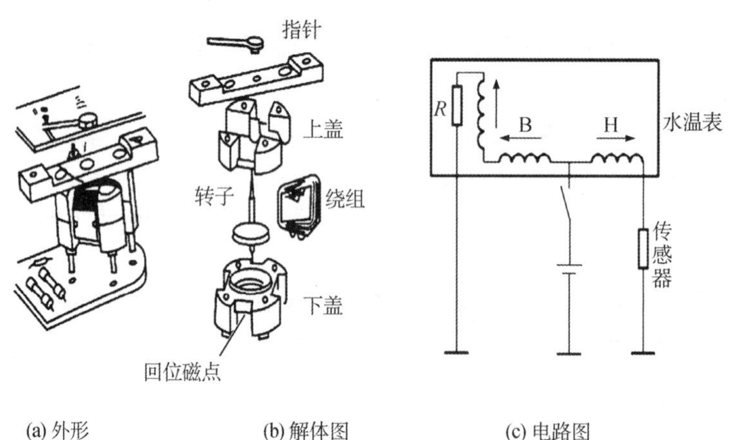

图 7-6　三线圈式水温表

为防止车辆行驶过程中由于震动引起指示器指针摆动，该类指示器使用了硅酮阻尼油，因此，当接通或断开点火开关后，指针将稍停一段时间后才偏转。

三、燃油表

燃油表用来指示汽车油箱中的存油量。它与装在油箱内的燃油传感器配套工作。传感器一般为可变电阻式。

1. 电磁式燃油表

（1）双线圈式燃油表。传感器的可变电阻末端搭铁，可避免滑片与可变电阻接触不良时产生火花，引起火灾危险，如图 7-7 所示。

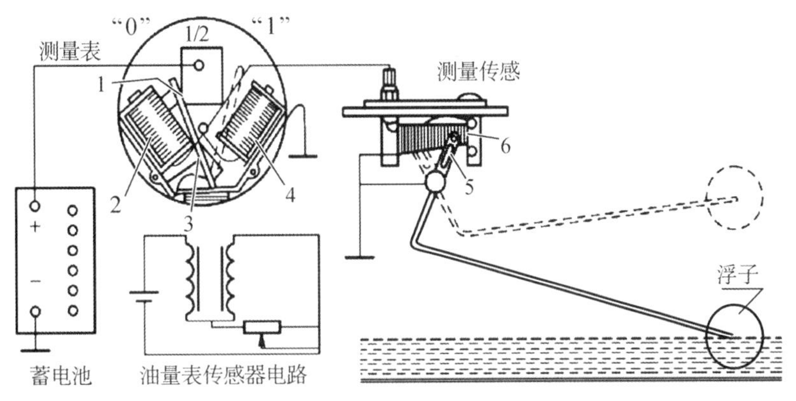

1—指针；2—左线圈 L1；3—铁转子；4—右线圈 L2；5—滑片；6—可变电阻器

图 7-7　双线圈燃油表

当点火开关置于 ON 挡时，电流由蓄电池正极→点火开关 S→燃油表接线柱→左线圈 L1→接线柱→右线圈 L2→搭铁→蓄电池负极。同时电流由接线柱→传感器接线柱→可变电阻→滑片→搭铁→蓄电池负极。左线圈 L1 和右线圈 L2 形成合成磁场，转子就在合成磁场的作用下转动，使指针指在某一刻度上。

当油箱无油时，浮子下沉，可变电阻上的滑片移至最右端，可变电阻被短路，右线圈 L2 也被短路，左线圈 L1 的电流达最大值，产生的电磁吸力最强，吸引转子，使指针停在最左面的"0"位上。

随着油箱中油量的增加，浮子上浮，带动滑片沿可变电阻滑动。可变电阻部分接入电路，左线圈 L1 电流相应减小，而右线圈 L2 中电流增大，转子在合成磁场的作用下向右偏转，带动指针指示油箱中的燃油量。如果油箱半满，指针指在"1/2"位；当油箱全满时，指针指在"1"位。

（2）三线圈式燃油表。分流电阻 R 的作用是补偿线圈绕制误差对指示精度的影响，如图 7-8 所示。

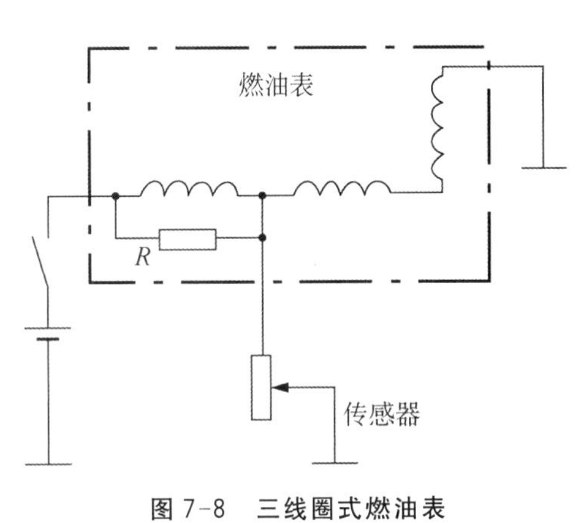

图 7-8　三线圈式燃油表

2. 电热式燃油表

电热式燃油表的结构和电路如图 7-9 所示，为了稳定电源电压，在电路中还串接了一个仪表稳压器。

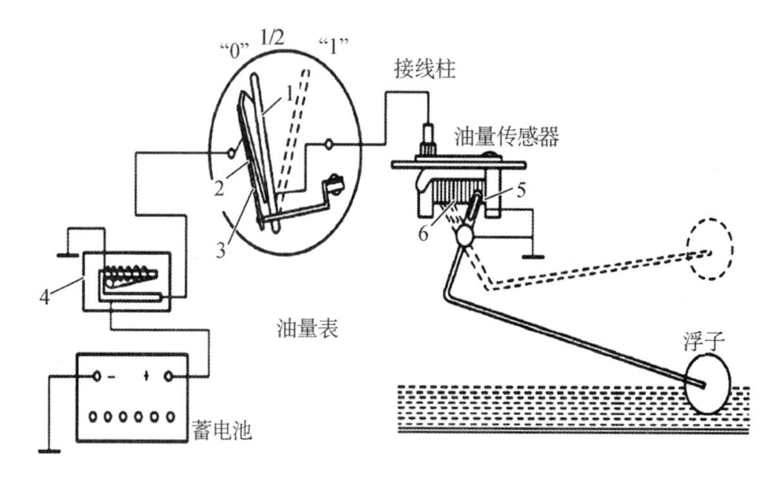

1—指针；2—加热线圈；3—双金属片；4—电热式稳压器；5—滑片；6—电阻器

图 7-9 电热式燃油表

四、发动机转速表

发动机转速表用来指示发动机曲轴转速。转速表按其结构不同，可分为机械式和电子式，其中应用较广泛的是电子式。电子式转速表按转速信号的获取方式不同可分为从点火系统获取信号的转速表(图 7-10)、测取飞轮(或正时齿轮)转速的转速表、从柴油机燃油供应系统获取转速信号的转速表。

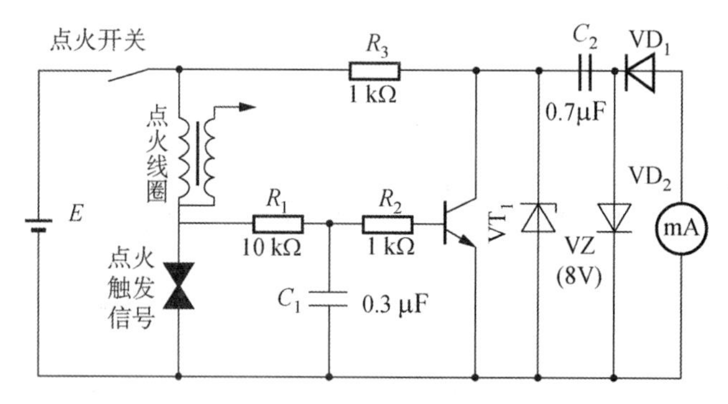

图 7-10 从点火系统获取信号的转速表

五、车速里程表

车速里程表用于指示汽车行驶速度和累计行驶里程数。由指示汽车速度的车速表和记录所驶全程数的里程表组成，共用一根软轴与汽车传动系统相连。分为磁感应式和电子式。

1. 磁感应式车速里程表

车速表是由与主动轴紧固在一起的永久磁铁、带有轴与指针的铝罩、罩壳和紧固在车速里

程表外壳上的刻度盘等组成，如图 7-11 所示。

工作原理：汽车直线行驶时，变速器输出轴上的蜗轮、蜗杆及软轴等带动永久磁铁转动，在铝碗上感应出涡流，产生转矩，铝碗反抗盘形弹簧向永久磁铁转动方向转动，带动指针同转一个角度，因涡流强弱与车速成正比，所以指针指示的速度也必与汽车的行驶速度成正比。

里程表由蜗轮、蜗杆和计数轮组成，其与汽车传动轴间有定传动比。汽车行驶时，软轴驱动车速里程表的小轴，经三对蜗轮、蜗杆带动里程表的第一计数轮转动。第一计数轮上的数字为1/10 km，每两个相邻的计数轮之间，又通过本身的内齿和进位计数轮的传动齿轮，形成 1 ∶ 10 的传动比。这样汽车行驶时，就可累计行驶里程。

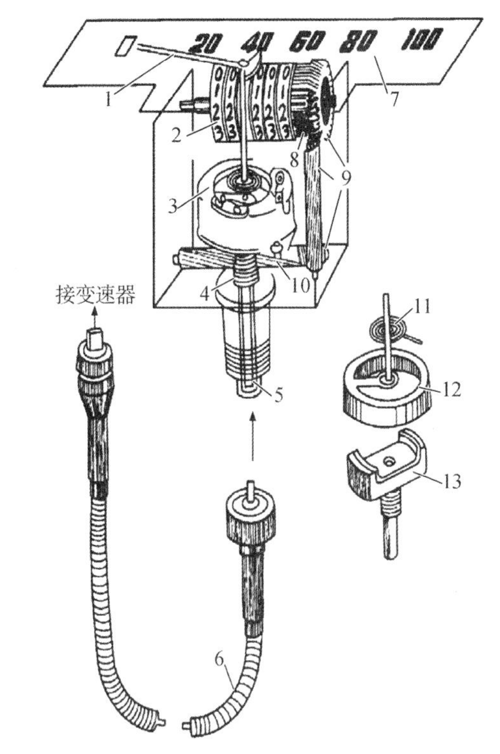

1—指针；2—计数器；3—磁屏；4—蜗轮；
5—主动轴；6—软轴；7—刻度盘；8—数字轮；
9—传动齿轮；10—蜗杆；11—游丝；12—铝罩；13—永久磁铁

图 7-11　磁感应式车速里程表

2. 电子式车速里程表

电子式车速里程表电路主要由车速传感器、电子电路、车速表和里程表四部分组成。奥迪轿车的组合仪表中装有指针式电子车速里程表，如图 7-12 所示。

(1) 车速传感器。车速传感器由变速器驱动，其作用是产生正比于汽车行驶速度的电信号。如图 7-13 所示，它由一个舌簧开关和一个含有一对磁极的转子组成。转子每转一周，舌簧开关中的触点闭合 8 次，产生 8 个脉冲信号，汽车每行驶 1 km，车速传感器将输出 4 127 个脉冲。

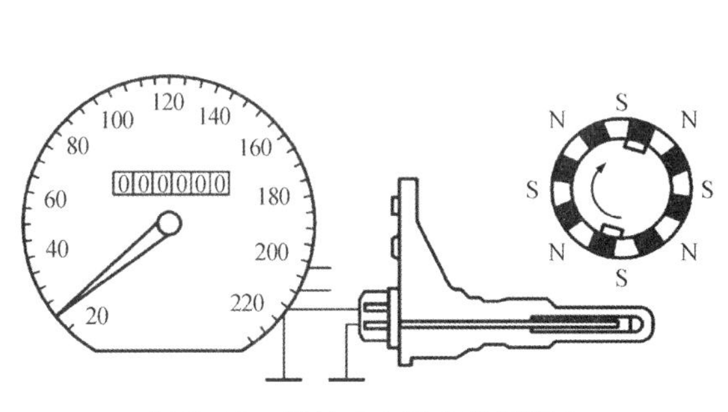

图 7-12　指针式电子车速里程表

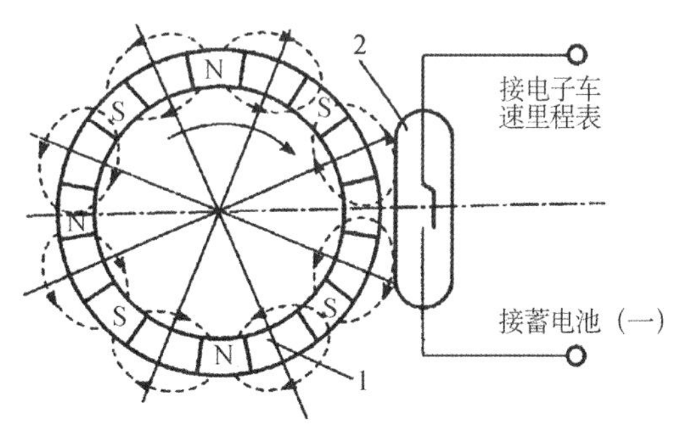

1—塑料环；2—舌簧开关管

图 7-13　奥迪轿车车速传感器

(2) 电子电路。电子电路是将车速传感器送来的具有一定频率的电信号，经整形、触发，输出一个与车速成正比的电流信号。如图 7-14 所示，该电子电路主要包括稳压电路、单稳态触发电路、恒流源驱动电路、64 分频电路和功率放大电路。

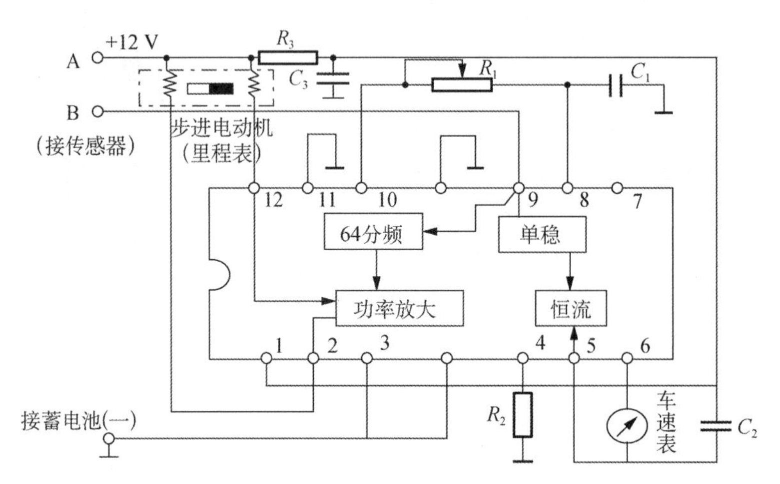

图 7-14 电子车速里程表电路图

任务实施

一、任务准备

1. 工作准备

洁具：准备□ 清洁□

毛巾：准备□ 清洁□

逃生门：位置明确□ 通道畅通□

灭火器：红色□ 黄色□ 绿色□ 处理意见：________________。

5S：整理□ 整顿□ 清洁□ 清扫□ 素养□

四件套□ 翼子板护套□

2. 工具准备

常用工具一套。

3. 实训安排

(1) 实训方式：分组交叉轮流。

(2) 实训设备：实训中心实车一辆。

4. 安全事项

(1) 拉好驻车制动手柄。□

(2) 车轮前后用挡块掩好。□

(3) 将变速箱挡位挂入 P 挡或 N 挡。□

二、实施步骤

(1) 按照三人一组进行操作训练。

(2) 将点火开关打到 ON 挡，无需启动发动机。

(3) 同一小组三位同学轮流观察仪表板上的指示，重点查找到水温表、燃油表、发动机转速表和车速里程表。

(4) 关闭点火开关，打开引擎舱盖，查找水温传感器安装的位置。

(5) 检查全车，找到燃油传感器安装的位置。

(6) 小组讨论，完成学生工作页的填写。

三、清洁及整理

整理：所用工量具□

清洁场地：座椅□　地板□　工作台□　零件盘□　工位场地□

学生工作页

一、车辆信息填报

(1) 车型：______________________________。

(2) VIN：______________________________。

二、观察仪表板，认识常规仪表

1. 水温表

(1) 位置：______________________________。

(2) 图形描绘：______________________________。

(3) 指示数值：______________________________。

2. 燃油表

(1) 位置：______________________________。

(2) 图形描绘：______________________________。

(3) 指示数值：______________________________。

3. 发动机转速表

(1) 位置：______________________________。

(2) 图形描绘：______________________________。

4. 车速里程表

(1) 位置：______________________________

(2) 图形描绘：______________________________

(3) 指示数值：______________________________

三、检查传感器并能表述出它们的安装位置

(1) 水温传感器的安装位置：______________________________。

(2) 燃油传感器的安装位置：______________________________。

任务二 汽车报警灯装置的认知

任务目标

· 能正确认识汽车仪表板上的常用标识。
· 理解各类报警灯及开关的工作原理。

任务导入

现代汽车为了保证行车安全，提高车辆的可靠性，在汽车仪表板上安装了许多报警灯，如机油压力过低报警灯、冷却液温度报警灯、燃油不足报警灯等。

一、仪表板上的常用标识

打开点火开关，此时会发现仪表板上很多报警标志跳出来，那不是故障报警，而是行车电脑在进行自检，几秒钟后，大部分标志会自动消失，只剩下发动机、充电系统等少数几个标志。如果该消失的标志没有按时消失，那就是故障报警了，仪表报警及指示标志图如图 7-1 所示。

图 7-1 中①是一汽大众高尔夫轿车发动机转速表里的报警灯及指示灯，详细介绍见表 7-1。

表 7-1　发动机转速表里的报警灯及指示灯

符号	含　　义
	发动机管理系统(汽油发动机)或排气系统发生故障
	充电系统(发电机)发生故障
	发动机机油压力过低报警
	点亮：灯泡失效或动态弯道照明灯(AFS)发生故障
	闪亮：AFS 发生故障
	后雾灯开启

续　表

符号	含　　义
	大灯远光开启
	风窗清洗液罐中的清洗液液位过低
	电动—机械转向系统的功能失效或助力效率降低
	发动机冷却液温度过高或冷却液液位过低

图 7-1 中②是仪表里的转向信号灯，详细介绍见表 7-2。

表 7-2　转向信号灯

符号	含　　义
	左侧转向信号灯开启
	右侧转向信号灯开启

图 7-1 中④是车速表里的报警灯，详细介绍见表 7-3。

表 7-3　车速表里的报警灯

符号	含　　义
	安全气囊系统发生故障或安全带收紧器发生故障
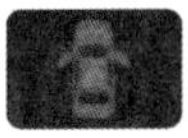	车门处于打开状态，检查并确认所有车门是否已关好
 PASSENGER	佩戴安全带
	后备箱处于打开状态
 ABS	防抱死制动系统(ABS)发生故障

续　表

符号	含　　义
	闪亮:电子稳定程序(ESP)处于正常调节状态
	点亮:ESP 发生故障或已关闭
	已施加驻车制动,制动液故障,制动系统发生故障
	车速巡航控制系统(CCS)在调节车速
	制动衬块磨损到极限
	提示驾驶员施加脚制动(自动变速箱或 DSG 双离合器变速箱)
	燃油油位过低(备用区)

汽车行驶过程中,系统也会持续对汽车某些部件及功能进行检测,若发现功能故障,显示屏将显示报警符号和文字,有些情况系统还会发出声响报警。屏幕显示模式取决于汽车配置的组合仪表的类型,也就是说,不同的车型,其报警的模式会有些区别,如表 7-4 所示。

表 7-4　指示灯功能及故障

符号	含　　义
	刹车灯损坏,应检查刹车灯灯泡、导线连接、刹车灯开关等
	近光灯或尾灯损坏,应检查近光灯灯泡、尾灯灯泡等
	前制动摩擦片磨损过度,应检查前制动摩擦片
	燃油存量过低,如果该符号系初次亮起,则表示油箱中的燃油存量不多,请尽快加油

续　表

符号	含　义
	清洗液液位过低,应加注清洗液至车窗玻璃清洗装置和大灯清洗装置
	蓄电池电压不正确,应检查三角皮带、蓄电池的状态等
	检查发动机油油位,必要时补充机油
	发动机机油传感器损坏,应检查机油油位传感器
	限速警告,说明当前车速已超过设定的车速
	大灯照明距离调节故障,应检修动态大灯照明距离调节机构
	轮胎压力警告,应检查并校正轮胎压力

车门开启警报符号,若车门、后备箱盖或发动机舱盖处于打开状态,显示屏将显示车门开启警报符号。若所有车门、后备箱盖和发动机舱盖均已关闭,当关闭驾驶员侧车门 30 s 后,警报符号会自动消失。

高尔夫 6 配备两种颜色的警报符号:红色警报符号表示 1 类故障,黄色警报符号表示 2 类故障。

1. 1 类故障(红色)

1 类故障属于危险故障,情况比较严重。比如机油压力过低时,显示屏会出现红色警报符号,同时显示警报文字:"油压不正常,关闭发动机! 见说明书",如图 7-15 所示,并发出三声声响报警。这时必须立即停车,关闭发动机,检查并修复故障。如果是机油液位过低,必须立即添加机油;如果是其他问题,立即联系 4S 店处理。

图 7-15　油压不正常显示图

如果系统同时查出几个 1 类故障,则会依次显示几个故障警报符号 5 s,并一直闪亮至所有故障被排除。

2. 2 类故障(黄色)

2 类故障不会有较大的危险性,但也不能置之不理,需要尽快处理。2 类故障警报符号为黄色,发出一声声响警报,其余报警方式同上。

注意:除警报信息外,显示屏还会显示处理方法或要求你执行的相关操作文字信息,此时一定要参照执行,不得有误。

二、报警灯及报警灯开关

1. 机油压力过低报警灯

(1) 弹簧管式机油压力过低报警灯。

当机油压力低于某一定值时(一般为 0.03～0.1 MPa),管形弹簧呈向内弯曲状态,于是触点闭合,电路接通,报警灯点亮。当机油压力达到正常值时,管形弹簧变形大,触点断开,报警灯熄灭,如图 7-16 所示。

(2) 膜片式机油压力过低报警灯。

图 7-17 所示为膜片式机油压力报警开关控制电路。当机油压力正常时,机油压力推动膜片向上供油,推杆将触点打开,警告灯熄灭。当机油压力低于标准值时,膜片在弹簧压力作用下向下移动,从而使触点闭合,警告灯亮,警告驾驶人机油压力不足。

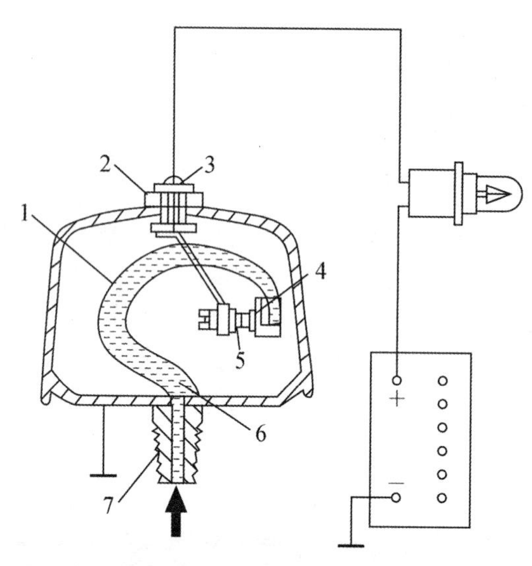

1—管形弹簧;2—绝缘层;3—接线柱;
4—动触点;5—静触点;6—发动机润滑油;7—固定螺口

图 7-16 弹簧管式机油压力报警灯电路

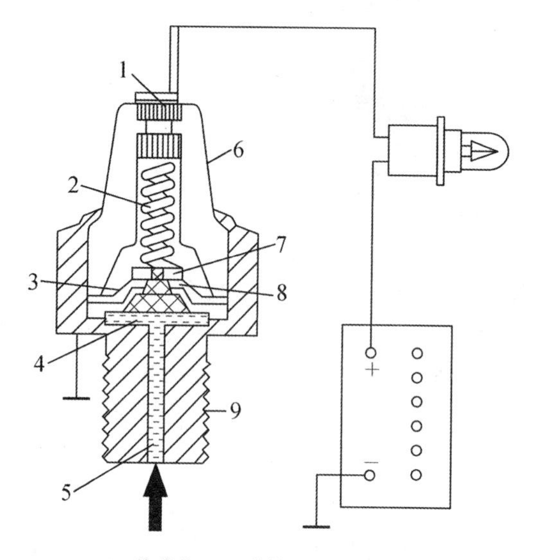

1—接线柱;2—弹簧;3—绝缘顶块;
4—橡胶膜片;5—发动机润滑油;6—绝缘层;7—动触点;8—静触点;9—固定螺口

图 7-17 膜片式机油压力报警灯电路

2. 冷却液温度报警灯

汽车上除了装有冷却液温度表外,还装有冷却液温度报警灯,当冷却液温度超过标准值时,红色报警灯亮,以示警告。

图 7-18 所示为冷却液温度报警灯电路,其报警开关为双金属片式温度开关。当冷却液温度在正常范围内时,双金属片几乎不变形,触点分开,报警灯不亮;当冷却液温度不在正常范围内时,双金属片由于温度升高而弯曲变形,使触点闭合,报警灯亮,以示警告。

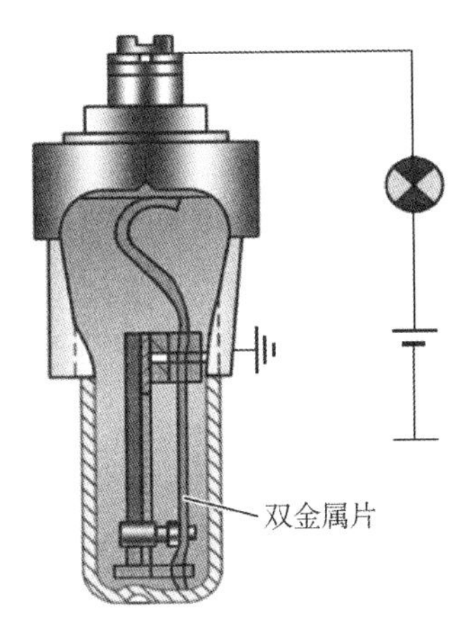

图 7-18 冷却液温度报警灯电路

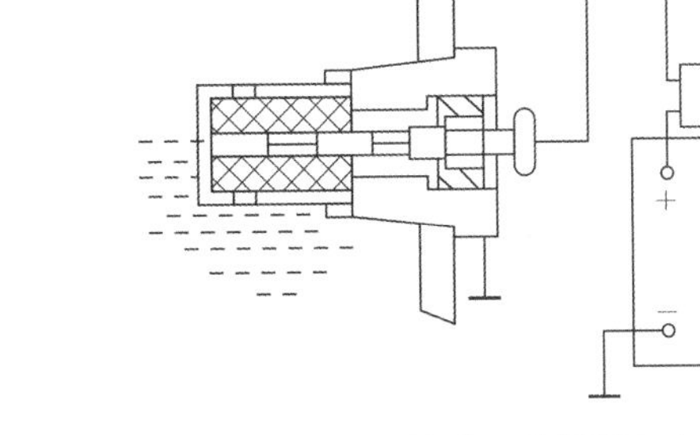

图 7-19 燃油不足报警灯电路

3. 燃油不足报警灯

燃油不足报警灯电路如图 7-19 所示。其报警开关为热敏电阻式,装在油箱内。

当箱内燃油量多时,负温度系数的热敏电阻元件浸没在燃油中,散热快,温度较低,电阻值较大,电路中几乎没有电流,报警灯不亮。而当燃油减少到规定值以下时,热敏电阻元件露出油面,散热较慢,温度升高,电阻值减小,电路中电流增大,则报警灯点亮。

4. 冷却水、制动液、风窗玻璃清洗液液面过低报警灯

液面过低报警装置适用于发动机冷却水、制动液、风窗玻璃清洗液等液面过低的报警,如图 7-20 所示。

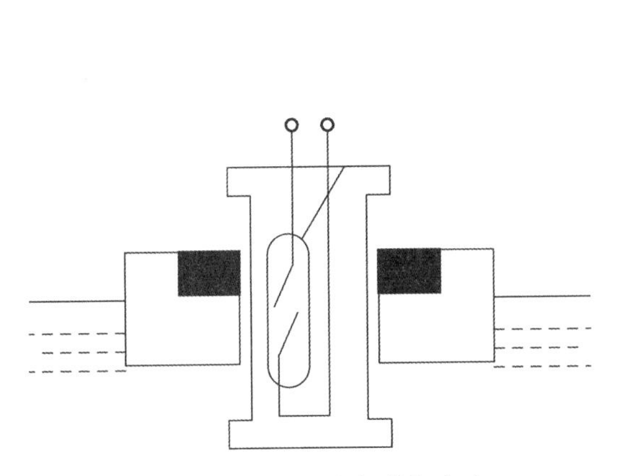

图 7-20 液面过低报警灯电路

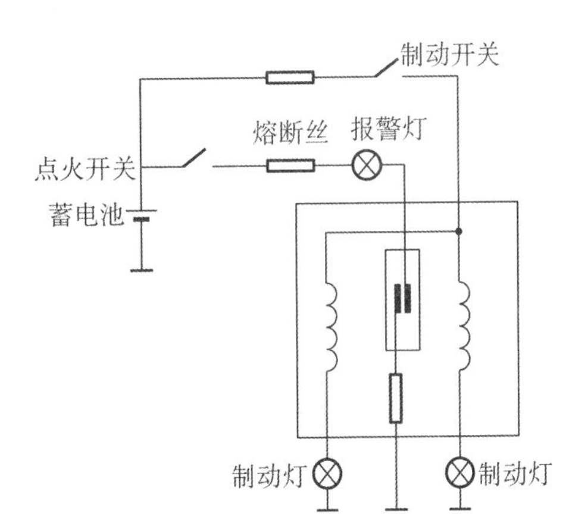

图 7-21 制动灯断线报警灯电路图

其工作原理是:当浮子随液面下降到规定值以下时,永久磁铁吸引弹簧开关,使之闭合,接通电路,报警灯点亮,以示告警。当液面在规定位置以上时,浮子上升,磁铁吸力不足,弹簧开关在自身弹力作用下,使电路断开,报警灯熄灭。

5. 制动灯断线报警灯

由于制动灯对于行车安全极为重要,而驾驶员在开车过程中,又很难发现制动灯有故障,这样在一些车辆中,设置了制动灯电路故障报警灯。制动灯线路故障报警灯控制电路如

图 7-21 所示。

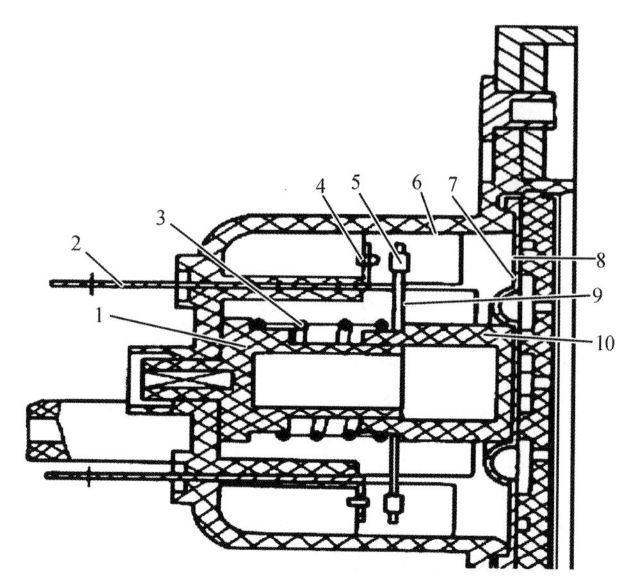

1—螺柱；2—导电片；3—弹簧；4、5—触点；6—外壳；7—膜片；8—底板；9—导电片；10—弹簧座

图 7-22　空气滤清器堵塞报警传感器图

在正常情况下，踩下制动踏板，制动灯开关接通，电流经左、右两电磁线圈到制动信号灯。此时两线圈所产生的磁场相互抵消，舌簧开关的触点继续处于常开状态，制动灯线路故障报警灯不亮；当左、右两个制动信号灯有一个灯泡坏了，或者线路有断路的情况，则有故障一侧的电磁线圈将不产生磁场，而另一侧的电磁线圈产生磁场，舌簧开关中的触点将闭合，制动灯线路故障报警灯亮，提醒驾驶员制动灯线路有故障。

6. 空气滤清器堵塞报警灯

空气滤清器堵塞报警灯用于在进气管堵塞时，点亮报警灯，以示警告。图 7-22 所示为空气滤清器堵塞报警传感器。

任务实施

一、任务准备

1. 工作准备

洁具：准备□　清洁□

毛巾：准备□　清洁□

逃生门：位置明确□　通道畅通□

灭火器：红色□　黄色□　绿色□　处理意见：________________________________。

5S：整理□　整顿□　清洁□　清扫□　素养□

四件套□　翼子板护套□

2. 工具准备

常用工具一套。

3. 实训安排

(1) 实训方式：分组交叉轮流。

(2) 实训设备：实训中心实车一辆。

4. 安全事项

(1) 拉好驻车制动手柄。□

(2) 车轮前后用挡块掩好。□

(3) 将变速箱挡位挂入 P 挡或 N 挡。□

二、实施步骤

(1) 按照三人一组进行操作训练。

(2) 将点火开关打到 ON 挡，无须启动发动机。

(3) 同一小组三位同学轮流观察仪表板上的指示，查找到仪表板上的汽车报警灯装置。

(4) 关闭点火开关，打开引擎舱盖，查找各液位开关安装的位置。

(5) 检查全车，查找其他报警灯开关安装的位置。

(6) 小组讨论，完成学生工作页的填写。

三、清洁及整理

整理：所用工量具□

清洁场地：座椅□　地板□　工作台□　零件盘□　工位场地□

一、车辆信息填报

(1) 车型：________________。

(2) VIN：________________。

二、观察仪表板，查找并画出各汽车报警灯装置(不少于 10 个)

序号	符号	名称	含　　义
1			
2			
3			
4			
5			
6			
7			

续　表

序号	符号	名称	含　　义
8			
9			
10			
11			
12			
13			
14			
15			

三、检查各报警灯开关并判断其技术状况

(1) 机油压力过低报警开关:有□　位置能找到□　不能找到□　无□
(2) 清洗液液位过低报警开关:有□　位置能找到□　不能找到□　无□
(3) 燃油不足报警灯开关:有□　位置能找到□　不能找到□　无□

任务三　汽车电子显示装置的认知

任务目标

- 理解各类显示器件的基本工作原理。
- 能正确识读轿车显示屏上指示的内容。

任务导入

汽车电子显示装置以数字或光条图形式,配以国际标准(ISO)符号,用来监测汽车或发动机各系统的工作情况。

一、显示器件

目前在汽车上最常用的电子显示器件可分为两大类:发光型和非发光型。

发光型显示器件有真空荧光管(VFD)、发光二极管(LED)、阴极射线管(CRT)、等离子显示器件(PDP)、电致发光显示器件(ELD)。

非发光型显示器件有液晶显示器件(LCD)、电致变色显示器件(ECD)。

如上所述都可以作为汽车电子显示器件使用。应用广泛的是发光二极管(LED)和液晶显示器件(LCD)两种,既可做成数字式的,也可做成图形或指针式的。

1. 发光二极管(LED)

发光二极管(LED)是一种把电能转换成光能的固态发光器件,实际上也是一种晶体管,它是应用最广泛的低压显示器件。其结构如图 7-23 所示。

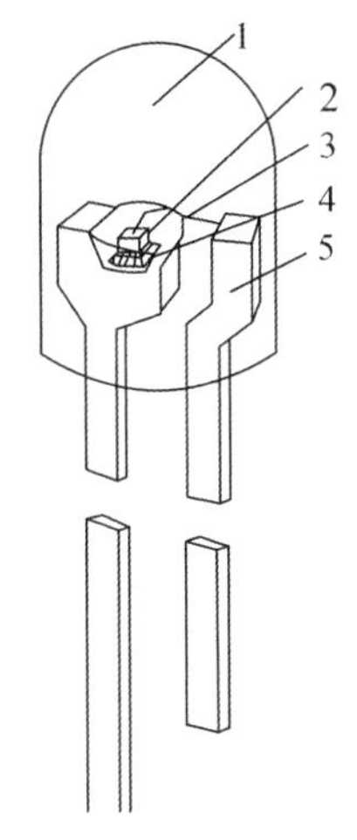

1—环氧树脂;2—晶片;3—金线;4—银胶;5—支架

图 7-23　发光二极管

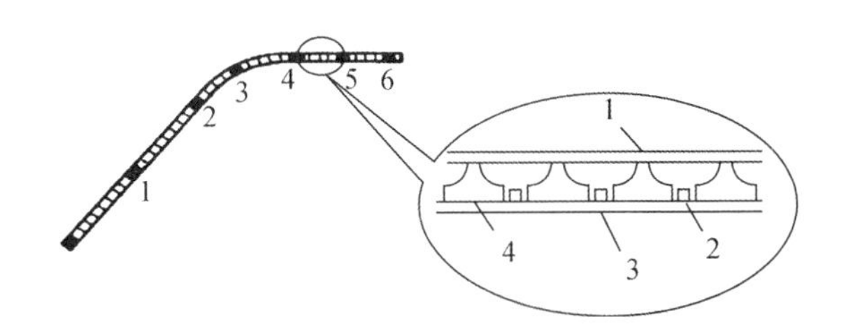

1—漫射器;2—LED;3—印制电路板;4—分隔器

图 7-24　由发光二极管组成的光条显示器

LED 一般都是用半导体材料制作,当在正、负极引线间加上适当正向电压后,二极管导通,半导体晶片便发光,通过透明或半透明的塑料外壳显示出来。发光的强度与通过管芯的电流成正比。外壳起透镜作用,可利用它来改变发光形式和发光颜色以适应不同的用途。当反向电压加到二极管上,二极管截止,管芯无电流通过,不再发光。

LED 可通过透明的塑料壳发出红、绿、黄、橙等不同颜色的光,以便需要时使用。

汽车电子仪表中 LED 作为汽车仪表板上的指示灯、数字符号段或者不太复杂的图符显示。

(1) 由 LED 组成的光条显示器。

由 LED 组成的光条显示器如图 7-24 所示。

(2) LED 组成的数码显示板。

LED 组成的数码显示板如图 7-25 所示。

(3) 由 LED 组成的点阵显示板。

由 LED 组成的点阵显示板如图 7-26 所示。

2. 液晶显示器件(LCD)

在两层制作镶嵌电极或交叉电极的玻璃板之间夹一层液晶材料,当板上各点加有不同电场时,各相应点上的液晶材料即随外加电场的大小而改变晶体特殊分子结构,从而可以改变这些特殊分子的光学特性。

利用这一原理制成的显示器件叫作液晶显示器件(LCD)。LCD 的结构如图 7-27 所示,原理如图 7-28 所示。

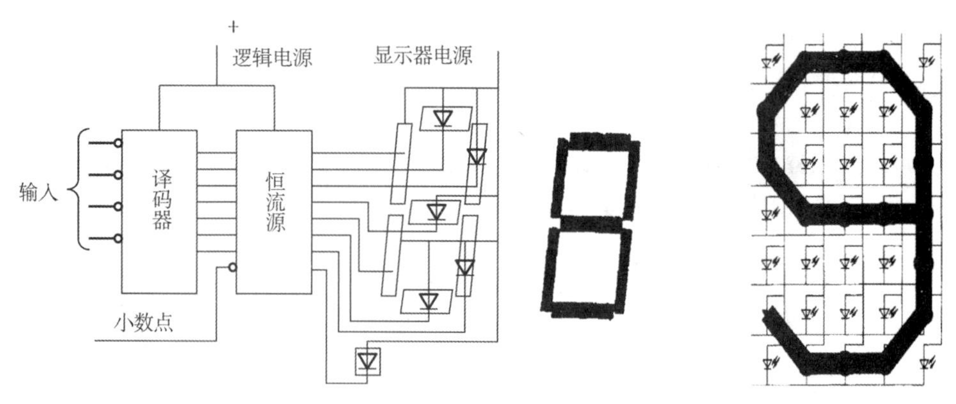

图 7-25　由发光二极管组成的数码显示板

图 7-26　由发光二极管组成的点阵显示板

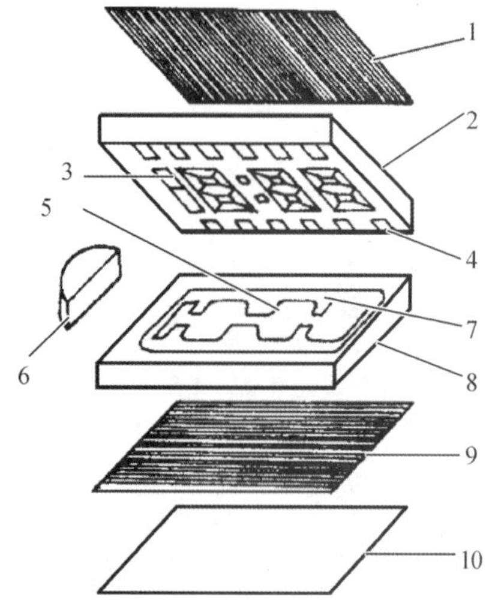

1—前偏光板；2—前玻璃板；3—笔画电极；4—接线端；5—后板；6—端部密封件；7—密封面；8—后玻璃板；9—后偏光板；10—反射镜

图 7-27　液晶显示器件的结构

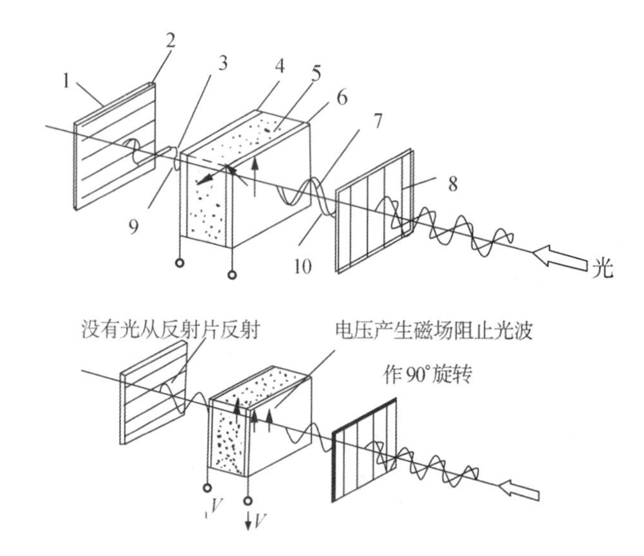

1—反射镜；2—反射偏振片；3—反射光；4、6—玻璃基板；5—液晶；7—旋转 90°后反射光；8—偏振片轴；9—入射光旋转 90°；10—入射光

图 7-28　液晶显示器件及原理图

由于 LCD 为非发光型显示器件，所以只有在光亮的环境中才能观察 LCD 的内容，由于在较暗的环境中难于观察 LCD 的内容，因此在汽车上所用的 LCD 通常采用白炽灯作为背景照明光源。

液晶显示的优点很多，如：工作电压低(3 V 左右)，功耗非常小；显示面积大、示值清晰，通过滤光镜可显示不同颜色；电极图形设计灵活，设计成任意显示图形的工艺都很简单；等等。因此在汽车上得到了广泛应用。

缺点有：液晶为非发光型物质，白天靠日光显示，夜间必须使用照明光源；低温条件下灵敏度较低，有时甚至不能正常工作；等等。

3. 真空荧光管(VFD)

真空荧光管实际上是一种低压真空管，它是最常用的数字显示器，如图 7-29 所示。

4. 阴极射线管(CRT)

阴极射线管(CRT)也称显像管或电子束管，它是一种特殊的真空管。CRT 具有全彩色

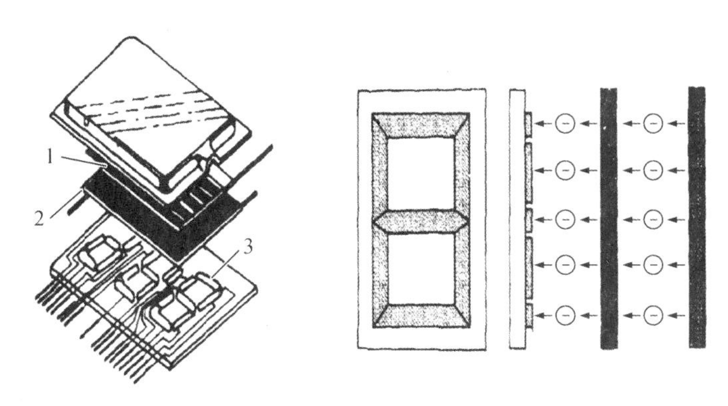

1—灯丝(负极)；2—栅极；3—数字板片

图 7-29　真空荧光管

显示、图像显示的灵活性大、分辨率和对比度高等特点，且具有－50 ℃～100 ℃的工作温度范围，有微秒级以下的响应速度，所以它是目前显示图像质量最高的一种显示器件。

CRT 作为汽车电子仪表显示器件，体积太大。尽管扁平型的 CRT 已经实用化，但仍嫌太长、太重，不便安装。另外，CRT 还要采用 10 kV 以上的高压，不仅安全性差，而且对其他电子电器有很大的无线电干扰。

二、显示屏在轿车上的应用

仪表台中间那块方形区域就是组合仪表显示屏。组合仪表显示屏显示的信息很多，除了显示汽车各系统信息外，还可显示罗盘、时间、总里程、单程里程和自动变速箱挡位等，如图 7-30所示为一汽大众高尔夫轿车多功能显示屏。显示的信息可以分为自动显示和可选显示两大类。自动显示不需要操作，可选显示需要车主操作才会显示。

1. 罗盘显示项

打开点火开关后组合仪表显示屏显示汽车行驶方向，如图 7-31 所示。

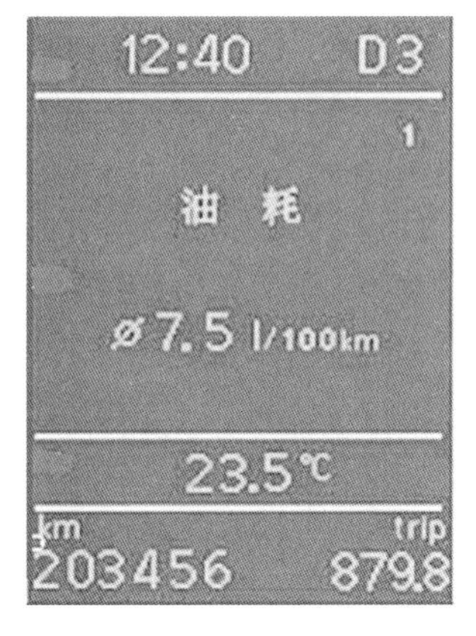

图 7-30　多功能显示屏

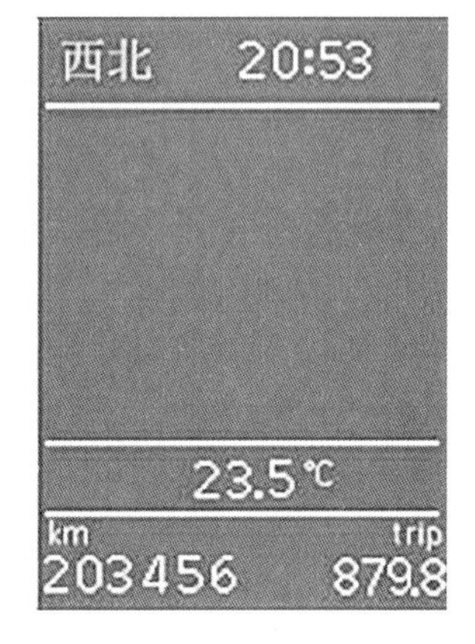

图 7-31　显示屏显示罗盘图

注意：导航功能打开后，罗盘功能方起作用。

2. 里程表

总里程表位于组合仪表显示屏底部左侧计数器(图 7-30)，记录汽车行驶总里程；单程里程记录器位于组合仪表显示屏底部右侧，它记录该记录器自上次清零后汽车行驶的距离。记录器的最后一位数表示 100 m。长按回零按钮即可将单程里程记录器清零。

3. 保养周期显示区

组合仪表显示屏具备菜单显示功能的汽车，在显示区显示需要保养的项目。本车保养周期是固定的，取决于汽车行驶时间/里程，以先到为准。

(1) 保养周期提醒功能。如果保养即将到期，打开点火开关后组合仪表显示屏将显示保养报警：离下次保养×××公里或×××天。如果保养周期到期，打开点火开关时，系统将发出"咚"的一声，同时扳手符号闪烁数秒，显示屏显示下列文字：立即保养。数秒后，这一提示信息会自动消失。点火启动发动机后，这一信息也会消失。如果想让它尽快消失，按一下多功能方向盘上的"OK"按钮或者刮水器操纵杆上的"A"按钮即可。

(2) 调出保养信息。打开点火开关，发动机未运转且汽车处于静止状态时，方可调出当前的保养信息，供车主参考。

(3) 设置保养周期提醒功能。使用多功能转向盘上的按钮或刮水器操纵杆上的翘板开关，选择"设置"(Settings)菜单，在"保养"(Service)子菜单内选择"信息"(Info)菜单项，然后按多功能转向盘或刮水器操纵杆上的"OK"键。

(4) 清零保养周期提醒功能。使用多功能转向盘上的按钮或刮水器操纵杆上的翘板开关，选择"设置"(Settings)菜单，在"保养"(Service)子菜单内选择"清零"(Reset)菜单项，然后按多功能转向盘或刮水器操纵杆上的"OK"键，将保养周期设置清零，再按一下"OK"键确认。

注意：(1) 如果自行将保养周期显示区清零，行驶 15 000 km 或一年后系统方显示下次，并且不可单独确定保养周期。

(2) 两次保养之间切勿将保养周期显示区清零，否则显示区将显示错误信息。

一、任务准备

1. 工作准备

洁具：准备□ 清洁□

毛巾：准备□ 清洁□

逃生门：位置明确□ 通道畅通□

灭火器：红色□ 黄色□ 绿色□ 处理意见：____________________________。

5S：整理□ 整顿□ 清洁□ 清扫□ 素养□

四件套□ 翼子板护套□

2. 工具准备

常用工具一套。

3. 实训安排

(1) 实训方式：分组交叉轮流。

(2) 实训设备：实训中心实车一辆。

4. 安全事项

(1) 拉好驻车制动手柄。□

(2) 车轮前后用挡块掩好。□

(3) 将变速箱挡位挂入P挡或N挡。□

二、实施步骤

(1) 按照三人一组进行操作训练。

(2) 将点火开关打到ON挡,无须启动发动机。

(3) 同一小组三位同学轮流观察仪表板上的指示,查找多功能显示屏。

(4) 记录多功能显示屏上主要指示的信息。

(5) 关闭点火开关,小组讨论,完成学生工作页的填写。

三、清洁及整理

整理:所用工量具□

清洁场地:座椅□ 地板□ 工作台□ 零件盘□ 工位场地□

学生工作页

一、车辆信息填报

(1) 车型:______________________________。

(2) VIN:______________________________。

二、观察仪表板上的多功能显示屏并指出相关信息(不少于5个)

序号	指示项目	数值	含　　义
1			
2			
3			
4			
5			
6			
7			
8			
9			
10			

三、讨论各指示仪器的工作原理并举例

任务四 仪表信息系统的检测与维修

任务目标

- 了解仪表信息系统检修的注意事项。
- 掌握仪表信息系统常用的检修方法。
- 能够对仪表信息系统常见的故障进行检测与诊断。

任务导入

当汽车运行时，如有车速表、发动机转速表或燃油表等不显示或显示的数值与汽车的实际状态不相符合，则说明仪表信息系统有故障，应进行检修。

必备知识

一、检修注意事项

在检修时需注意以下几点：

(1) 现代汽车电子化仪表比较精密，对检修技术要求较高，检修时应遵照各汽车实用维修手册中的有关规定，必要时，电子化仪表装置应送专业维修单位检修。

(2) 现代汽车电子化仪表显示板与母板(逻辑电路板)不仅容易损坏，而且价格也较贵，因此在使用与检修时应多加小心，除非有特殊说明，否则不能将蓄电池的全部电压加在仪表板的任何输入端。在检查电压、电阻时，应使用高阻抗仪器(不能使用简易仪表)。若检修汽车仪表时使用不当，常常会造成微机电路的严重损坏，因此进行仪表检修时应特别注意这一点。

(3) 拆卸电子仪表板时，首先应切断电源，然后按拆卸顺序进行拆卸，应特别注意拆卸时不能敲打，防止有震动，以防损坏电子元器件。

(4) 拆装电子仪表板应按拆装顺序进行，拆装时不要用力过猛，以防本来良好的元器件由于用力过猛而损坏。在拆装仪表板总成之前，脱开连接器或端子时，应先脱开蓄电池端子。更换电子仪表元器件时，应小心不让身体与更换元件(备用元件)的集成电路引线端子接触，备件应放置在镀镍的包装袋内，不要提前从袋中取出，取出时不要触碰各部分接头，防止静电造成元器件的损坏。

(5) 检修电子仪表板时，不论是在车上还是在工作台上作业，作业地点或维修人员都不能带有静电。为此作业时应使用静电保护装置，通常使用一根与车身连接的手腕带和放置一个电子部件的导电垫板。

(6) 发动机运行时不能将蓄电池断开，因为这会引起瞬间的反电势，导致仪表损坏。

(7) 电子仪表使用冷阴极管，应注意冷阴极管连接器通电后存在高压交流电，因此通电后不得接触这些部位。

(8) 在处理电子式车速/里程表的电路板时，必须使用原来的塑料盒，以免因静电感应而损坏。若不慎碰触电路板的接头，将会使仪表的读数消除，此时就必须送专业维修单位维修后才能使用。

二、常用的检测方法

现代汽车的许多电子仪表板都是微机控制，同时具有自检功能。只要给出指令，电子仪表板的电子控制器便会对其主显示装置进行系统的检查，若出现故障，便以不同的方式警告驾驶员，显示系统出现故障，同时将出现故障部位的故障码储存，以便维修时将故障码调出，指出故障部位。当确认仪表板有故障时，应进行检测。

1. 用快速检测器进行检测

快速检测器能发出模拟各种传感器的信号，用它能够迅速测出故障的部位。如在使用测试器向仪表板输入信号时，仪表板能够正常显示，说明传感器或其电路有故障。若显示器仍不能显示，再将测试器直接接在仪表板的有关输入插座上，此时若显示器能正常显示，说明线束和连接器有故障，否则表明仪表板有故障。

2. 用电脑快速测试器进行检测

电脑快速测试器能够模拟燃油的流量和车速传感器的信号，同样把测试器所发出的信号从不同部位输入，即可检验传感器、线束、电脑和显示装置工作是否正常。

3. 用液晶显示仪表测试器进行检测

用液晶显示仪表测试器进行测试时，直接在仪表板上，能为仪表板和信息中心提供参照输入信号，可检测出信息中心的工作状态。这种测试的目的是，对仪表板有无故障做进一步的验证。

三、常见故障的检测

现代汽车电子仪表显示系统的故障，一般都出在传感器、连接器、导线、个别仪表及显示器上。检修时应先将传感器电路断开或拆下，用检测设备对它们逐个进行检查。

1. 传感器的检测

将传感器的电路断开或拆下传感器，用仪器逐个进行检查。对各种电阻式传感器的检查，通常采用测量其电阻值的方法来判断它的好坏，即把所测得的电阻值与其规定的标准电阻值相比较，判断传感器有无故障，若所测的值小于规定的数值，表明传感器内部短路；否则传感器内部断路或接触不良。传感器一般是不可拆、不可维修的元件，若有故障只能更换新件。

下面列出了燃油传感器和水温传感器的检测方法。

(1) 对于燃油传感器，测量燃油传感器的阻值，燃油量不同，电阻值也不同，变化值在 30～300 Ω 范围内，阻值过小说明有短路，过大则说明有断路。以桑塔纳轿车为例，燃油传感器如图 7-32 所示，具体检测见表 7-5。

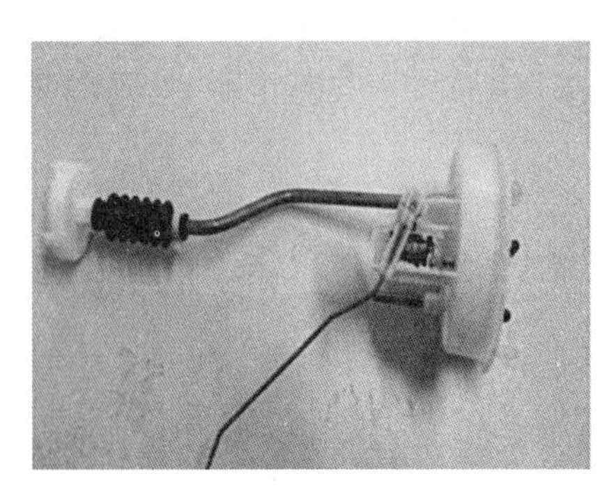

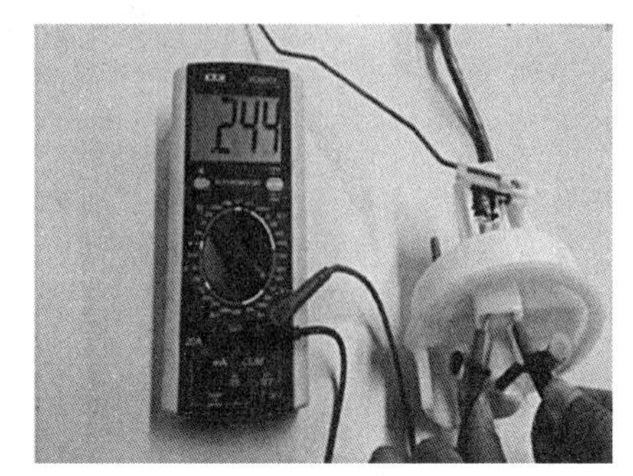

图 7-32　燃油传感器

表 7-5　浮子不同位置的电阻值

传感器	检测项目	检测部位	规定值
燃油传感器	检测外观	整体外观	良好
	检测接线	导线与搭铁线是否导通	导通
	检测传感器电阻	浮子在最上位置	30 Ω
		浮子在中间位置	200 Ω
		浮子在最下位置	244 Ω

(2) 对于水温传感器，先检测外观，再使用多用表进行测量。测量时放入一定温度的冷却液，使用多用表检测传感器的阻值是否与标准值相符，如图 7-33、图 7-34 和表 7-6 所示。

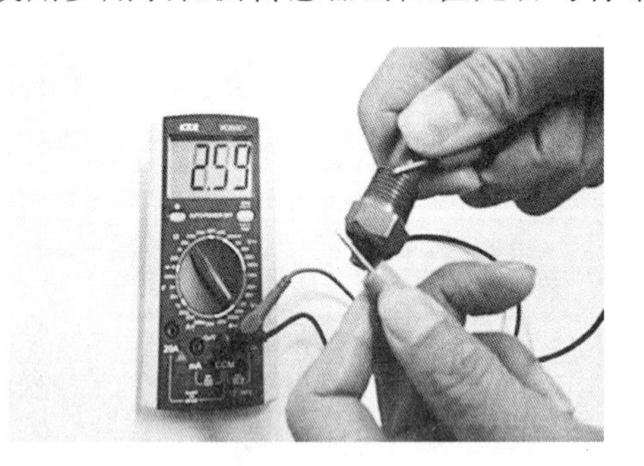

图 7-33　常温测量水温传感器

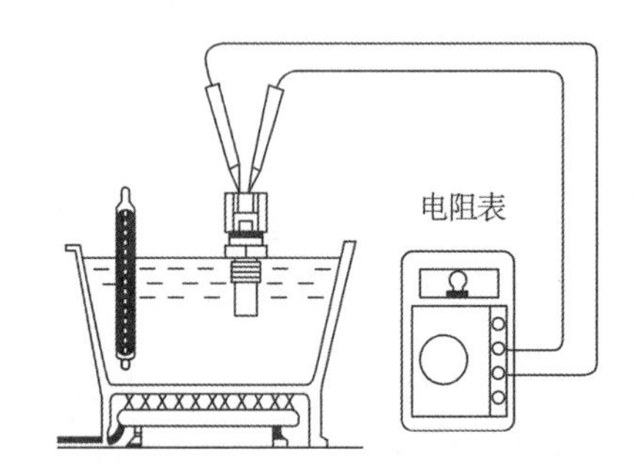

图 7-34　加热测量水温传感器

表 7-6　水温传感器不同温度的电阻值

冷却水温/℃	电阻值/kΩ	冷却水温/℃	电阻值/kΩ
−20	10～20	40	0.9～1.3
0	4～7	60	0.4～0.7
20	2～3	80	0.2～0.4

2. 连接器的检查

采用电子仪表的汽车，往往需要很多连接器把电线束连到仪表板上。这些连接器一般都采用不同颜色，以便辨认它属于哪一部分的连接。为保证其连接牢固、可靠，连接器上都设有闭锁装置。检查时可用眼看或手摸的方法进行，连接器装置要齐全、完好，插头、插座应接触可靠、无锈蚀。仪表电路工作中用手触摸连接器，应没有明显的温度感觉，若温度过高，说明该连接器接触不良，应查明原因予以排除。

3. 个别仪表故障诊断

若电子仪表板上个别仪表发生故障，应检查与此仪表相关的各个部分。首先应检查各导线的连接情况，包括各连接器的接触状况，线路是否破损、搭铁、短路或断路等；然后再用检测设备分别对该仪表及传感器进行检测，查明故障原因，予以修复，必要时更换新的元件。

4. 显示器故障检修

一旦电子仪表板上的显示器部分笔画、线路出现故障，应将仪表板上显示器件调整到静态显示状态，仔细观察是否还有别的故障，就此时出现的故障，使用检测设备对与此相关的电路或装置进行认真检查。若仅有一、二笔画或线段不发亮或不显示，则说明逻辑电路板通过多路传输的脉冲信号正确，可能是显示装置的部分线段工作不正常，遇此情况应做进一步检查，属于接触不良的应加以紧固，确保其电路畅通；若是电子器件本身的问题，通常应更换显示器件或电路板。

四、电子仪表故障的诊断方法

一般来说，使用电子仪表的汽车都采用电子控制，其中包括对电子仪表系统的控制，即来自各种传感器信号处理和仪表的显示都是由微机控制的。使用微机控制的汽车一般都具有故障自诊断系统，包括对电子仪表系统进行自检，检查电子仪表系统功能是否正常，并对其故障进行诊断。对于多数车辆来说，只要按下电脑上的相应按钮，即汽车开始进行自检，若有故障，则读出故障码，通过查阅有关手册，了解故障码代表的故障原因，找出相应的处理方法。

对于汽车仪表装置的故障诊断，除了依靠车载电脑自诊断系统进行自诊断以外，还可以使用专门的检测设备，对其进行检测和诊断。这些检测设备属于外接设备，可以直接插入汽车微机的相应插槽内使用。

现代汽车上的电器仪表的作用越来越大，随之产生的故障也相应增多，现介绍几种简易的诊断故障的方法。

1. 拆线法

当汽车电器仪表读数异常，通过分析、推断可能是传感器内部或传感器与指示仪表间的导线存在搭铁故障时，常采用拆线法进行检查，即通过拆除有关接线柱上的导线，来判断故障的原因及部位。以电磁式燃油表为例，当传感器内部搭铁或浮子损坏，以及传感器与燃油表间的导线搭铁时，无论油箱内油量多少，接通点火开关后，燃油表指针总指向“0”，此时可采用拆线法进行检查。首先，拆下传感器上的导线，若此时燃油表指针向“1”处移动，则为传感器内部搭铁或浮子损坏；若指针仍指向“0”，则应拆下燃油表上的传感器接线柱导线，若仪表指针向“1”移动，为燃油表至传感器间的导线搭铁；若指针仍不动，则可能是燃油表内部损坏或其电源线断路。

2. 搭铁法

当汽车电器仪表读数异常，通过分析、推断可能是传感器搭铁不良或损坏，以及传感器与指示仪表间的导线存在断路故障时，常采用搭铁法进行检查。通过导线将有关接线柱搭铁，可判断故障的原因及部位。接通点火开关后，对于电磁式燃油表，无论油箱存油多少，燃油表指针均指向“1”；对于双金属片式燃油表，燃油表指针均指向“0”。以上情况均说明相应仪表传感器可能搭铁不良、损坏，或者传感器与指示仪表间的导线存在断路故障，此时，可利用搭铁法进行检查。将传感器与导线相连的接线柱搭铁，若指针转动，说明传感器损坏或搭铁不良；若指针不转动，可用导线将指示仪表上接传感器的线柱搭铁，若指针转动，则为传感器与指示仪表间的导线存在断路故障；若指针仍不转动，则说明指示仪表内部损坏或其电源线断路。

3. 短接法

在其他电器仪表工作均正常、只有与稳压器相连的仪表（如燃油表、电磁式水温表等）不工作时，可利用短接法进行检查。用导线将稳压器的输入、输出端短接，这时与稳压器相连的仪表指针若立即偏转，则为稳压器内部存在故障。

4. 对比法

电器仪表读数不准时，可采用对比法进行校验检查。在相同的工况条件下，比较被校验的仪表与标准仪表的读数，判断被校验仪表的技术状况。例如：检验汽车电流表时，可将被试电流表与标准电流表及可变电阻串联在一起，接通蓄电池电流，逐渐调小可变电阻，比较两个电流表的读数，若相差超过20%，则为电流表存在故障，应予以修复或更换。

一、任务准备

1. 工作准备

洁具：准备□　清洁□

毛巾：准备□　清洁□

逃生门：位置明确□　通道畅通□

灭火器：红色□　黄色□　绿色□　处理意见：________________。

5S：整理□　整顿□　清洁□　清扫□　素养□

四件套□　翼子板护套□

2. 工具准备

常用工具一套。

3. 实训安排

（1）实训方式：分组交叉轮流。

（2）实训设备：实训中心实车一辆。

4. 安全事项

（1）拉好驻车制动手柄。□

（2）车轮前后用挡块掩好。□

(3) 将变速箱挡位挂入 P 挡或 N 挡。□

二、实施步骤

(1) 按照三人一组进行操作训练。
(2) 将点火开关关闭，拆卸仪表板，认识仪表板各表的类型和接线柱。
(3) 同一小组三位同学一起观察燃油传感器和冷却液温度传感器的位置。
(4) 检测传感器，并完成工作页的内容。
(5) 装复仪表板，打开点火开关，检查仪表板的工作状态。

三、清洁及整理

整理：所用工量具□
清洁场地：座椅□　地板□　工作台□　零件盘□　工位场地□

学生工作页

一、车辆信息填报

(1) 车型：____。
(2) VIN：____。

二、观察仪表板上各表的类型和接线柱(不少于 5 个)

序号	仪表名称	类型	接线柱端子
1			
2			
3			
4			
5			
6			
7			
8			

三、观察传感器的位置

(1) 燃油传感器：能找到□　不能□
(2) 冷却液温度传感器：能找到□　不能□

四、使用多用表检测传感器

(1) 燃油传感器实际测量阻值为________Ω(浮子在最高位置)、________Ω(浮子在中间位置)、________Ω(浮子在最低位置)。

判断:正常□　不正常□

(2) 冷却液温度传感器实际测量阻值为________Ω(室温:20℃)。

判断:正常□　不正常□

学后测评

一、填空题

1. 充电指示灯的作用是指示蓄电池充、放电状态,充电指示灯亮表示蓄电池________,充电指示灯不亮表示蓄电池________。

2. 汽车仪表安装稳压器的目的是在电源电压变化时保证仪表平均________。

3. 稳压器一般安装在________、________等电气元件前。

4. 现代汽车上一般安装有____________、____________、____________和________水温警告灯等报警装置。

5. 车速表的驱动源在变速器____________。

6. 机油压力表包括油压________和________两部分。

7. 水温表是用来指示发动机冷却系统中水的________的,它由装在汽缸水套中的传感器和装在仪表板上的水温表两部分组成。

8. 燃油表用来指示燃油箱内燃油的________。

二、选择题

1. 车速里程表的指针摆动量,在100量限以下且不超过(　　)。

A. 0.5 km/h　　B. 1.0 km/h　　C. 1.5 km/h　　D. 2.0 km/h

2. 当车速里程表由20±5改变至－20～＋55时的误差绝对值,应不超过被测标度值的(　　)。

A. 3%　　B. 5%　　C. 10%　　D. 15%

3. 汽油表的基本误差,不应超过标度上全弧长的(　　)。

A. ±3%　　B. ±5%　　C. ±10%　　D. ±15%

4. 车用机油压力表中的双金属片被电流加热时,只有在它的工作臂和补偿臂两者温度差距大时,才发生触点的(　　)。

A. 分开　　B. 闭合　　C. 烧蚀　　D. 时闭时开

5. 电流表应能承受有最大电流值是其上量限值的(　　)。

A. 1.5倍　　B. 2倍　　C. 2.5倍　　D. 3倍

6. 电气式水温表的基本误差,规定为刻度上量限值的(　　)。

A. ±3%　　B. ±5%　　C. ±10%　　D. ±15%

7. 电气式机油表的电路系统与外壳间的绝缘,应能经受的交流电频率为50 Hz、电压为(　　)。

A. 500 V　　B. 550 V　　C. 600 V　　D. 650 V

8. 双金属电热式水温表,是利用了负温度系数热敏电阻的基本特性。当水套中水温度

上升时，热敏电阻值迅速地(　　)。

A. 减小　　B. 增大　　C. 不变　　D. 缓慢地减小

9. 汽油表应能承受浮子由空位→满位→空位的循环运动，要求速度为20～30次/分的试验。进行鉴定时，这样的循环要连续做(　　)。

A. 3 000次　　B. 5 000次　　C. 10 000次　　D. 20 000次

10. (　　)电路需配仪表稳压器。

A. 双金属片电热表头配电热式传感器　　B. 双圈式表头配电热式传感器

C. 电热式表头配变阻型传感器

11. 汽车电喇叭距车前2 m，离地面高1.2 m处，音量应为(　　)dB。

A. 90～105　　B. 80～90　　C. >105

三、判断题

1. 汽车里程表中的所有读数转鼓和中间传动齿轮，它们各自都是左右两面均有齿，虽然它们左右两面的齿轮是不相同的，但齿廓大小却是相等的。(　　)

2. 车速报警装置由速度表、速度开关、电源和蜂鸣器组成。(　　)

3. 油压指示表安装于驾驶室仪表板上，内有电感不同的一对主线圈和一对副线圈，并连接一个指针。(　　)

4. 汽车油压传感器可以依靠其内部膜片弯曲程度的大小来传递油压是增高了还是降低了的信号。(　　)

5. 燃油低油面报警装置采用了热敏电阻与继电器串联的方法来控制报警灯电路的接通和切断。这里的热敏电阻，当燃油油面低于热敏电阻时，其电阻值将升高而不是降低。(　　)

6. 电动式车速里程表的传感器和接收器之间，可用电线连接，且不受距离限制。(　　)

7. 有些汽车不用水温表而用危险温度信号器，信号器有临界温度，常取90 ℃。(　　)

四、问答题

1. 汽车上常用的仪表有哪些？

2. 说明电流表的接线原则。

3. 为了保证电热式油压表指示准确，应怎样正确拧装油压传感器？

4. 热敏电阻式水温传感器有哪些优点？

5. 燃油表接线和传感器安装时应注意哪些事项？

项目八 安全与舒适系统的检测与维修

项目描述

为了提高汽车行驶的安全性、可靠性及舒适性，减轻驾驶员的劳动强度，现代汽车安装有一些安全与舒适系统，如电动刮水器、电动洗涤器、电动车窗、电动座椅等设备。本项目就汽车的这些安全与舒适系统进行相关知识的介绍和讲解。

学习目标

1. 知识目标

(1) 了解安全与舒适系统的组成和作用。

(2) 掌握安全与舒适系统部件的结构。

(3) 理解安全与舒适系统的工作原理。

(4) 正确识读安全与舒适系统电路图。

2. 技能目标

(1) 能进行安全与舒适系统的实物与图纸关系的对应查找。

(2) 能在实车上对安全与舒适系统功能进行操作。

(3) 会对安全与舒适系统相关部件进行检测。

(4) 会对安全与舒适系统的简单故障进行判断和排除。

任务一 电动刮水器及洗涤器的检修

任务目标

- 理解电动刮水器和洗涤器的作用和组成。
- 能在实车上识别出电动刮水器和洗涤器的各部件。
- 能在实车上调整、检测电动刮水器及洗涤器。

任务导入

为提高汽车行驶的安全性，确保在雨雪天气行车时驾驶人有良好的视线，汽车风窗玻璃

上都安装有刮水器和洗涤器。

一、电动刮水器的作用

刮水器的作用是清扫风窗玻璃上的雨水、雪或尘土，保证汽车在雨天或雪天行驶时，驾驶员有良好的视线，确保行驶安全。刮水器与清洗装置是汽车必须具备的装置，为安全行车提供保证，如图 8-1 所示。

目前汽车上广泛使用的是电动式刮水器。刮水器一般安装在汽车前风窗，部分汽车后风窗也装有刮水器，有些高档轿车的前大灯也装有刮水器。

图 8-1　汽车刮水器

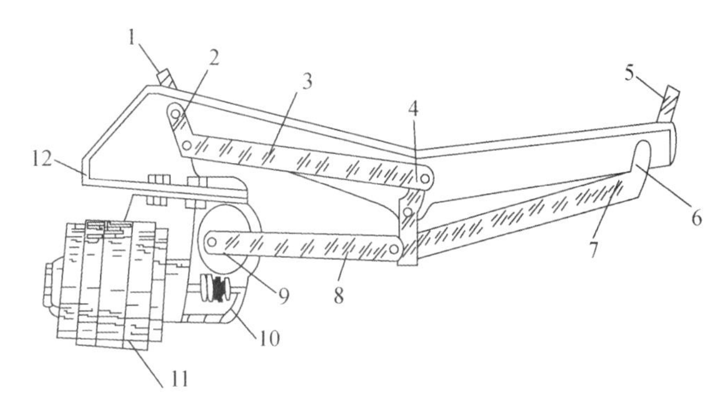

1、5—刮片架；2、4、6—摆杆；3、7、8—连杆；
9—蜗轮；10—蜗杆；11—永磁式电动机；12—支架

图 8-2　电动刮水器结构图

二、电动刮水器的结构

电动刮水器主要由刮水电机、传动机构、雨刷片等机件组成，如图 8-2 所示。

1. 刮水电机

(1) 刮水电机的结构。

刮水电机为直流变速电机，内有快、慢两个线圈，电动机输出经蜗轮减速器减速，并改变输出方向，如图 8-3 所示为永磁式直流刮水电机实物图，图 8-4 为永磁式直流刮水电机内部结构图。

(2) 刮水电机的变速原理。

刮水电机里有三个电刷，可以实现高速和低速的运转。直流电动机旋转时，在电枢绕组内同时还产生反电动势，其方向与电枢电流的方向相反。电枢转速上升时，反电动势也相应上升，当电枢电流产生的电磁力矩与运转阻力矩平衡时，电枢的转速不再上升而趋于稳定。当运转阻力矩一定时，电枢稳定运转所需要的电枢电流一定，对应的电枢绕组反向电动势的高低就一定，电枢绕组反向电动势与转速和正、负电刷之间串联的电枢线圈个数的乘积成正比。电枢绕组反向电动势一定时，转速和正、负电刷之间串联的电枢线圈个数成反比。

(3) 刮水电机的电路原理图。

如图 8-5(a)所示为刮水电机电源和正、负电刷接通时的电路原理图，图 8-5(b)所示为

刮水电机电源和负电刷及偏置电刷接通时的电路原理图。

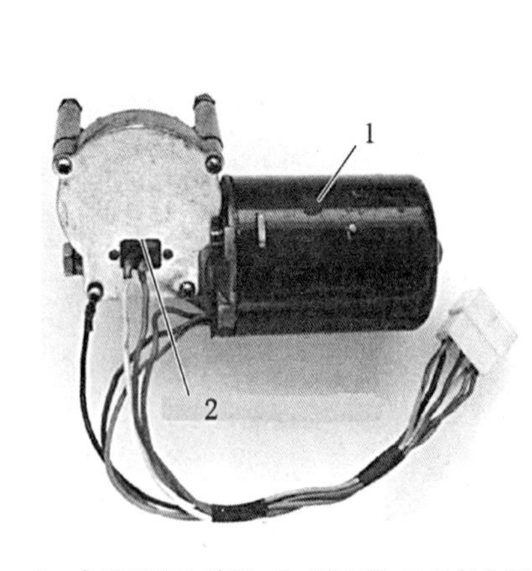

1—永磁双速电动机；2—减速器、自动复位器

图 8-3　永磁式直流刮水电机

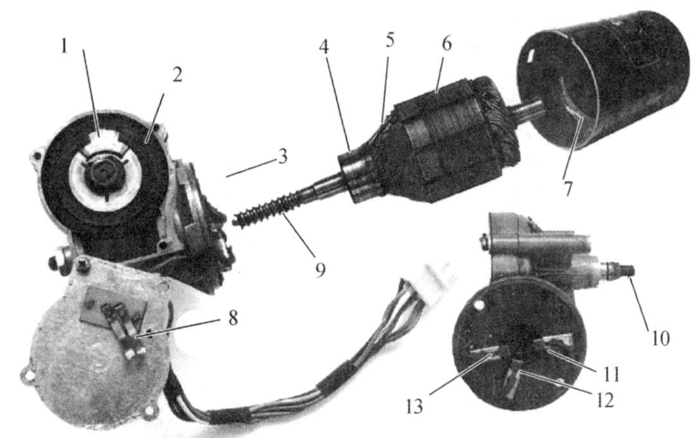

1—自动复位器滑环；2—减速器涡轮；3—A 向；4—整流器；5—绕组；6—铁芯；7—永久磁铁；8—自动复位器触点；9—减速器蜗杆；10—减速器输出轴；11—主碳刷；12—高速碳刷；13—低速碳刷

图 8-4　永磁式直流刮水电机内部结构图

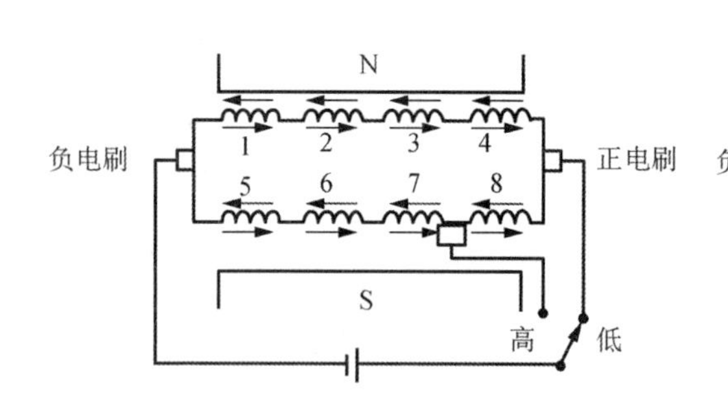

(a) 电源和正、负电刷接通时

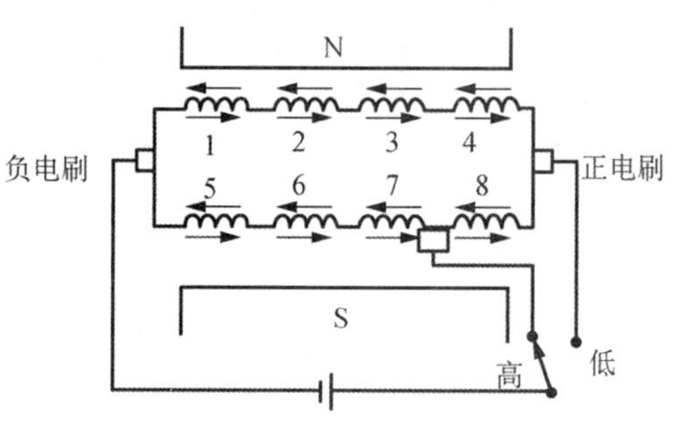

(b) 电源和负电刷及偏置电刷接通时

图 8-5　刮水电机电路原理图

2. 传动机构

传动机构由减速齿轮和连杆机构组成。减速齿轮由电动机驱动的蜗杆、蜗齿轮组成，蜗齿轮上一凸轮片，作为凸轮开关。

连杆机构由数个连杆组成，连杆机构将雨刷电动机动力传至蜗齿轮后面连杆组的滑动接头，滑动接头使连杆组做直线运动，再经连杆组使雨刷片产生摆动，如图 8-6 所示。

图 8-6　刮水器联动机构

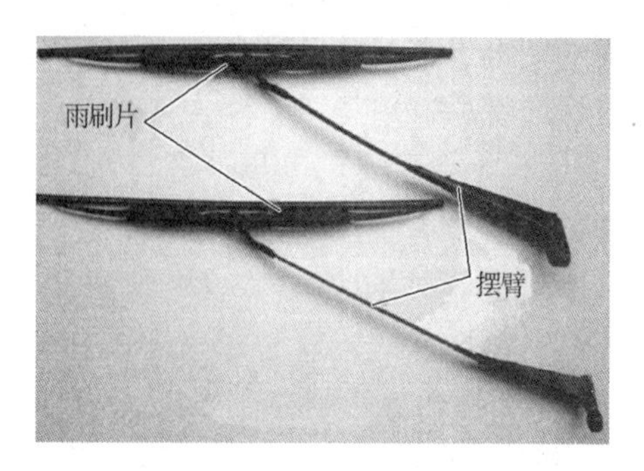

图 8-7　雨刷片

3. 雨刷片

最终完成刮水作用的橡胶片称为雨刷片，如图 8-7 所示。

(1) 雨刷片的分类。

常见的雨刷片分有骨雨刷片和无骨雨刷片，如图 8-8 所示。有骨雨刷靠骨架来使刮片和玻璃贴合，但由于这种贴合并不完全紧密，容易出现刮不干净、噪音大等问题，而且刮片磨损很快。而无骨雨刷是靠一整根导力条来分散压力，使得刮片各部分的受力均匀，可以减少水痕、擦痕的产生，而且可以降低刮片磨损，同时它的质量更轻，雨刷电机的寿命更长。

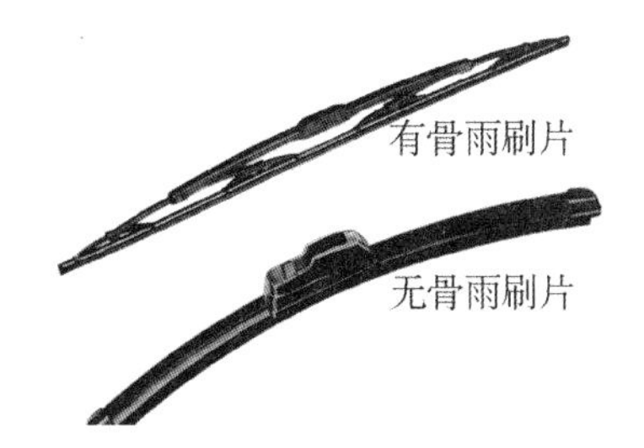

图 8-8　有骨和无骨雨刷片

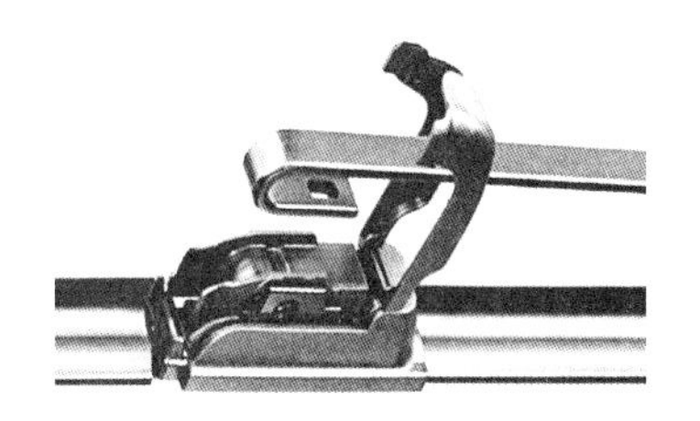

图 8-9　U 型接口雨刷臂

具体车型不同，雨刷片的尺寸也就不同，有些车型左右两个雨刷片长短一致，有些车型则是一长一短。虽然不同尺寸的雨刷片有时也能够正常安装，但还是建议选用原厂标准尺寸的雨刷片。若雨刷片过长，可能导致两个雨刷片发生干涉而无法正常工作，还会增加雨刷电机的负担；若过短，无法达到清扫效果。

在选装雨刷片前，一定要先弄清车辆的雨刷臂接口类型和雨刷片的尺寸。如果雨刷片的接口与车辆的雨刷臂接口类型不对应，则无法进行安装。而如果选购的雨刷片尺寸与车辆原厂雨刷尺寸不相符，即使能够安装，也会出现一些问题。

(2) 雨刷臂接口的分类。

① U 型接口雨刷臂，属于比较老式的接口类型，有很强的通用性，只要雨刷片是 U 型口的就可以安装，通常搭配有骨雨刷片，但是拆装不是很方便，如图 8-9 所示。

② 插拔式接口雨刷臂，拆卸方便、造型美观，通常搭配无骨雨刷片，这种接口又分为多种不同的样式，在雨刷片的选择上往往要求专车专用。

a. 专用接口 1，这种带有销孔接口的雨刷拆装起来十分方便，如图 8-10 所示。

b. 专用接口 2，这种直插式接口需要将方形卡扣按下进行拆装，如图 8-11 所示。

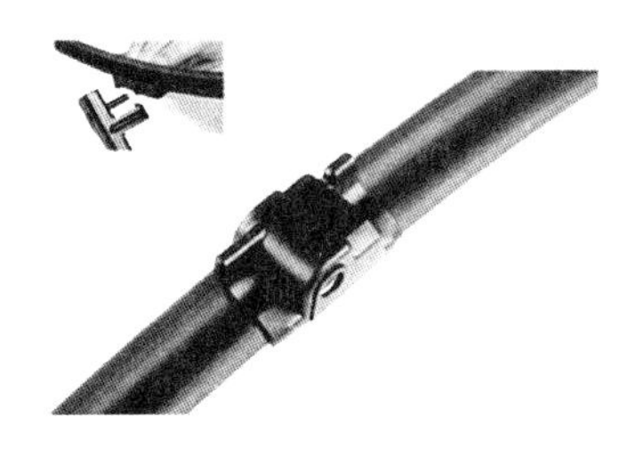

图 8-10　专用接口 1

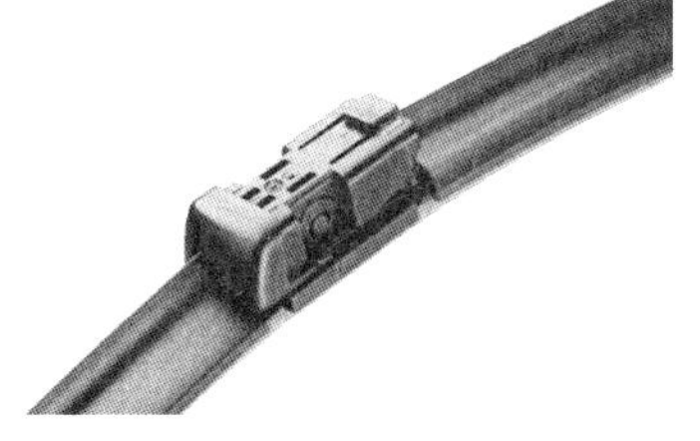

图 8-11　专用接口 2

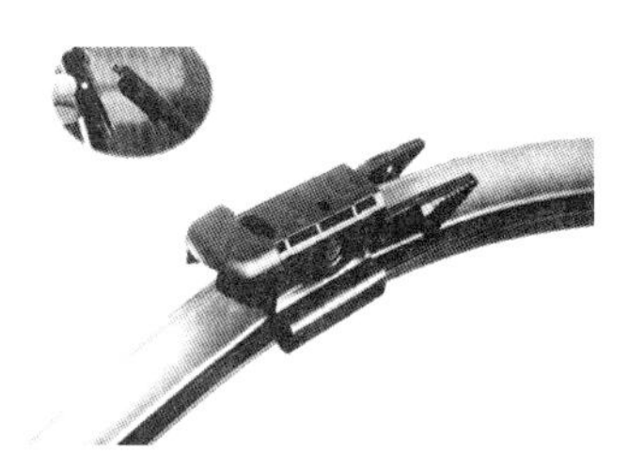

图 8-12　专用接口 3

c. 专用接口 3，这种接口又被称为燕尾型接口，拆装时需要捏住两个“燕尾”以解除锁止，如图 8-12 所示。

(3) 刮水器的使用。

在使用方法得当的前提下,一副无骨雨刷片的使用寿命可以达到 2～4 年,但由于多数人并不注意刮水器的正确使用及保养,导致雨刷片的寿命降低。首先,清洁风窗玻璃时,一定要先喷玻璃水,干擦不仅会加速刮水器的磨损,严重时还会造成雨刷电机的损坏。

冬季使用刮水器时,一定要先把风窗玻璃表面的冰碴清理掉以后再使用刮水器。另外,为了防止雨刷胶片冻在玻璃上,可以在停车后把雨刷片立起来,如图 8-13 所示。或者拿一块布垫在雨刷片下面,将它和风窗玻璃隔离开来。

图 8-13　冬季雨刷片立起图

另外,刮水器只是用来刮除玻璃上的雨水,并不是用来清洁杂物的,如果总是用来清洁风窗玻璃上的沙土等颗粒物,再好的雨刷片也会很快报废。正确的做法是:用湿的擦车布把风窗玻璃上的杂物擦去后,喷上玻璃水,再用刮水器刮干净。如果刮水器已经无法将风窗玻璃刮干净,或者刮水时的噪音变大,那么雨刷片很可能已经损坏,需要考虑进行更换。

三、风窗玻璃洗涤装置

风窗玻璃洗涤装置的组成如图 8-14 所示,其主要由储液罐、洗涤泵、软管、喷嘴等部分组成。基本工作原理是:工作时,开动洗涤泵,将储液罐的洗涤液通过软管、喷嘴而喷向风窗玻璃,将尘污湿润,然后通过刮水器的雨刷片来回运动,将风窗玻璃洗刷干净。

1. 洗涤泵

一般由永磁直流电动机和离心叶片泵组装成为一体。喷射压力可达 70～88 kPa。洗涤泵一般直接安装在储液罐上,但也有安装在管路内的。在离心泵的进口处设置有滤清器。洗涤泵连续工作一般不超过 1 min,对刮水和洗涤分别控制的汽车,应开动洗涤泵后接通刮水器,喷水停止后,刮水器应继续刮动 3～5 次,经过这样的配合,可以达到良好的清洁效果。

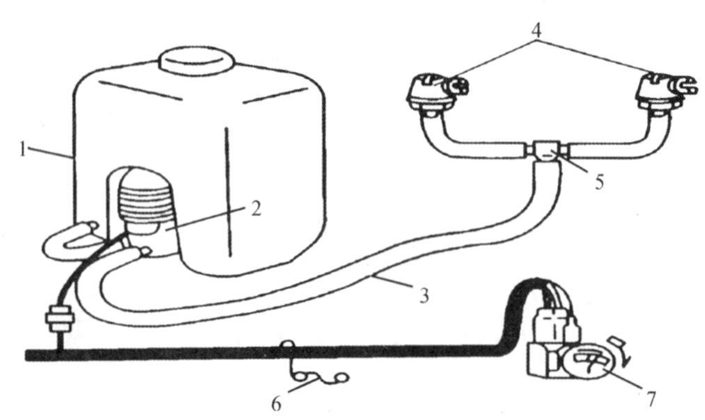

1—储液罐；2 洗涤泵；3—软管；4—喷嘴；5—三通管接头；6—熔断丝；7—刮水开关

图 8-14　风窗玻璃洗涤装置

2. 喷嘴

喷嘴安装在风窗玻璃下面。其喷嘴方向可以调整，使水喷射在风窗玻璃的适当位置，喷嘴直径一般为 0.8～1 mm。喷嘴的安装有两种形式：一种是在前围板总成的左右两面各安装一个喷嘴，各自冲洗规定区域；另一种是将喷嘴安装在刮水器臂内，当刮水器臂做弧形刮水运动时，喷嘴即刻向风窗玻璃上喷射清洗液。

洗涤液一般由水或者水与添加剂混合制成。为了能刮掉风窗玻璃上的油、蜡等物，可在水中加少量的去垢剂和防腐剂。注意：冬季不用洗涤器时，应将洗涤管中的水放掉。

四、电动刮水器及洗涤器开关

一汽大众雨刮拨杆和车灯拨杆一样，上面印了很多功能标识。虽然不同品牌的标识及标识的位置有所区别，但功能都差不多。一般来说，前雨刷的单次（1×）、间歇（INT）、慢速（LOW）、快速（HIGH）的功能，通过上下拨动拨杆实现。而单次（1×）功能的方向与其他几项功能方向相反，也就是说，如果向上拨动是单次，其他功能就通过向下拨动实现。并且拨动启动单次（1×）功能后拨杆会回位，而其他几项功能则是拨至不同挡位来实现，没有自动回位功能。

在某些车型雨刮的自动间歇工作挡位上可以调节摆动频率，让雨刮摆动频率根据车速高低而快慢不同——将刮水器拨杆置于“自动间歇摆动”挡位时，雨刮便会依照调节的频率，根据车速快慢来改变摆动频率。

五、永磁式刮水电动机电路

1. 刮水器控制电路

图 8-15 所示为刮水器的控制电路。刮水器的开关有三个挡位：“0”挡为复位挡，“Ⅰ”挡为低速挡，“II”挡为高速挡。刮水器开关内部的四个接线柱分别接复位装置、电动机低速电刷、搭铁、电动机高速电刷。复位装置安装在减速蜗轮（由塑料或尼龙材料制成）上，嵌有铜环。

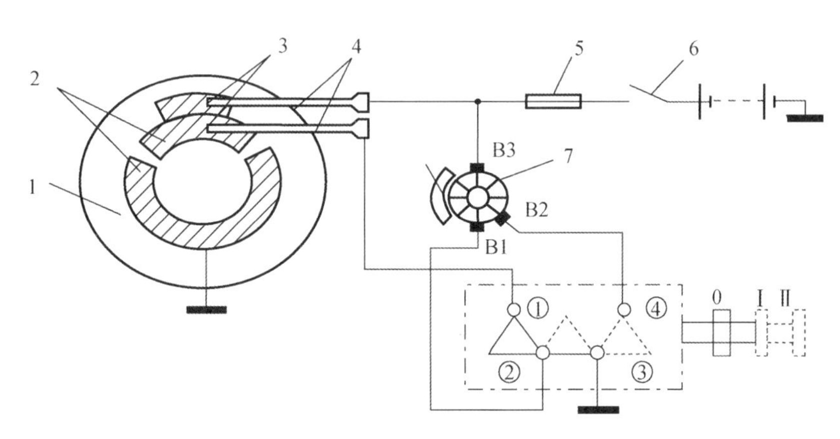

1—涡轮；2—铜环；3—触点；4—触点臂；5—熔断丝；6—电源开关；7—电枢

图 8-15　刮水器控制电路

此铜环分为两部分，其中一铜环与电动机外壳相连（搭铁）。触点臂用磷铜片或其他弹性材料制成，其一端铆有触点。由于触点臂具有一定的弹性，因此蜗轮转动时，触点与蜗轮的端面和铜环保持接触。

2. 电路分析

（1）“Ⅰ”挡（低速挡）。当接通电源开关，把刮水器开关拉出到“Ⅰ”挡（低速）位置时，电流流向为蓄电池正极→电源开关→熔断丝→电刷 B3→电枢绕组→电刷 B1→刮水器开关接线柱②→接触片→刮水器开关接线柱③→搭铁→蓄电池负极，构成回路，电动机低速运转。

（2）“II”挡（高速）。把刮水器开关拉出到“II”挡（高速）位置时，电流流向为蓄电池正极→电源开关→熔断丝→电刷 B3→电枢绕组→电刷 B2→刮水器接线柱④→接触片→刮水器接线柱③→搭铁→蓄电池负极，构成回路，电动机高速运转。

（3）“0”挡（停止）。当把刮水器开关退回到“0”挡时，如果雨刷片没有停止到规定的位置，由于触点与铜环相接触，如图 8-15 所示，则电流继续流入电枢，其电路为蓄电池正极→电源开关→熔断丝→电刷 B3→电枢绕组→电刷 B1→接线柱②→接触片→接线柱①→触点臂→铜环→搭铁→蓄电池的负极。由此可以看出，电动机仍以低速运转直至涡轮旋转到图 8-15所示的特定位置，电路断路。

由于电枢的运动惯性，电动机不能立即停止转动，此时电动机以发电机方式运行。因此电枢绕组通过触点臂与铜环接通而短路，电枢绕组将产生强大制动力矩，电动机迅速停止运转，使雨刷片复位到风窗玻璃的下部。

六、间歇式刮水器电路

汽车刮水器上都加装了电子间歇控制系统，使刮水器能按照一定的周期停止和刮水，这样在小雨或雾天中行驶时，不至于在玻璃上形成发黏的表面，驾驶员可以有更好的视线。刮水器的控制电路根据雨量大小自动开闭，并自动调节间歇时间。图 8-16 所示为刮水自动开关与调速控制电路。电路中 S1、S2 和 S3 是安装在风窗玻璃上的流量检测电极，雨水落在两检测电极之间，使其阻值减小。水流量越大，其阻值就越小。

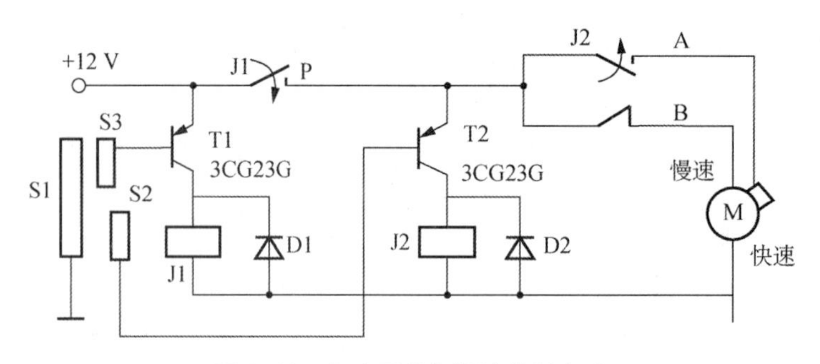

图 8-16　自动开关与调速控制电路

S1 与 S3 之间的距离较近（约 2.5 cm），因此，晶体管 T1 首先导通，继电器 J1 通电，在电磁吸力的作用下，P 点闭合，刮水器电动机低速旋转。当雨量增大时，S1 与 S2 之间的电阻减小使得晶体管 T2 也导通，于是继电器 J2 通电，在电磁吸力的作用下，B 点断开，A 点接通，

刮水器电动机转为高速旋转。雨停时，检测电阻之间的阻值均增大，晶体管 T1、T2 截止，继电器复位，刮水器电动机自动停止工作。

七、典型车辆电动刮水器的控制电路及工作原理

图 8-17 所示为桑塔纳轿车风窗玻璃刮水器控制电路。

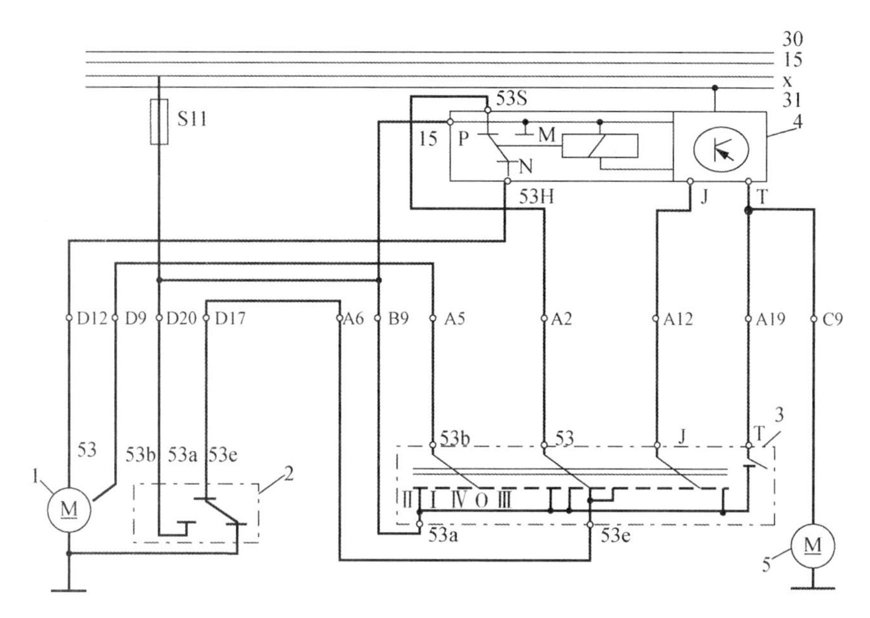

1—刮水器电动机；2—自动复位器；3—刮水器与洗涤器开关；4—间歇继电器；5—洗涤电机

图 8-17　桑塔纳轿车刮水器控制电路图

1. 刮水器与洗涤器电路组成

(1) 刮水器电动机总成(包括刮水器电动机 1、减速器及自动复位器 2)上共有五根线，它们分别为低速线 53、高速线 53b、电源线 53a、复位线 53e 及搭铁线 31(刮水器电动机 1 的搭铁线与自动复位器 2 的搭铁线合二为一)。自动复位器是一个单掷二位自动开关，其导通情况是：当刮水器开关关闭且雨刷片回到风窗玻璃的最低位置时，复位线 53e 与搭铁线 31 导通；当刮水器开关关闭而雨刷片未回到风窗玻璃的最低位置时，电源线 53a 与复位线 53e 导通。

(2) 刮水器与洗涤器组合开关上有 6 个端子，即 53a、53、53b、53e、J 和 T，它们分别与电源线、低速线、高速线、复位线、间歇线及洗涤线 6 根线相连。刮水器开关是一个三掷五位开关，有“0”“Ⅰ”“II”“III”“Ⅳ”五个挡位，其中“0”挡为停止挡、“Ⅰ”挡为低速挡、“II”挡为高速挡、“III”挡为间歇挡、“Ⅳ”挡为点动挡。当刮水器开关处于停止挡或间歇挡时，开关上的 53 端子与 53e 端子接通，使低速线与复位线接通。洗涤器开关是一个点动开关，当向上抬组合开关手柄时，清洗泵的电路即接通；松开手柄，清洗泵的电路便断开。

2. 工作原理

(1) 低速挡电路。

当刮水器开关拨至“Ⅰ”挡时，开关的第二掷将 53 端子与 53a 端子接通，电路走向为：

中央配电盒 x 路电→熔断器 S11→中央配电盒 B 区 9＃(简称 B9,以下各接点均用简称)→刮水器与洗涤器组合开关上的端子 53a→刮水器开关第二掷→刮水器与洗涤器组合开关上的端子 53→A2→刮水继电器的 53S 端子→刮水继电器的触点 P→刮水继电器的触点 N→刮水继电器的 53H 端子→D12→刮水器电动机上的低速线 53→刮水器电动机电枢→搭铁线 31。此时刮水器电动机低速运转,雨刷片低速摆动,主要在中雨天使用。

(2) 高速挡电路。

当刮水器开关拨至“II”挡时,开关的第一掷将 53b 端子与 53a 端子接通,电路走向为:中央配电盒 x 路电→熔断器 S11→B9→刮水器与洗涤器组合开关上 53a 端子→刮水器开关第一掷→刮水器与洗涤器组合开关上 53b 端子→A5→D9→刮水器电动机上的高速线 53b→刮水器电动机电枢→搭铁线 31。此时刮水器电动机高速运转,雨刷片高速摆动,主要在大雨天使用。

(3) 点动挡电路。

当刮水器开关向前拨至停止挡与“Ⅰ”挡之间的“Ⅳ”挡(点动挡)位置不松手时,开关的第二掷将 53 端子与 53a 端子接通,电路走向同低速挡。此时刮水器电动机低速运转,雨刷片低速摆动。倘若一松手,刮水器开关会自动回到停止挡,雨刷片回到最低位置后停止摆动。

(4) 复位、停机电路。

将刮水器开关从低速挡、高速挡任一个挡拨回停止挡或从点动挡回到停止挡时,开关的第二掷将 53 端子与 53e 端子接通。倘若此时雨刷片未回到最低位置,刮水器电动机自动复位器上的电源线 53a 与复位线 53e 导通。电路走向为:中央配电盒 x 路电→熔断器 S11→D20→自动复位器的 53a 端子→自动复位器的 53e 端子→D17→A6→刮水器与洗涤器组合开关上的 53e 端子→刮水器开关第二掷→刮水器与洗涤器组合开关上的 53 端子→A2→刮水继电器的 53S 端子→刮水继电器的触点 P→刮水继电器的触点 N→刮水继电器的 53H 端子→D12→刮水器电动机上的低速线 53→刮水器电动机电枢→搭铁线 31。刮水器电动机继续运转,雨刷片继续摆动,直至到达最低位置。当雨刷片到达最低位置时,自动复位器上的复位线 53e 与搭铁线 31 导通,电动机断电而停止运转,同时雨刷片停止摆动。

(5) 间歇挡电路。

当刮水器开关由停止挡向后拨至“III”挡时,开关的第三掷将 J 端子与 53a 端子接通,也就接通了刮水继电器的电路,使其投入工作。刮水继电器每隔 6 s 左右使继电器的线圈通电一次,使触点 M 与 N 接通一次,刮水器电动机通电,进而雨刷片摆动一次,以适应车辆在小雨中行驶。电路走向为:中央配电盒 x 路电→熔断器 S11→刮水继电器的 15 端子→刮水继电器的触点 M→刮水继电器的触点 N→刮水继电器的 53H 端子→D12→刮水器电动机上的低速线 53→刮水器电动机电枢→搭铁线 31。

注:当刮水器开关拨至间歇挡时,每次雨刷片均能回到最低位置停住,原因是当刮水器开关处于间歇挡时,开关上的 53 端子与 53e 端子一直是接通状态。

（6）风窗玻璃清洗电路。

当向上抬组合开关手柄时，洗涤器开关将53a端子与T端子接通，此时一方面清洗泵电动机的电路接通，四个喷头向风窗玻璃喷洒清洗液；另一方面刮水继电器的电路也接通工作，刮水器电动机运转，雨刷片摆动，刷洗风窗玻璃上的灰尘。当松开组合开关的手柄时，清洗泵便停止工作，同时刮水继电器、刮水器电动机也停止工作。电路走向为：中央配电盒x路电→熔断器S11→B9→刮水器与洗涤器组合开关上53a端子→洗涤器开关→刮水器与洗涤器组合开关上T端子→A19。

在中央配电盒内电分两路，一路经C9去清洗泵电动机；另一路去刮水继电器。刮水继电器使继电器的线圈通电，触点M与N接通，电路走向为：中央配电盒x路电→熔断器S11→刮水继电器的15端子→刮水继电器的触点M→刮水继电器的触点N→刮水继电器的53H端子→D12→刮水器电动机上的低速线53→刮水器电动机电枢→搭铁线31。

八、电动刮水器及洗涤器的检查与调整

1. 雨刷的检查

检查雨刷的方法很简单，喷出一些清洁液，然后开动刮水器，留意它的动作是否流畅，留心听听是否有较大的“刮刮”声，如有的话，就表示雨刷过分压向玻璃，必须做出适当的调、校。当刮水器扫完一至两下之后，看看是否有水分留在风窗玻璃上，同时观察是否会留下一些划痕，如果很明显就能见到的话，就表示刮水器上的刮水胶条已经老化，应该更换新的胶条了。

如果各种故障现象都齐全，肯定要检查雨刷片。方法是：将刮水器拉起来，用手指在清洁后的橡胶雨刷片上摸一摸，检查是否有损坏及橡胶叶片的弹性如何。若叶片老化、硬化，出现裂纹，就应及时更换。此外，还要注意支杆连接至雨刮摇臂的方式是否匹配，因为有的支臂是用螺丝固定到摇臂上的，而有些则是用建点的凸扣锁死的，一定要认准。

2. 洗涤液的检查

雨刮水也要定期检查，找到雨刮水加注壶，如图8-18所示，上面有刻度，当液面低于最小刻度的时候，就需要加注雨刮水了。

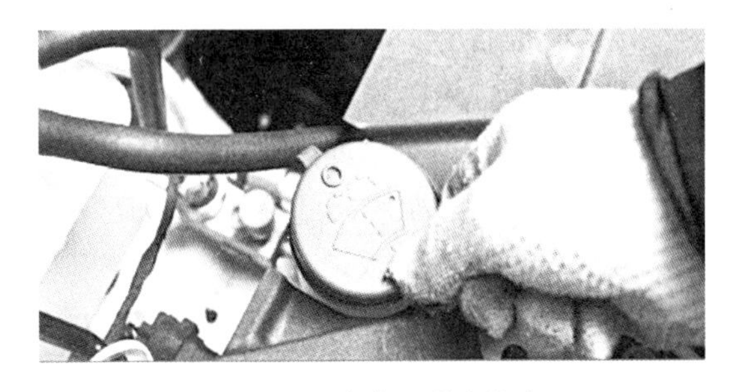

图8-18　汽车雨刮水检查

3. 喷嘴的检查

正常的车辆标配都有两个喷嘴，用来清洗前风窗玻璃，喷嘴位置在玻璃底部刮水器转轴附近，也有的车辆是设置在发动机舱盖子上，如图8-19所示。

喷水位置应为风窗玻璃中偏上位置，如喷水位置过高或者过低，则需要调整，如图8-20所示。调整时，可以用大头针将喷嘴喷水调整到合适位置，如图8-21所示。调整完毕后，应再次检查喷水位置是否合适。注意：在使用大头针时切勿将喷嘴损坏。

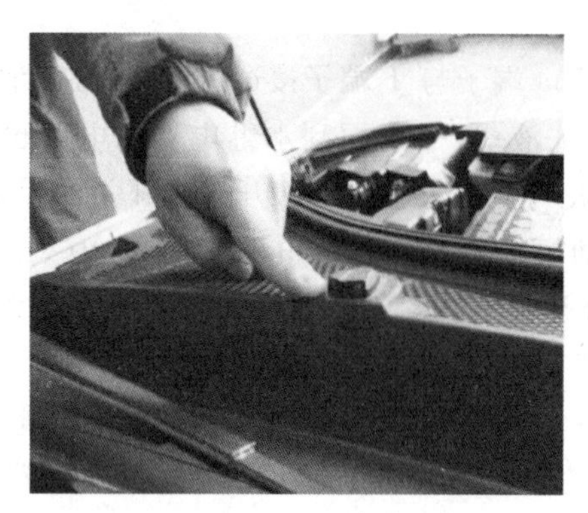
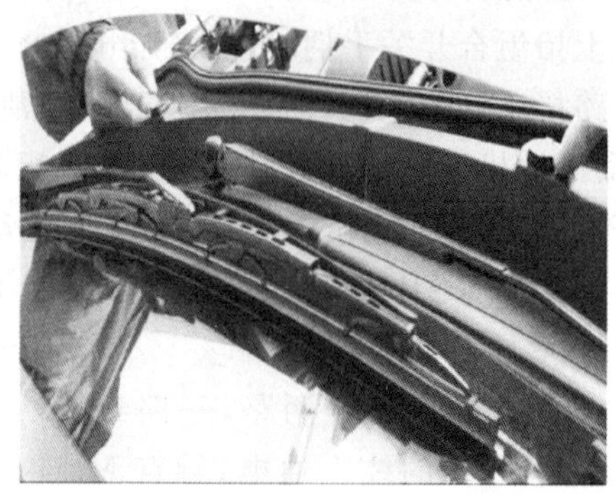

图 8-19　喷嘴位置

图 8-20　喷水角度检查

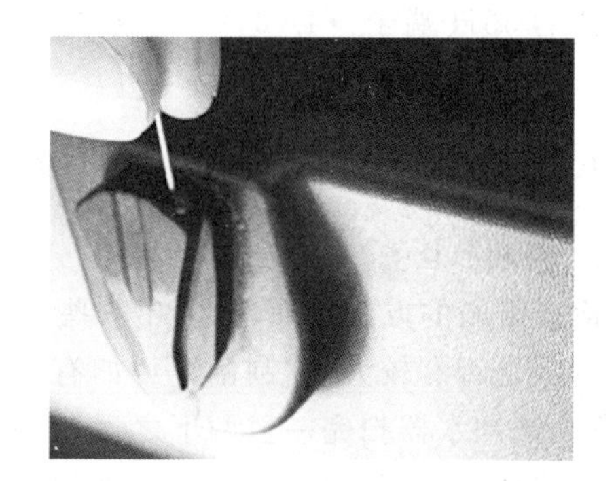

图 8-21　用大头针将喷嘴喷水调整到合适位置

任务实施

一、任务准备

1. 工作准备

洁具：准备□　清洁□

毛巾：准备□　清洁□

逃生门：位置明确□　通道畅通□

灭火器：红色□　黄色□　绿色□　处理意见：____________________。

5S：整理□　整顿□　清洁□　清扫□　素养□

四件套□　翼子板护套□

2. 工具准备

常用工具一套。

3. 实训安排

(1) 实训方式：分组交叉轮流。

(2) 实训设备：实训中心实车一辆。

4. 安全事项

(1) 拉好驻车制动手柄。□

(2) 车轮前后用挡块掩好。□
(3) 将变速箱挡位挂入 P 挡或 N 挡。□

二、实施步骤

(1) 按照三人一组进行操作训练。
(2) 观察电动刮水器和洗涤器,进行结构认识。
(3) 观察风窗玻璃,查看雨刷片的类型。
(4) 打开发动机引擎舱盖,找到洗涤器并检查洗涤液的数量。
(5) 在驾驶室内,观察电动刮水器和洗涤液的开关,并进行操作训练。
(6) 查找资料,画出对应车型的刮水器及洗涤器的控制电路图。
(7) 检查雨刷片的磨损状况和洗涤器的喷水角度,如有必要,进行调整。
(8) 小组讨论,完成学生工作页的填写。

三、清洁及整理

整理:所用工量具□
清洁场地:座椅□　地板□　工作台□　零件盘□　工位场地□

学生工作页

一、车辆信息填报

(1) 车型:______________________________。
(2) VIN:______________________________。

二、观察电动刮水器和洗涤器

(1) 你能观察到的电动雨刷和洗涤器实物有:
雨刷片□　摆臂□　雨刷电机□　传动机构□　洗涤液□　喷嘴□
洗涤开关□　雨刮开关□
(2) 观察风窗玻璃,查看雨刷片。
你所观察车辆的雨刷片属于:有骨雨刷片□　无骨雨刷片□
(3) 打开发动机引擎盖,找到洗涤器,你所观察的洗涤液:有□　无□

三、观察电动雨刷和洗涤液开关

(1) 电动雨刷的开关位置:能找到□　不能找到□
会操作□　不会操作□
挡位有:______________________________。
(2) 洗涤器开关:能找到□　不能找到□　会操作□　不会操作□

四、画出该车型的刮水器及洗涤器电路图,并查找相关实物位置

能确认的部件有:刮水电机□　控制保险□　继电器□
洗涤电机□　雨刮开关□　洗涤开关□

五、检查和调整

(1) 雨刷片的技术状况:正常□　不正常□
(2) 喷水角度的调整:会调整□　不会调整□

任务二　电动车窗的检修

任务目标

- 理解电动车窗的作用和组成。
- 能在实车上识别出电动车窗的各部件。
- 能正确检测电动车窗及其控制电路。

任务导入

汽车在使用过程中,车窗的使用频率很高,采用电动车窗后,驾驶员通过车窗主开关可以方便地控制每一个车门玻璃上升或下降,极大地提高了驾驶员的驾车舒适性。

必备知识

一、电动车窗的作用及功能

1. 电动车窗的作用

电动车窗也叫自动车窗,由于其操作简单、可靠,目前在汽车上得到了广泛的应用。

所谓电动车窗,就是用伺服电机驱动玻璃的升降,它取代了传统的转动摇柄升降玻璃,使得玻璃的升降轻便化、舒适化、自动化。

为了使驾驶员更加集中精力驾车,方便驾驶员及乘客的操作,许多轿车采用了电动车窗。驾驶员和乘客只需操纵车窗升降开关,如图 8-22 所示,就可以使汽车门窗玻璃自动上升或者下降。

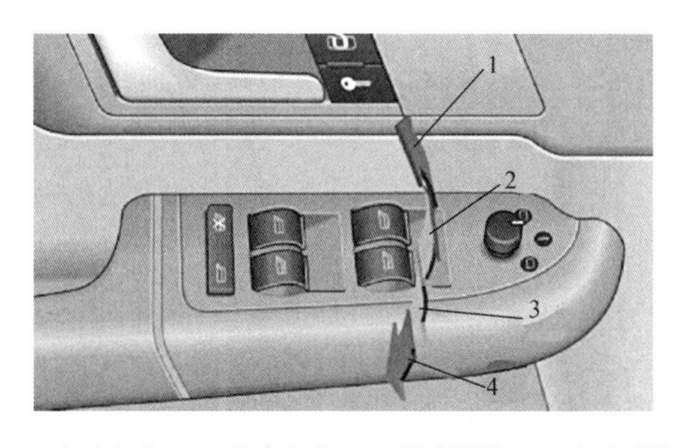

1—自动上升；2—手动上升；3—手动下降；4—自动下降

图 8-22　某一款汽车的电动车窗升降开关

图 8-23　防夹玻璃升降器

2. 电动车窗功能

(1) 依靠电机升降车窗玻璃。

(2) 能够自动上升与下降。利用比较器控制电磁线圈控制开关触点，当松开开关后，车窗玻璃仍可自动上升或下降。

(3) 防夹功能。所谓防夹玻璃升降器，是指当玻璃上升时，如果在上升区域内发现人体某部位或物件，会立即反转(下降)一段距离后停止，以防止夹伤乘客，如图 8-23 所示。

目前，防夹玻璃升降器从防夹功能上主要分为两类：接触式和非接触式。接触式指当电动车窗机构感触到有异物在玻璃上，才会自动停止玻璃上升工作。

(4) 与其他系统共同作用，实现汽车的人性化控制。

二、电动车窗的结构组成

电动车窗系统由车窗、电动机、电动玻璃升降器、开关等组成，如图 8-24 所示。

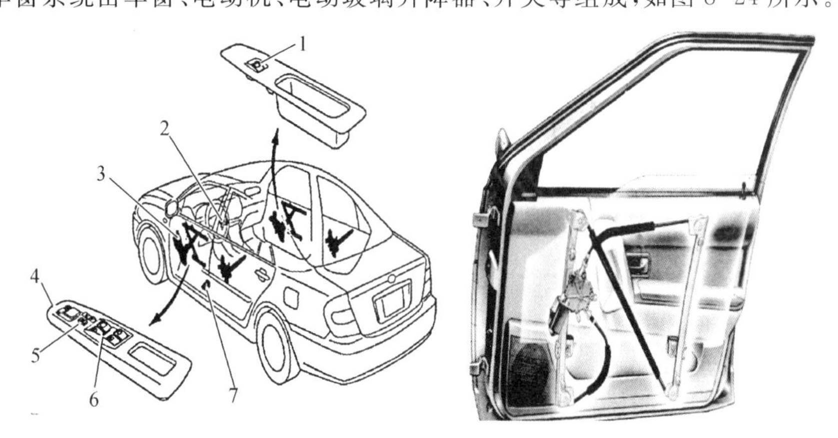

1—电动车窗开关；2—点火开关；3—车窗调节器；4—电动车窗总开关；5、6—车窗锁止开关；7—门控开关

图 8-24　电动车窗结构

1. 电动机

电动车窗的电动机有永磁式、双绕组串励式两种，为双向电机。一般使用双向永磁或绕线(双绕组串联式)电动机，如图 8-25 所示。每个车窗安装有一只电动机，通过开关控制其

电流方向，从而实现车窗的升降。另外，为了防止电动机过载，在电路或电动机内装有一个或多个热敏电路开关，用来控制电流，当车窗玻璃上升到极限位置或由于结冰而使车窗玻璃不能自由移动时，即使操纵控制开关，热敏开关也会自动断路，避免电动机通电时间过长而烧坏。

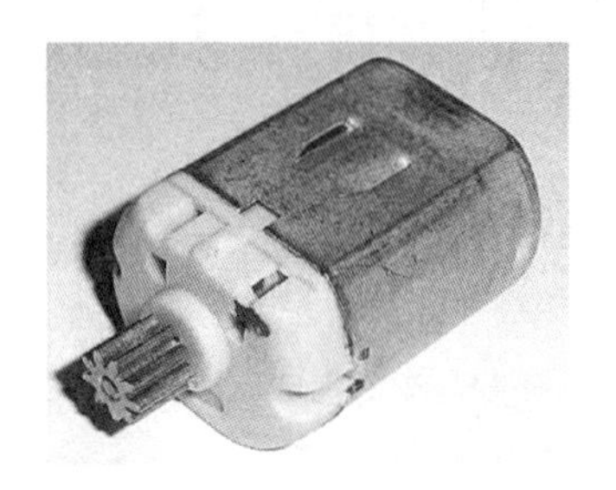

图 8-25　电动车窗电动机

2. 电动玻璃升降器

电动玻璃升降器主要有钢丝滚筒式、齿扇式及齿条式等。一种是用齿扇来实现换向作用，齿扇上连有螺旋弹簧，当车窗上升时，弹簧伸展，放出能量，以减轻电机负荷；当车窗下降时，弹簧压缩，吸收能量，从而使车窗无论是上升还是下降，电机的负荷基本相同。

(1) 钢丝滚筒式。

钢丝滚筒式电动车窗玻璃升降器双向直流电动机前端安装有减速机构，其上安装一个绕有钢丝的滚筒，玻璃卡座固定在钢丝上且可在滑动支架上移动，如图 8-26 所示。

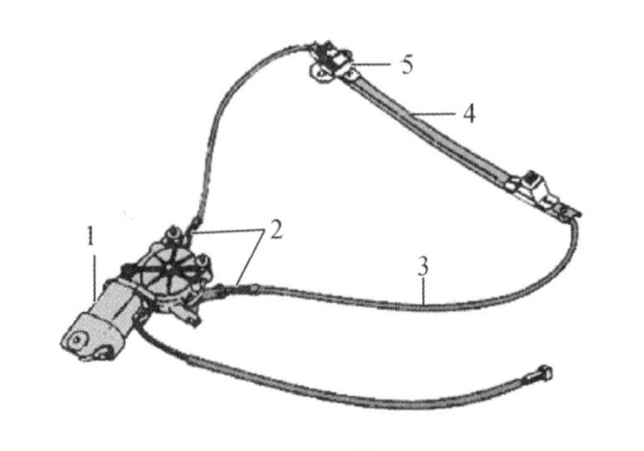

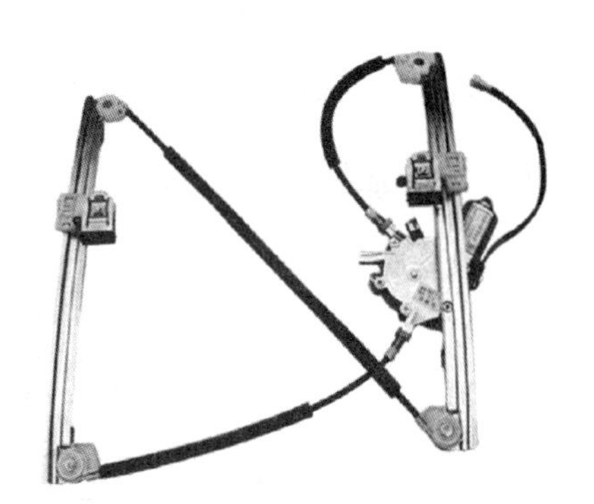

1—涡轮机构和电动机；2—减震弹簧；3—绳索；4—玻璃升降导轨；5—夹持器

图 8-26　钢丝滚筒式电动玻璃升降器

(2) 齿扇式。

齿扇式电动玻璃升降器双向直流电机带动蜗轮、蜗杆减速改变方向后，驱动齿扇，从而使玻璃上下移动。齿扇上装有螺旋弹簧，当门窗下降时螺旋弹簧收缩，当门窗上升时螺旋弹簧伸展，从而达到直流电机双向负荷平衡的目的，如图 8-27 所示。

(3) 齿条式。

采用柔性齿条和小齿轮，当电机转动时，通过蜗轮、蜗杆将动力传给小齿轮，小齿轮使齿条移动，齿条通过拉绳带动车窗升降，如图 8-28 所示。

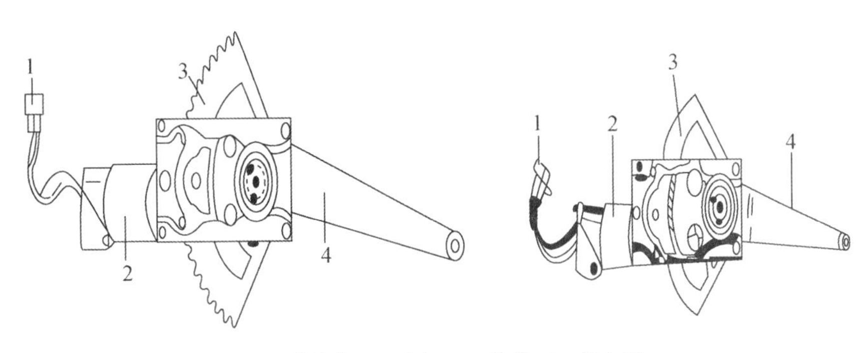

1—电缆接头；2—电机；3—齿扇；4—推力杆

图 8-27　齿扇式电动玻璃升降器

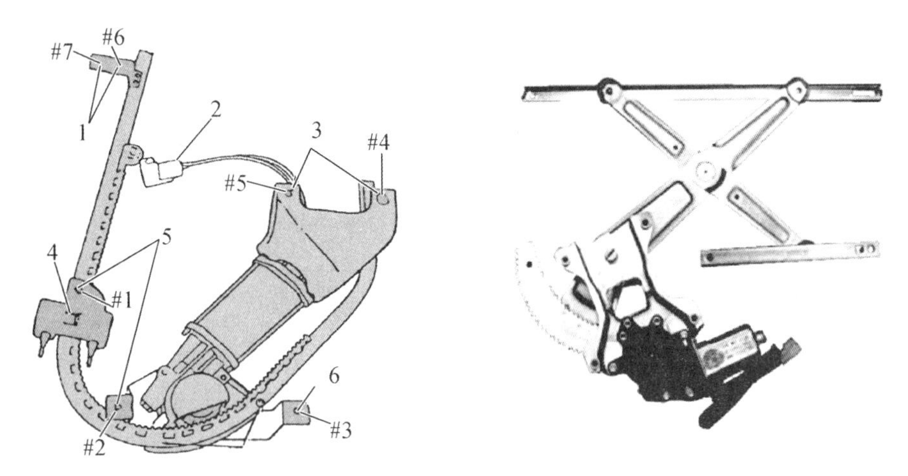

1—＃6 和＃7 铆接处；2—插头；3—＃4 和＃5 铆接处；4—贴条；5—＃1 和＃2 铆接处；6—＃3 铆接处

图 8-28　齿条式电动玻璃升降器

3. 开关

控制开关一般有两套，一套为总开关，装在仪表板或驾驶员侧的车门上，另一套为分开关，分别安装在每个车窗上。由于所有车窗的电动机都要通过总开关搭铁，所以如果总开关断开，分开关就不能起作用。

电动车窗控制系统中的主控开关，用于驾驶员对电动车窗系统进行总的操纵，一般安装在左前车门把手上或变速杆附近，如图 8-29 所示；分控开关安装在每个车门的中间或车门把手上，用于乘客对车窗进行操纵，如图 8-30 所示。

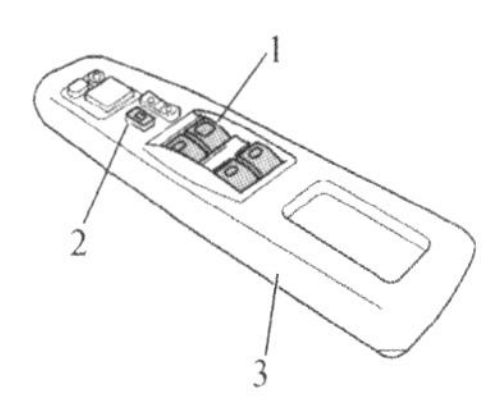

1—电动车窗开关；2—车窗锁止开关；3—电动车窗总开关

图 8-29　电动车窗控制系统中的主控开关

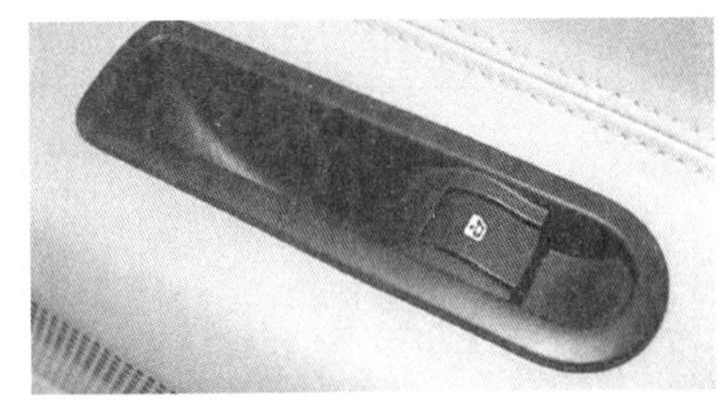

图 8-30　电动车窗控制系统中的分控开关

三、电动车窗的控制电路

1. 电动车窗的基本工作原理

不同汽车电动车窗的控制电路不同，按电动机是否直接搭铁，分为电动机不直接搭铁和电动机直接搭铁两种。

电动机不搭铁的控制电路是指电动机不直接搭铁，电动机的搭铁受开关控制，通过改变电动机的电流方向来改变电动机的转向，从而实现车窗的升降，控制电路如图 8-31 所示。

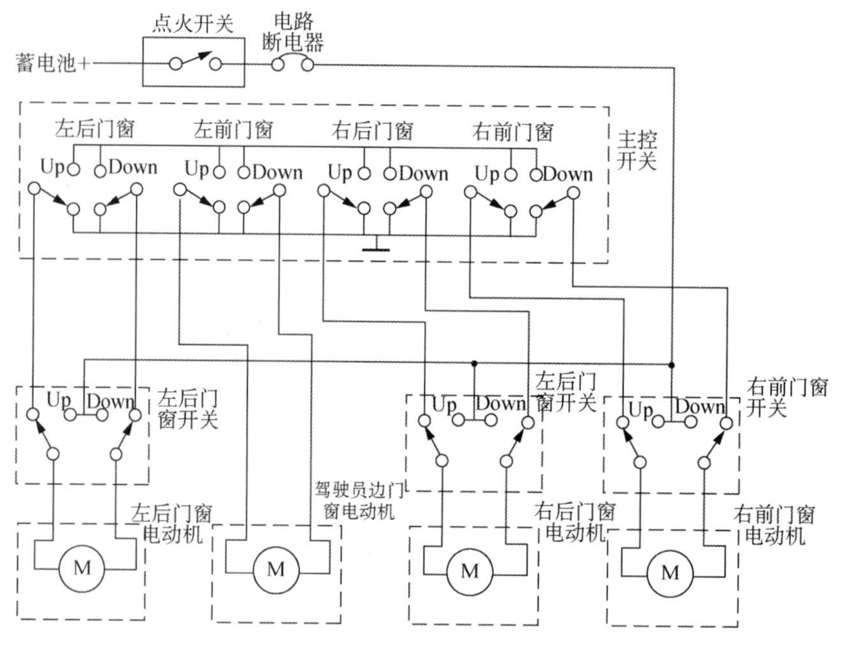

图 8-31　电动机不搭铁的控制电路

电动机搭铁是指电动机一端直接搭铁，而电动机有两组磁场绕组，通过接通不同的磁场绕组，使电动机的转向不同，实现车窗的升降，控制电路如图 8-32 所示。

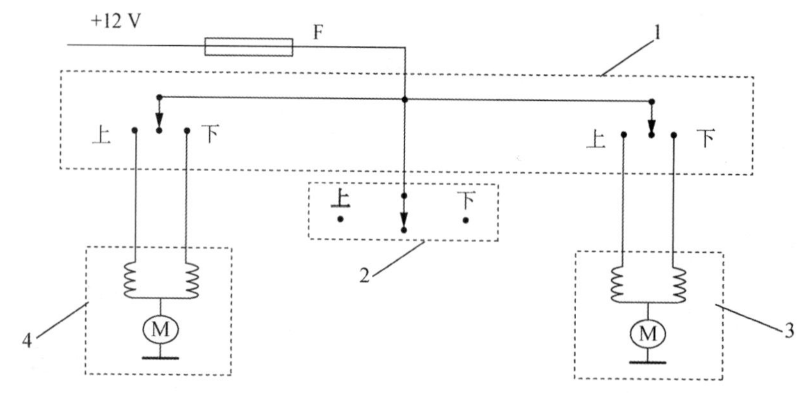

1—驾驶员主控开关组件；2—右前车窗开关；3—右前车窗电动机；4—左后车窗电动机

图 8-32　电动机搭铁的控制电路

图 8-33 和图 8-34 所示是以电动机不搭铁电动车窗系统为例，驾驶员和乘客分别操作使左后车窗上升或下降时的电流方向。驾驶员操作主控开关中的左后车窗开关，使其在“升”的位置时，左后车窗电动机的一端通过主控开关与搭铁断开后接电源而通电转动，使左后车窗向上运动，电流方向如图 8-33 箭头所指。乘客操作左后车窗的独立操作开关，使其在“降”的位置时，左后车窗电动机的一端通过独立操作开关与搭铁断开后车窗电源而通电转动，使左后车窗向下运动，电流方向如图 8-34 中箭头所指。

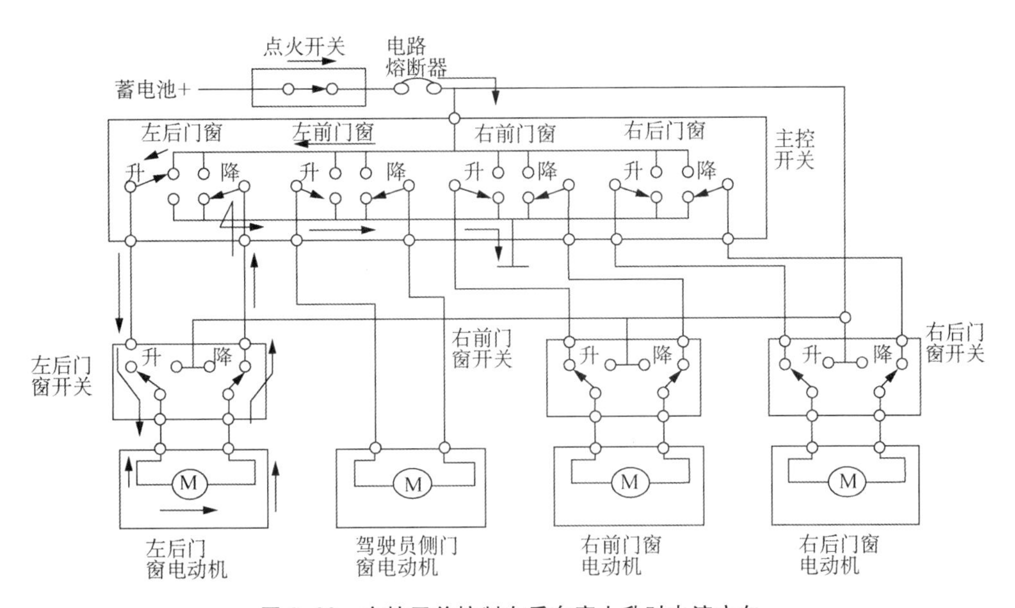

图 8-33　主控开关控制左后车窗上升时电流方向

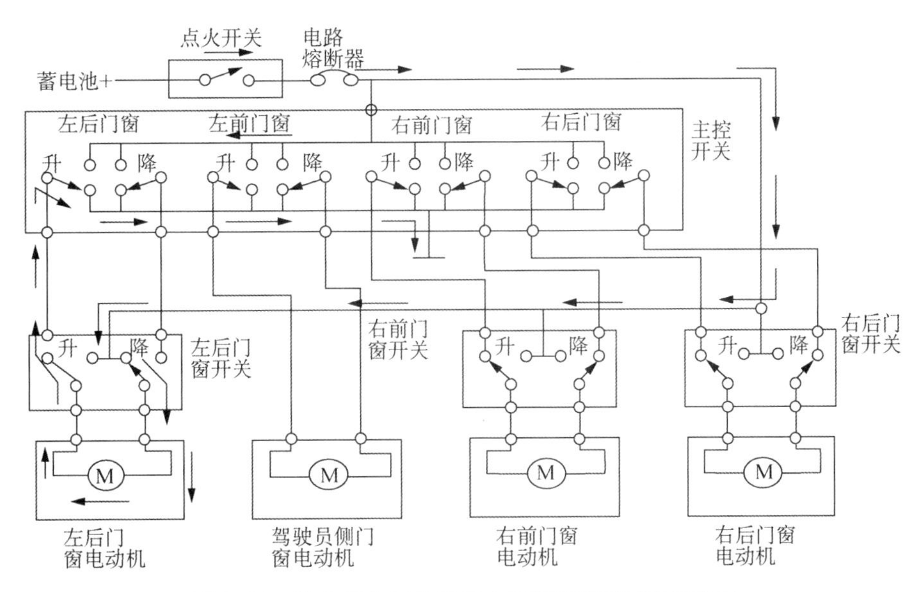

图 8-34　独立操作开关控制左后车窗下降时电流方向

可见，电动车窗控制电路中，一般都设有驾驶员集中控制的主控开关和每一个车窗的独立操作开关，每个车窗的操作开关可由乘客自己操作。但是，有些汽车的主控开关备有锁止开关,可以切断其他各车窗的电源,使每个车窗的操作开关不起作用,这个开关只能由驾驶员一人操作。

2. 自动升降电动车窗的工作原理

图 8-35 所示为自动升降电动车窗的控制电路。当点火开关处于 ON 挡时,电动车窗主继电器工作,触点闭合,给电动车窗电路提供了电源,车窗可随时进入工作状态。要使车窗自动完全关闭,将开关彻底拉起,驾驶员侧的“UP”信号被输入 IC,同时“AUTO”信号也被输入 IC。因为 IC 内部有定时电路,当“自动上升”信号被输入时,定时器电路开始工作,通过定时器电路使 Tr1 和 Tr2 导通。此时有电流流过 UP 继电器线圈,电流流向为:蓄电池正极→Tr1→UP 继电器线圈→Tr2→搭铁,线圈中产生磁场,使得继电器的触点由 A 点切换到 B 点。这时电动车窗电动机通电,具体电路流向为:蓄电池正极→UP 继电器触点 B→电动机→DOWN 继电器触点 B→搭铁→蓄电池负极,构成闭合电路,电动机工作,使车窗上升。因为定时电路保持 Tr1 和 Tr2 导通的时间有 10 s,所以即使开关被松开后,电动机也能继续转动。

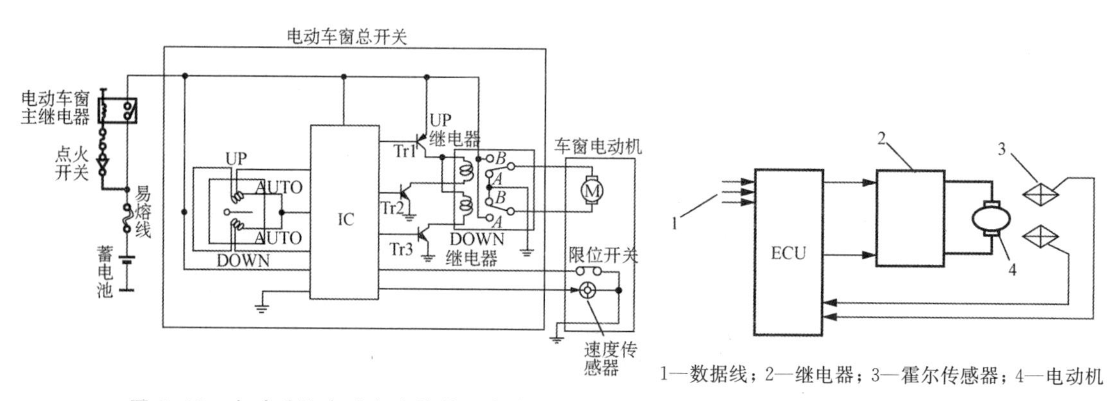

图 8-35　自动升降电动车窗的控制电路

图 8-36　防夹电动车窗的原理图

如果驾驶员侧车窗完全关闭,并且 IC 检测到来自电动车窗电动机的速度传感器和限位开关的锁止信号,或者定时器电路关闭,电动车窗电动机将停止转动。当需要车窗完全打开时,驾驶员将开关按到底,IC 内部的定时电路使 Tr1 和 Tr3 导通后,电动机中有反向电流流过而使车窗打开。

3. 防夹功能电动车窗的工作原理

电动车窗使用起来十分方便,但是如果驾驶员没有注意乘客的手或物件伸出窗口,按下电机车窗上升开关,乘客的手或物体就容易被上升的玻璃夹着。为此,现在许多轿车的电动车窗都增加了防夹功能。

目前,汽车的防夹电动车窗(包括防夹电动天窗)的防夹功能的实现需要“触觉”“视觉”的配合。所谓“触觉”,就是当电动车窗机构感触到有异物在玻璃上时,会自动让玻璃停止上升。防夹电动车窗的工作原理图如图 8-36 所示,在关闭的过程中,驱动机构中有 ECU 及霍尔传感器(脉冲发生器)时刻检测电动机的转速,当霍尔传感器检测到转速有变化时就会向 ECU 传送信息,ECU 向继电器发出指令,使电动机停转或反转(下降),车窗也就停止上升或下降。

当然,这种车窗玻璃移动过程中的阻力与车窗玻璃到达终端的阻力是不一样的,后者阻

力远较前者阻力大得多，因此控制方式也不一样。当车窗玻璃到达关闭的终端时，该阻力变大，电动机过载电流也变大，继电器靠过载保护装置会自动切断电流。有的汽车设有玻璃升降终点的限位开关，当玻璃到达终端时压住限位开关，电流被切断，电动机停止运转。

所谓“视觉”，是一套光学控制系统。它检测有无异物在电动车窗移动范围内，从而控制玻璃移动，无需异物直接接触到玻璃。这个光学控制系统的主要元件是光学传感器，它由红外线发射器和接收器组成，安装在车窗的内饰件上，能连续精确地扫描指定的区域。这个区域一般指车窗玻璃向上移动时，距离车窗开口框上边缘 4～200 mm 范围内。一旦检测到有异物，传感器会把信息反馈至 ECU，ECU 发出指令使电动机停止运转。由于这种装置小巧，装嵌隐蔽，控制技术先进，所以有人称之为“智能无接触防夹玻璃”。

一般普通轿车的防夹电动车窗只有“触觉”，具有一定档次的轿车才有“视觉”。如果有“触觉”和“视觉”二重监测，汽车防夹电动车窗就十分安全了。

四、电动车窗智能控制

在某些汽车上，电动车窗的工作方式则完全不同。开关将与车中的多个电子模块之一(一般汽车都包含有 25 个模块)连接，电机的电能不直接经过开关。某些汽车的驾驶员车门中不仅有一个电子模块，而且还有一个被称为车身控制器的中央模块。

车门上配有大量控件的汽车更可能使用这种配置。有些汽车将电动车窗控制器、电动后视镜控制器、中控动力锁控制器甚至电动座椅控制器全部装在车门上。这将导致电线太多，而无法将它们从车门中引出。

驾驶员车门模块可监控所有开关，从而避免上述累赘。例如，如果驾驶员按下自己的车窗开关，则车门模块将关闭为车窗电机提供电能的继电器。如果驾驶员按下调节乘客侧后视镜的开关，驾驶员车门模块就会向汽车的通信总线发送一个数据包。此数据包会通知车身控制器向一个电动后视镜电机提供电能。

1. 自动升降

自动下降功能在配有电动车窗的汽车上很常见。轻按并松开下降开关，车窗会一直下降。该电路可监控按下开关的时间。如果按下开关的时间不足半秒，则车窗将会一直下降，直至碰到限制开关；如果按下开关的时间超过半秒，则车窗将会在松开按钮时停止下降。自动上升车窗不太常见。自动上升车窗的问题在于：如果有任何东西挡住了车窗的运动(例如儿童)，则车窗必须停止，否则会伤到儿童。汽车制造商：设计一种可监控电机速度的电路。如果电机速度减慢，则电路会将电能反转到电机，这样车窗就会下降。

2. 车外控制车窗

将车钥匙插入驾驶员车门，转动并握住车钥匙，即可降下车窗。这一功能由驾驶员侧车门模块控制，该模块可监控车门锁开关。如果转动车钥匙的时间超过设定的时间，则驾驶员侧车门模块会降下车窗。

3. 提供电能

某些汽车在熄火后会继续为车窗电路提供电能，如果忘记摇上车窗，就无需将车钥匙插回点火开关。电动车窗电路将在电线上安装可提供电能的继电器。在某些汽车上，车身控制器会使继电器保持关闭状态延长一分左右；而在其他汽车上，除非打开车门，否则继电器会保持关闭状态。

五、电动车窗控制开关检测

检测开关如图 8-37 所示。

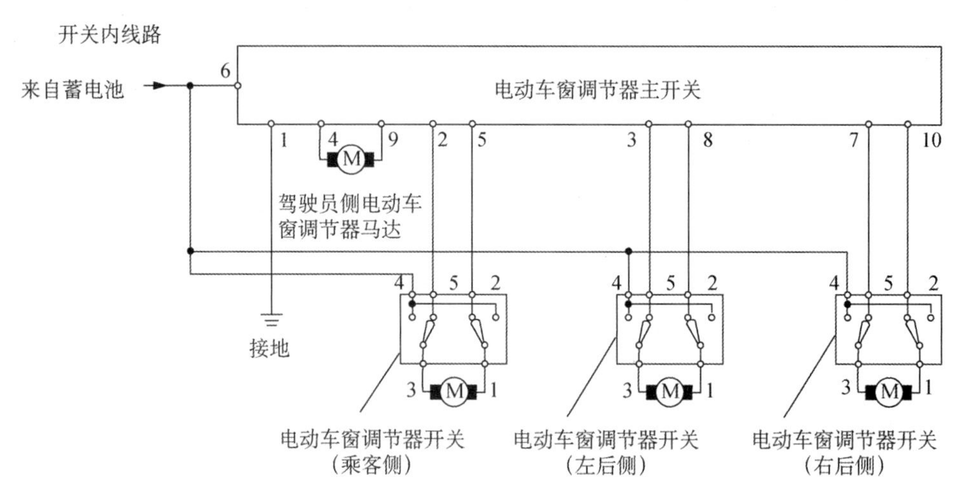

图 8-37 开关检测图

1. 驾驶员侧控制开关检测

（1）当开关处于常态时，用多用表欧姆挡测量开关插头 1-4-9-2-5-3-8-7-10 端子时均导通，则说明开关常态时正常。

（2）将开关按钮往上按时，用多用表欧姆挡测量开关插头 6-4 和 1-2-3-5-7-8-9-10 端子时均导通，则说明开关上升位置时正常。

（3）将开关按钮往下按时，用多用表欧姆挡测量开关插头 6-9 和 1-2-3-4-5-7-8-10 端子时均导通，则说明开关下降位置时正常。

2. 前乘员侧开关（未锁）

（1）当开关处于常态时，用多用表欧姆挡测量开关插头 1-4-9-2-5-3-8-7-10 端子时均导通，则说明开关常态时正常。

（2）将开关按钮往上按时，用多用表欧姆挡测量开关插头 2-6 和 1-8-10 端子时均导通，则说明开关上升位置时正常。

（3）将开关按钮往下按时，用多用表欧姆挡测量开关插头 6-5 和 1-4-10 端子时均导通，则说明开关下降位置时正常。

3. 左后侧开关（未锁）

（1）当开关处于常态时，用多用表欧姆挡测量开关插头 1-4-9-2-5-3-8-7-10 端子时均导通，则说明开关常态时正常。

（2）将开关按钮往上按时，用多用表欧姆挡测量开关插头 3-6 和 1-8-10 端子时均导通，则说明开关上升位置时正常。

（3）将开关按钮往下按时，用多用表欧姆挡测量开关插头 6-8 和 1-3-10 端子时均导通，则说明开关下降位置时正常。

4. 右后侧开关(未锁)

(1) 当开关处于常态时,用多用表欧姆挡测量开关插头 1-4-9-2-5-3-8-7-10 端子时均导通,则说明开关常态时正常。

(2) 将开关按钮往上按时,用多用表欧姆挡测量开关插头 6-7 和 1-3-10 端子时均导通,则说明开关上升位置时正常。

(3) 将开关按钮往下按时,用多用表欧姆挡测量开关插头 6-10 和 1-4-7 端子时均导通,则说明开关下降位置时正常。

5. 所有乘客侧开关(前乘客侧、左后侧、右后侧)

(1) 当开关处于常态时,用多用表欧姆挡测量开关插头 1-2 端子和 3-5 端子时均导通,则说明开关常态时正常。

(2) 将开关按钮往上按时,用多用表欧姆挡测量开关插头 1-2 和 3-4 端子时均导通,则说明开关上升位置时正常。

(3) 将开关按钮往下按时,用多用表欧姆挡测量开关插头 2-3 和 1-4 端子时均导通,则说明开关下降位置时正常。

六、电动车窗控制线路检测

1. 驾驶员侧电动车窗控制线路的检测

(1) 打开点火开关至 ON 挡,将多用表打到 20 V 直流电压挡,将多用表红表笔插入电动车窗开关插座的 6 号孔内,黑表笔放在车身搭铁处,测得开关电源线的电压值为 12 V,说明开关电源线路电压正常。

(2) 将多用表打至导通挡,将多用表红表笔插入开关插座的 1～3 号孔内,黑表笔放在车身搭铁处,测得开关搭铁线与车身导通,说明开关搭铁线路正常。

(3) 将多用表打至 200 Ω 挡,将多用表红表笔插入开关插座 4～9 号孔内,测得电阻为 1 Ω 左右,说明电动车窗电机线路正常。

2. 乘客侧控制线路及开关线路的检测

(1) 打开点火开关至 ON 挡,将多用表打至 20 V 直流电压挡,将与多用表红表笔连接好的诊断引线插入电动车窗开关插座的 4 号孔内,黑表笔放在车身搭铁处,测得开关电源线的电压值为 12 V,说明开关电源线路电压正常,如图 8-38 所示。

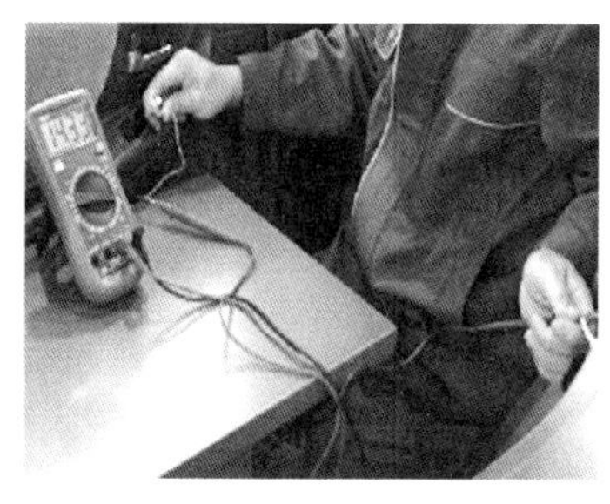

图 8-38　乘客侧控制开关电源线检测

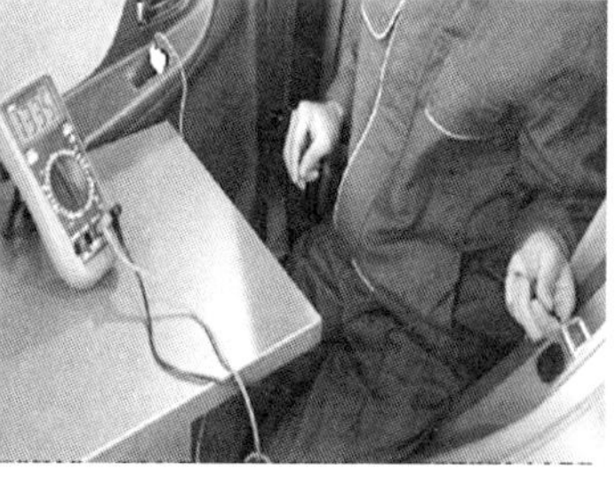

图 8-39　开关搭铁线路检测

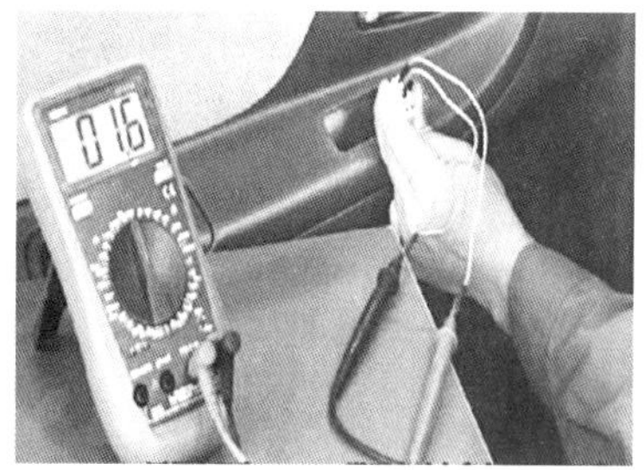

图 8-40　电动车窗电机线路检测

（2）将多用表打至导通挡，将与多用表红表笔连接好的诊断引线插入开关插座的 2～5 号孔内，黑表笔放在车身搭铁处，测得开关搭铁线与车身导通，说明开关搭铁线路正常，如图 8-39 所示。

（3）将多用表打至 200 Ω 挡，将两根诊断引线分别插入开关插座 1～3 号孔内，测得电阻为 1.6 Ω，说明电动车窗电机线路正常，如图 8-40 所示。

一、任务准备

1. 工作准备

洁具：准备□　清洁□

毛巾：准备□　清洁□

逃生门：位置明确□　通道畅通□

灭火器：红色□　黄色□　绿色□　处理意见：＿＿＿＿＿＿＿＿＿＿＿＿＿＿＿＿。

5S：整理□　整顿□　清洁□　清扫□　素养□

四件套□　翼子板护套□

2. 工具准备

常用工具一套。

3. 实训安排

（1）实训方式：分组交叉轮流。

（2）实训设备：实训中心实车一辆。

4. 安全事项

（1）拉好驻车制动手柄。□

（2）车轮前后用挡块掩好。□

（3）将变速箱挡位挂入 P 挡或 N 挡。□

二、实施步骤

（1）按照三人一组进行操作训练。

（2）观察电动车窗，认识其结构。

（3）学会正确操作电动车窗的各项功能。

（4）对电动车窗的工作状态进行判断。

（5）对驾驶员侧电动车窗电机及开关线路进行检测。

（6）对乘客侧电动车窗及开关线路进行检测。

（7）查找资料，画出对应车型的车窗控制电路图。

（8）小组讨论，完成学生工作页的填写。

三、清洁及整理

整理：所用工量具□

清洁场地：座椅□　地板□　工作台□　零件盘□　工位场地□

学生工作页

一、车辆信息填报

(1) 车型：____。
(2) VIN：____。

二、观察电动车窗

(1) 电动车窗：能找到□　不能找到□
(2) 操作开关：能找到□　不能找到□　会操作□　不会操作□

三、操作电动车窗，并判断其工作状态

(1) 驾驶员侧开关及车窗：开关正常□　开关不正常□
　　车窗能升降□　车窗不能升降□
(2) 乘客侧开关及车窗：开关正常□　开关不正常□
　　车窗能升降□　车窗不能升降□

四、驾驶员侧电动车窗电机及开关线路检测

(1) 开关电源线路测得电压为 ________ V，判断：正常□　不正常□
(2) 开关搭铁线路：导通□　不导通□；判断：正常□　不正常□
(3) 电动车窗电机线路检测，测得电阻为 ________ Ω，判断：正常□　不正常□

五、乘客侧电动车窗及开关线路检测

(1) 开关电源线路测得电压为 ________ V，判断：正常□　不正常□
(2) 开关搭铁线路：导通□　不导通□；判断：正常□　不正常□
(3) 电动车窗电机线路检测，测得电阻为 ________ Ω，判断：正常□　不正常□

六、查阅相关资料，画出该车型的电动车窗电路图

任务三　电动座椅的检修

任务目标

· 理解电动座椅的作用和组成。

· 能在实车上识别出电动座椅的各部件。
· 能正确检测电动座椅及其控制电路。

为了提高驾驶人驾驶车辆的舒适性，驾驶人座椅可采用电动座椅，电动座椅一般具备前后滑动、靠背倾角、升降和腰部支撑调节等基本功能。

一、电动座椅的作用与类型

1. 电动座椅的作用

电动座椅是指以电动机为动力，通过传动装置和执行机构来调节座椅的各种位置。汽车座椅的主要功能是为驾驶员及乘员提供便于操作、舒适又安全、不易疲劳的驾乘位置。

2. 电动座椅的分类

目前，电动座椅主要有带电子控制调节系统的电动座椅和不带电子控制调节系统的电动座椅两种。

二、电动座椅的结构组成

电动座椅主要由双向直流电动机、传动装置和座椅调节器等组成，如图 8-41 所示。

1. 双向直流电动机

可进行前、后移动控制的电动座椅装有一个双向电动机，在前、后移动基础上还可升、降的四向移动座椅装有两个双向电动机，座椅前端或后端还可分别升降的六向移动座椅装有三个双向电动机。遥控电动座椅甚至装有四个以上的双向电动机，除能保证六向移动的功能外，还能调整头枕高度、倾斜度、座椅长度及扶手位置等。直流电动机内装有断路器，防止过载烧坏直流电动机。

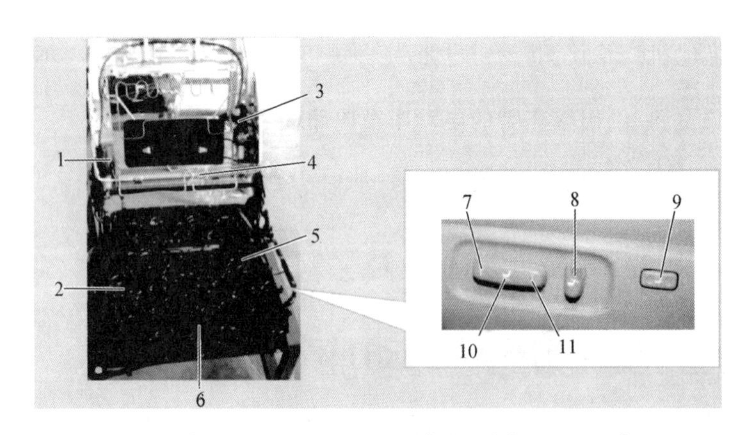

1—靠背倾斜电机；2—前垂直电机；3—腰垫电机；4—靠背连接管；5—后垂直电机；6—滑动电机；
7—前垂直调节开关；8—靠背倾斜调节开关；9—腰垫调节开关；10—滑动调节开关；11—后垂直调节开关

图 8-41 电动座椅结构图

2. 传动装置

电动座椅的传动装置主要由变速器(蜗轮、蜗杆)、联轴装置、齿轮、齿条等组成。其作用是把直流电机产生的旋转运动变为座椅的位置调整。

前后调整传动机构如图 8-42 所示,它由蜗杆、蜗轮、齿条、导轨等组成,齿条装在导轨上。调整时,直流电机产生的力矩经蜗杆传至两侧的蜗轮上,经齿条的带动,使座椅前后移动。

上下调整传动机构如图 8-43 所示,它由蜗杆轴、蜗轮、心轴等组成。调整时,直流电机产生的力矩带动蜗杆轴,驱动蜗轮转动,使心轴在蜗轮内旋进或旋出,带动座椅上下移动。

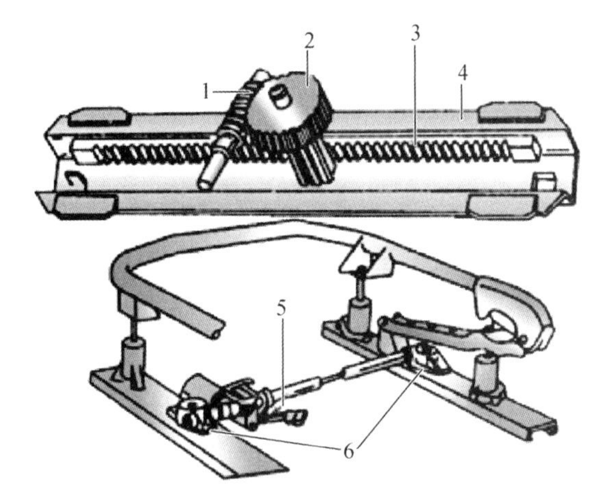

1—蜗杆；2—蜗轮；3—齿条；
4—导轨；5—调整电机；6—支承导向器

图 8-42　电动座椅前后调整传动机构

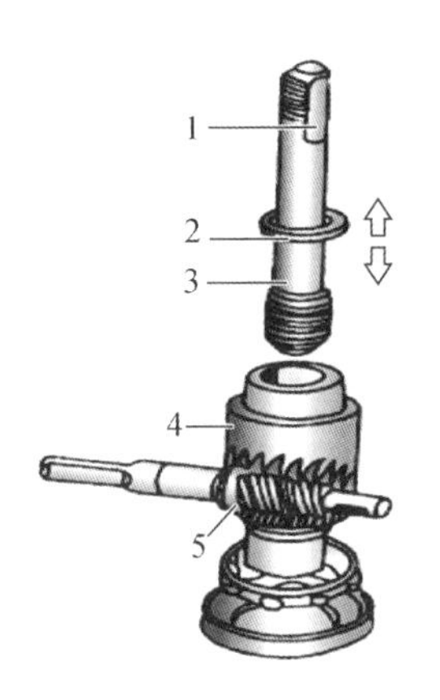

1—铣平面；2—垫圈；3—心轴；4—蜗轮；5—蜗杆轴

图 8-43　电动座椅上下调整传动机构

三、电动座椅的工作原理

电动座椅利用调整开关可控制电流流经电动机的方向,从而控制座椅的运动。图 8-44 为别克君威轿车驾驶员座椅控制电路,座椅中共有四个电动机,分别进行座椅前部上、下,后部上、下,靠背向前、向后,座椅向前、向后调节。

1. 座椅向前调节

当按下座椅向前按钮时,驾驶员座椅调整器开关的 1 脚与 4 脚接通、3 脚与 2 脚接通。其电路为:常电源→熔丝盒内 30 A 电动座椅断路器 N1-N2→驾驶员座椅调整器开关的 1 脚→驾驶员座椅调整器开关的 4 脚→驾驶员座椅调整器电动机总成 C1-B 脚→水平调整器电动机→驾驶员座椅调整器电动机总成 C1-A 脚→驾驶员座椅调整器开关的 3 脚→驾驶员座椅调整器开关的 2 脚→G301 接地,此时座椅向前移动。

2. 座椅向后移动

当按下座椅向后按钮时,驾驶员座椅调整器开关的 1 脚与 3 脚接通、4 脚与 2 脚接通。其电路为:常电源→熔丝盒内 30 A 电动座椅断路器 N1-N2→驾驶员座椅调整器开关的 1 脚→驾驶员座椅调整器开关的 3 脚→驾驶员座椅调整器电动机总成 C1-A 脚→水平调整器电动机→驾驶员座椅调整器电动机总成 C1-B 脚→驾驶员座椅调整器开关的 4 脚→驾驶员座椅调整器开关的 2 脚→G301 接地,此时座椅向后移动。

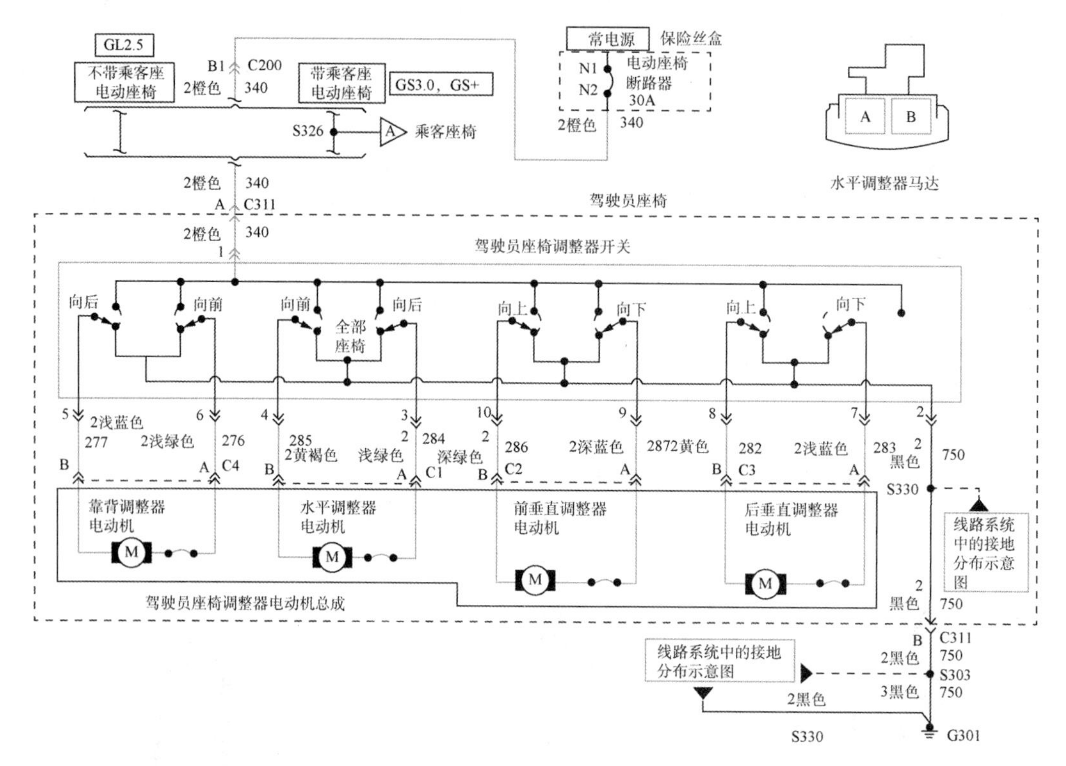

图 8-44 驾驶员电动座椅电路图

3. 带存储功能电动座椅

带存储功能的电动座椅采用微机控制。它能将选定的座椅调节位置进行存储，只要按指定的按键开关，座椅就会自动地调节到预先选定的座椅位置上，系统控制示意图如图 8-45所示。该系统有一个存储器，存储装置通过四个传感器来控制座椅的调定位置。只要座椅位置调定后，驾驶员按下存储器的按钮，电子控制装置就把信号存储起来，作为重新调整位置时的基准。使用时，只要一按按钮，就能按存储的座椅位置的要求调整座椅位置。

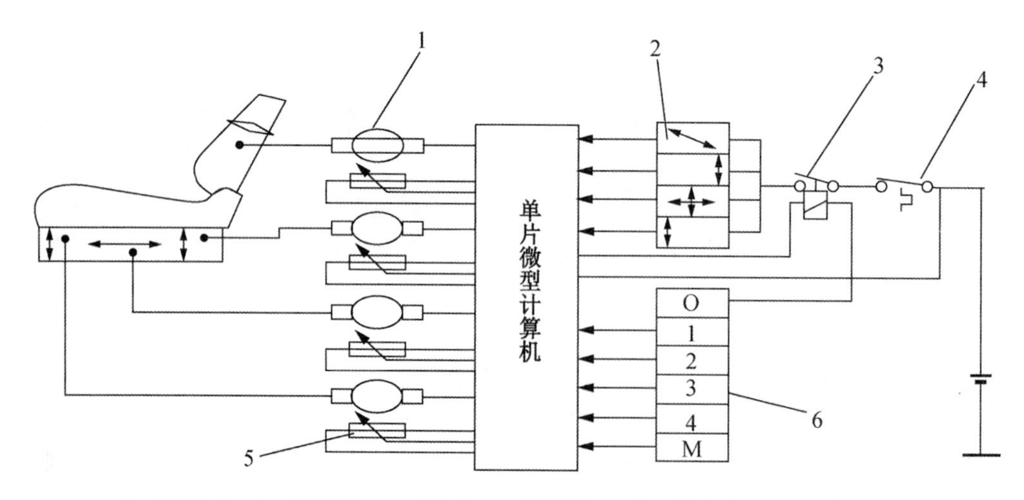

1—直流电机；2—手制开关；3—继电器；4—断路器；5—位置传感器；6—存储复位开关

图 8-45 带记忆功能电动座椅系统控制示意图

任务实施

一、任务准备

1. 工作准备

洁具：准备□　清洁□

毛巾：准备□　清洁□

逃生门：位置明确□　通道畅通□

灭火器：红色□　黄色□　绿色□　处理意见：________________。

5S：整理□　整顿□　清洁□　清扫□　素养□

四件套□　翼子板护套□

2. 工具准备

常用工具一套。

3. 实训安排

(1) 实训方式：分组交叉轮流。

(2) 实训设备：实训中心实车一辆。

4. 安全事项

(1) 拉好驻车制动手柄。□

(2) 车轮前后用挡块掩好。□

(3) 将变速箱挡位挂入 P 挡或 N 挡。□

二、实施步骤

(1) 按照三人一组进行操作训练。

(2) 查找资料，画出对应车型的座椅控制电路图。

(3) 观察电动座椅，进行结构认识。

(4) 学会正确操作电动座椅的各项功能。

(5) 对电动座椅的工作状态进行判断。

(6) 小组讨论，完成学生工作页的填写。

三、清洁及整理

整理：所用工量具□

清洁场地：座椅□　地板□　工作台□　零件盘□　工位场地□

学生工作页

一、车辆信息填报

(1) 车型：________________。

(2) VIN：________________。

二、查阅相关资料，画出该车型的电动座椅电路图

三、查找电动座椅、开关、电动座椅保险

（1）保险：能找到□　不能找到□

（2）电动座椅：能找到□　不能找到□

（3）操作开关：能找到□　不能找到□　会操作□　不会操作□

四、操作电动座椅开关，并判断其工作状态

（1）驾驶员侧电动座椅：开关正常□　开关不正常□
座椅调节正常□　座椅调节不正常□

（2）副驾驶侧电动座椅：开关正常□　开关不正常□
座椅调节正常□　座椅调节不正常□

任务四　电动后视镜的检修

任务目标

- 理解电动后视镜的作用和组成。
- 能在实车上识别出电动后视镜的各部件。
- 能在实车上正确检测电动后视镜及控制电路。

任务导入

当汽车在不同的道路条件下或出入停车场时，有时需要调整后视镜。另外，当同一车辆换不同的人驾驶时，有时也需要调整后视镜。为了减轻调整后视镜的劳动强度，现在车辆上普遍采用电动后视镜。

一、电动后视镜的作用与类型

1. 电动后视镜的作用

后视镜是驾驶员坐在驾驶室座位上直接获取汽车后方、侧方等外部信息的工具。为了驾驶员操作方便，防止行车安全事故的发生，保障人身安全，各国均规定了汽车上必须安装后视镜，且所有后视镜都必须能调整方向。由于后视镜的位置直接关系到驾驶员能否观察到车后的情况，而驾驶员调整它的位置又比较困难，尤其是前排乘客车门一侧的后视镜。因此，现在汽车的后视镜都改为电动的，由电器控制系统来操纵。

2. 电动后视镜的分类

按后视镜的调节方式可以分为车外调节方式和车内调节方式两种。

(1) 车外调节方式。

这种方式是在停车状态下，通过用手直接调节镜框或镜面的位置的方式来完成视角的调节，该方式费时费力，很难一次性完成，驾驶员需在座位上用手伸出车窗外调节，在行车、雨天等情况下调节很不方便。一般的大型汽车、载货汽车和低档客车都采用车外调节方式，以降低成本。

(2) 车内调节方式。

这种方式可为驾驶员在行驶过程中调节后视镜、观察后视野提供较为方便的条件。中、高档轿车大都采用车内调节方式。该方式又分为手动调节式(钢丝索传动调节或手柄调节)和电动调节式两种。电动调节式后视镜为驾驶员提供更便捷、更舒适的操作条件。它是目前中、高档轿车普遍采用的标准装备，如图 8-46 所示。

图 8-46　后视镜总成图

二、电动后视镜的结构组成

电动后视镜由后视镜、后视镜调整器构成，如图 8-47 所示。其中，后视镜调整由两台永磁式直流电动机来调整后视镜上/下、左/右方向的装置，它由永磁式直流电动机、联动机构、霍尔位置传感器及控制器组成。电动后视镜控制开关如图 8-48 所示。

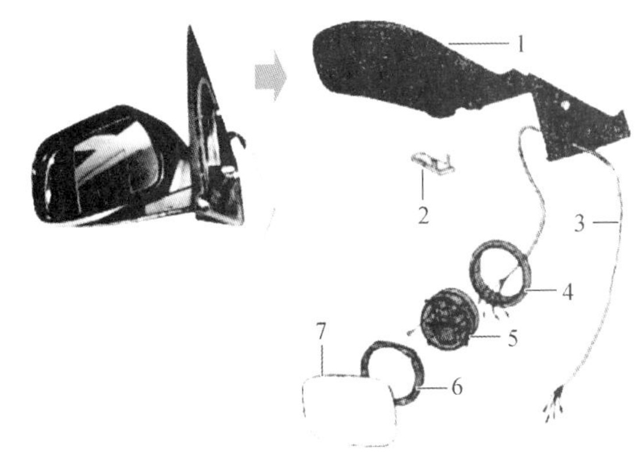

1—车镜支架；2—夹子；3—线束；
4—垫圈；5—电机；6—垫片；7—镜面

图 8-47　电动后视镜结构图

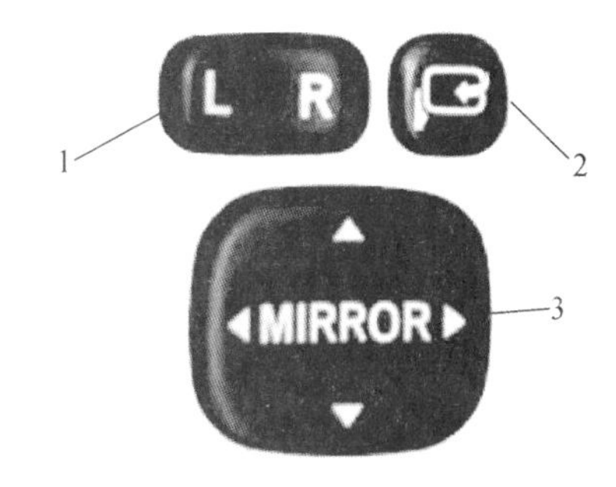

1—左、右选择开关；2—后视镜折叠开关；3—调整开关

图 8-48　电动后视镜开关

三、电动后视镜的工作原理

现在的轿车多数采用了电子控制的车外后视镜系统，可以通过操作后视镜开关，由后视镜 ECU 控制调整车外后视镜的上/下、左/右位置，并且可以通过操作驾驶位置存储开关，将后视镜调整的位置存储起来，在需要时通过返回开关恢复到原来位置。

1. 车外后视镜电子控制系统的组成

电子控制车外后视镜系统由车外后视镜 ECU、后视镜开关、驾驶位置存储和复位开关、左侧后视镜马达、右侧后视镜马达、后视镜位置传感器、倾斜和伸缩 ECU 等组成，如图 8-49 所示。后视镜马达有控制左侧后视镜左/右位置的马达 M1，上/下位置的马达 M2；控制右侧后视镜左/右位置的马达 M3，上/下位置的马达 M4。

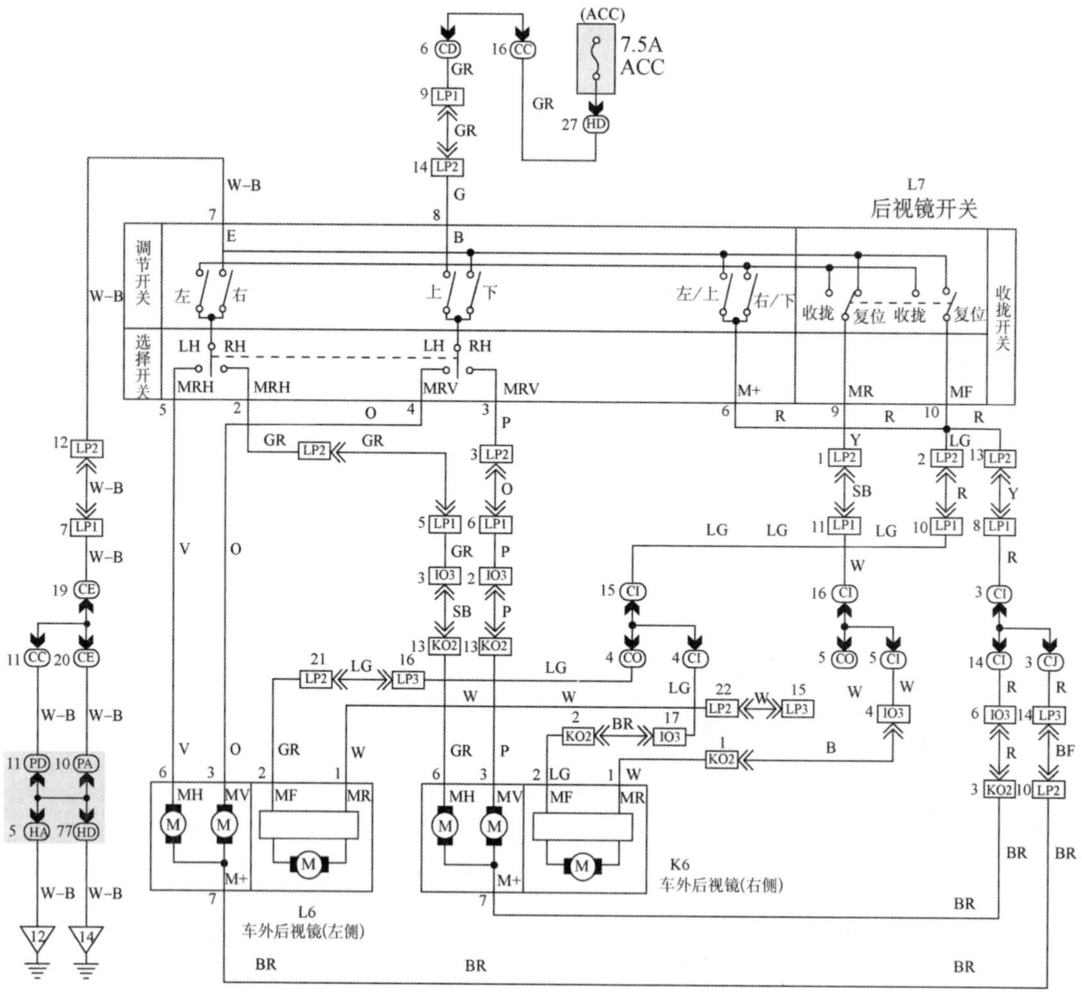

图 8-49 电动后视镜电子控制系统电路图

后视镜位置传感器有左侧后视镜左/右位置和上/下位置的传感器 H1 和 V1，右侧后视镜左/右位置和上/下位置的传感器 H2 和 V2，后视镜开关的不同位置位信号送给车外后视

镜 ECU，车外后视镜 ECU 接收到开关位置信号后，即控制不同的马达工作，马达的运转又带动后视镜上/下或左/右转动。后视镜上/下或左/右转动的位置又通过后视镜位置传感器 H1、V1、H2、V2 反馈给车外后视镜 ECU，以便监控后视镜马达的工作情况。

2. 车外后视镜电子控制系统的工作过程

图 8-49 中电动后视镜除具有对左/右、上/下的控制外，还具有伸缩控制功能，就是驾驶员可在停车时使后视镜处于与车身平行放置的状态(即收拢)，也可在行驶时使后视镜处于正常的放置状态(即复位)。整个过程通过操作后视镜伸缩开关来完成。下面以左后视镜为例，来分析其控制过程。

操作“选择开关”，闭合“LH”开关。

(1) 左调节。

闭合调节开关“左”，后视镜开关端子 8-5、6-7 相连，其电路：ACC 电源→ACC(7.5 A)→HD-27→CC-16→CD-6→LP1-9→LP2-14→后视镜开关端子 8→调节开关“左”触点→选择开关“LH”触点→后视镜开关端子 5→电机端子 6→电机端子 7→LP2-10→LP3-14→CJ-3→CI-3→LP1-8→LP2-13→后视镜开关端子 6→调节开关“左/上”触点→后视镜开关端子 7(E)，最后经线束等接地，电机控制回路接通，带动电机调节机构向“左”运动。

(2) 右调节。

闭合调节开关“右”，后视镜开关端子 8-6、5-7 相连，其电路：ACC 电源→ACC(7.5 A)→HD-27→CC-16→CD-6→LP1-9→LP2-14→后视镜开关端子 8→调节开关“右/下”触点→后视镜开关端子 6→LP2-13→LP1-8→CI-3→CJ-3→LP3-14→LP2-10→电机端子 7→电机端子 6→后视镜开关端子 5→选择开关“LH”触点→调节开关“右”触点→后视镜开关端子 7(E)，最后经线束等接地，电机控制电流相反，电机反转，带动电机调节机构向“右”运动。

(3) 上调节。

闭合调节开关“上”，后视镜开关端子 8-4、6-7 相连，其电路：ACC 电源→ACC(7.5 A)→HD-27→CC-16→CD-6→LP1-9→LP2-14→后视镜开关端子 8→调节开关“上”触点→选择开关“LH”触点→后视镜开关端子 4→电机端子 3→电机端子 7→LP2-10→LP3-14→CJ-3→CI-3→LP1-8→LP2-13→后视镜开关端子 6→“左/上开”关触点→后视镜开关端子 7(E)，最后经线束等接地，电机控制回路接通，带动电机调节机构向“上”运动。

(4) 下调节。

闭合调节开关“下”，后视镜开关端子 8-6、4-7 相连，其电路：ACC 电源→ACC(7.5 A)→HD-27→CC-16→CD-6→LP1-9→LP2-14→后视镜开关端子 8→调节开关“右/下”触点→后视镜开关端子 6→LP2-13→LP1-8→CI-3→CJ-3→LP3-14→LP2-10→电机端子 7→电机端子 3→后视镜开关端子 4→选择开关“LH”触点→调节开关“下”触点→后视镜开关端子 7(E)，最后经线束等接地，电机控制电流相反，电机反转，带动电机调节机构向“下”运动。

(5) 收拢控制。

闭合调节开关“收拢”触点，后视镜开关端子 8-9、10-7 相连，左、右后视镜同时收拢。其电路：ACC 电源→ACC(7.5 A)→HD-27→CC-16→CD-6→LP1-9→LP2-14→后视镜开关端子 8→调节开关"收拢"触点→后视镜开关端子 9→LP2-1→LP1-11→CI-16。从此处分两路分别由后视镜电机端子 1(MR)进,端子 2(MF)出接至后视镜开关端子 10,经"收拢"开关触点,由端子 7 接至搭铁线。电机运转,带动连动机构使后视镜向车身收拢。

(6) 复位控制。

闭合调节开关"复位"触点,后视镜开关端子 8-10、9-7 相连,左、右后视镜同时收拢。其电路:ACC 电源→ACC(7.5 A)→HD-27→CC-16→CD-6→LP1-9→LP2-14→后视镜开关端子 8→调节开关"复位"触点→后视镜开关端子 10→LP2-2→LP1-10→CI-15。从此处分两路分别由后视镜电机端子 2(MF)进,端子 1(MR)出接至后视镜开关端子 9,经"复位"开关触点,由端子 7 接至搭铁线。电机运转,带动连动机构使后视镜回复原始位置。右后视镜的工作原理与左后视镜相似,读者可参照左后视镜的控制过程自行分析。

四、电动后视镜的检测

1. 电动后视镜开关检测

拆下电动后视镜,用多用表检查后视镜开关各端子的连通,如果开关出了故障,应该及时进行更换,如图 8-50 所示。

2. 电动后视镜执行器检测

拆下车门内板,断开电动后视镜 3 针接头(美款)或 6 针接头(加拿大款),用跨接线连接指定端子,观察后视镜是否正确地活动,如后视镜工作状况与检测表不符,则需要对后视镜组件进行更换,如图 8-51 所示。

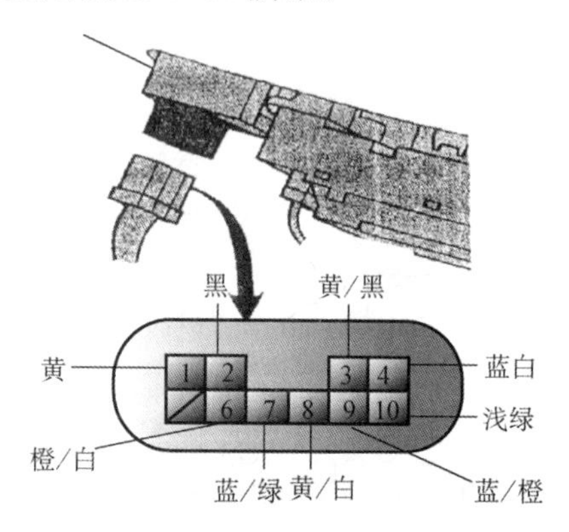

图 8-50 电动后视镜开关检查

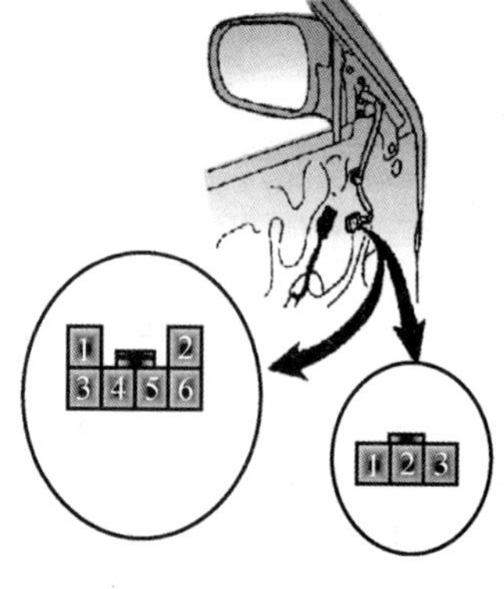

图 8-51 电动后视镜执行器

3. 电动后视镜电路检测

对于电动后视镜电路故障,可对电路进行分析,找到故障点,表 8-1 所示为丰田威驰电动后视镜故障诊断表。

表 8-1 丰田威驰电功后视镜故障诊断表

症状	可疑部位
后视镜不运作	ACC 熔丝;外后视镜开关总成;外后视镜总成;线束
后视镜运作不正常	外后视镜开关总成;外后视镜总成;线束

对于带伸缩功能的后视镜电路故障（以锐志为例），还需检查其伸缩功能，如不能伸缩，则故障点一般为：ACC熔丝；车外后视镜开关；车外后视镜；线束。

（1）左侧。

检查开关导通性，标准（左侧）见表8-2，如图8-52所示。

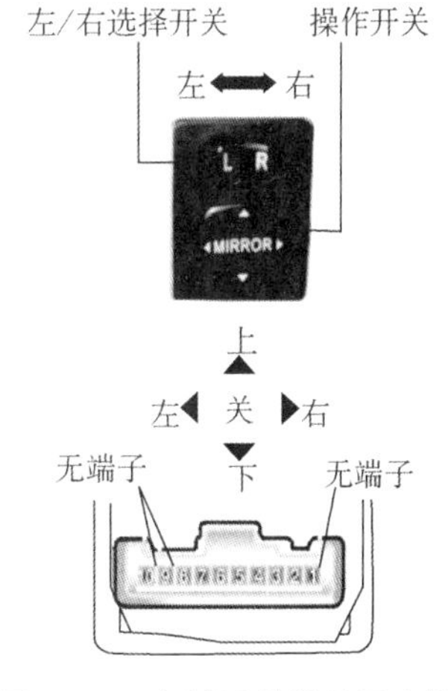

图8-52　左侧开关端子示意图

表8-2　端子导通情况表

端子	开关位置	标准情况
—	关	不导通
4-8、6-7	上	导通
4-7、6-8	下	导通
5-8、6-7	左	导通
5-7、6-8	右	导通

（2）右侧。

检查开关的导通性。标准（右侧）见表8-3。如果结果不符合规定，更换开关总成。

表8-3　端子导通情况表

端子	开关位置	标准情况
—	关	导通
3-8、6-7	上	导通
3-7、6-8	下	导通
2-8、6-7	左	导通
2-7、6-8	右	导通

4. 外后视镜总成的检查

断开后视镜接头。加蓄电池电压，检查后视镜镜面运动，如图8-53所示。标准（左侧）见表8-4。

表8-4　动作情况表

测量情况	后视镜动作
蓄电池正极－MV(5) 蓄电池负极－COM(3)	后视镜向上(A)
蓄电池正极－COM(3) 蓄电池负极－MV(5)	后视镜向下(B)
蓄电池正极－COM(1) 蓄电池负极－MH(3)	后视镜向左(C)
蓄电池正极－MH(3) 蓄电池负极－COM(1)	后视镜向右(D)

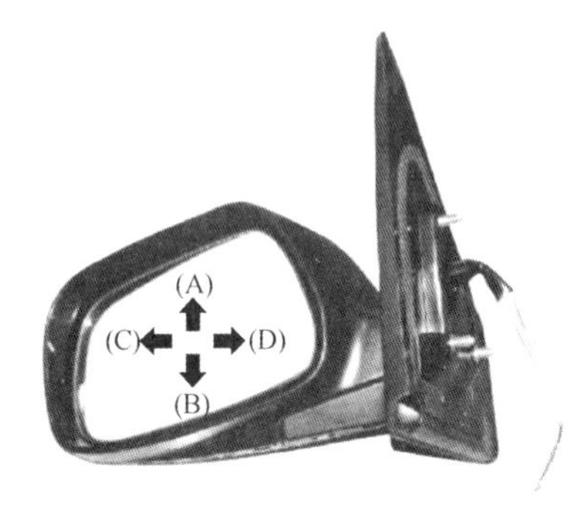

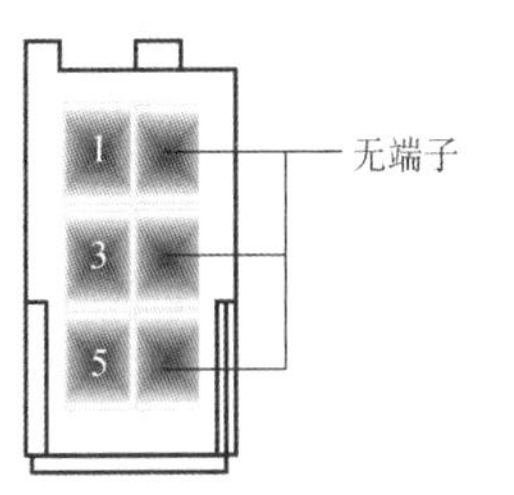

图8-53　后视镜总成检查图

右侧外后视镜总成的检查与左侧外后视镜总成相同。

五、电动后视镜的先进功能

1. 记忆存储式后视镜

此类后视镜的镜面调节设计与驾驶员座椅、转向盘构成一个调节系统，每个驾驶员可根据个人身高与驾驶习惯的不同，来调节后视镜的最佳视角，座椅、转向盘最佳舒适性，然后进行记忆存储。

当其他人驾驶汽车后或被他人调整已记忆的视角，原驾驶员就可以非常轻松地开启记忆存储，所有内在设施就可恢复到最佳的设定状态。

2. 后视镜的加热除霜功能

当驾驶员在雾天或雨天行驶时，后视镜镜面积雾、冬天积霜或雨水侵袭会造成驾驶员对侧后方的视线不清，影响行车安全，驾驶员需将手伸出车窗外清洁镜面表面，极不方便，且这仅是暂时措施，雾气及雨水又会马上使之模糊不清。因此，为了功能上的完备、驾驶的安全性及操作的方便性，采用加热除霜装置。例如：采用电加热除霜镜片，当产生上述情况时，驾驶员就可方便地开启加热除霜按钮，解除不必要的后顾之忧。

3. 后视镜自动折叠功能

当汽车进入较小区域，如弄堂、停车泊位时，由于后视镜镜框是车身最宽部位，这时为防擦伤及缩小停车泊位空间，保证在后视安全性基础上把损害程度降低到最小限度，就需将镜框折叠。通常做法是：用手伸出窗外或人到车外将镜框折拢，这样在行车时就很不方便。因此，在后视镜上设计了电动折叠功能，驾驶员在车内就可方便地调节，解决了许多操作上的不便。折叠机构的设计既要保证缓冲及缩小车位的作用，又要保证后视功能的正常使用。

4. 带刮水器、洗涤器的后视镜

因汽车在各种气候条件下工作，为了驾驶员在各种情况下均能清晰地观察到汽车外部情况，外后视镜上增加了刮水器、洗涤器，能方便地刮去外后视镜上的雨、雪、泥浆及灰尘等。

5. 为提高视认性而安装的测距和测高用后视镜

驾驶员通过这种特殊后视镜，能看清后面跟随而来车辆的距离，并估计出速度，保证汽车安全行驶。

一、任务准备

1. 工作准备

洁具：准备□　清洁□

毛巾：准备□　清洁□

逃生门：位置明确□　通道畅通□

灭火器：红色□　黄色□　绿色□　处理意见：____________________________。

5S：整理□　整顿□　清洁□　清扫□　素养□

四件套□　翼子板护套□

2. 工具准备

常用工具一套。

3. 实训安排

(1) 实训方式：分组交叉轮流。

(2) 实训设备：实训中心实车一辆。

4. 安全事项

(1) 拉好驻车制动手柄。□

(2) 车轮前后用挡块掩好。□

(3) 将变速箱挡位挂入 P 挡或 N 挡。□

二、实施步骤

(1) 按照三人一组进行操作训练。

(2) 查找资料,画出对应车型的后视镜控制电路图。

(3) 观察电动后视镜,认识其结构。

(4) 学会正确操作电动后视镜的各项功能。

(5) 对电动后视镜的工作状态进行判断。

(6) 小组讨论,完成学生工作页的填写。

三、清洁及整理

整理：所用工量具□

清洁场地：座椅□　地板□　工作台□　零件盘□　工位场地□

学生工作页

一、车辆信息填报

(1) 车型：____。

(2) VIN：____。

二、查阅相关资料,画出该车型的电动后视镜电路图

三、查找电动后视镜、开关、电动后视镜保险

(1) 保险：能找到□　不能找到□

(2) 电动后视镜：能找到□　不能找到□

(3) 操作开关：能找到□　不能找到□　会操作□　不会操作□

四、操作电动后视镜开关并判断其工作状态

(1) 驾驶员侧电动后视镜：开关正常□　开关不正常□
后视镜调节正常□　后视镜调节不正常□

(2) 副驾驶侧电动后视镜：开关正常□　开关不正常□
后视镜调节正常□　后视镜调节不正常□

学后测评

一、填空题

1. 刮水器的作用是刮除风窗玻璃上的________、________或________，确保驾驶员有良好的视野。

2. 电动刮水器由________、________、________三大部分组成。

3. 电动车窗系统主要由________、________、________、________等组成。

4. 电动后视镜调整是由________台永磁式直流电动机来调整后视镜________、________方向的装置。

5. 电动座椅主要由________、________和________等组成。

6. 按后视镜的调节方式，可以分为________调节和________调节两种。

二、选择题

1. 装有四个双向电动机的座椅可以调整(　　)个方向。

A. 两　　B. 四　　C. 六　　D. 八

2. 电动后视镜可调整的方向有(　　)。

A. 上、下　　B. 左、右　　C. 上、下和左、右

三、判断题

1. 雨刷可以单独更换。(　　)

2. 汽车刮水器的自动停位机构确保了刮水器工作结束时将雨刷停在风窗玻璃下方。(　　)

3. 晴天刮除风窗玻璃上灰尘时，应先接通刮水器，再接通洗涤器。(　　)

4. 带存储功能的电动座椅能将选定的座椅调节位置进行存储，只要按指定的按键开关，座椅就会自动地调节到预先选定的座椅位置上。(　　)

5. 所谓“触觉”，就是当电动车窗机构感触到有异物在玻璃上时，会自动让玻璃停止上升。(　　)

6. 电动车窗只能由驾驶员集中控制，乘客不能控制电动车窗。(　　)